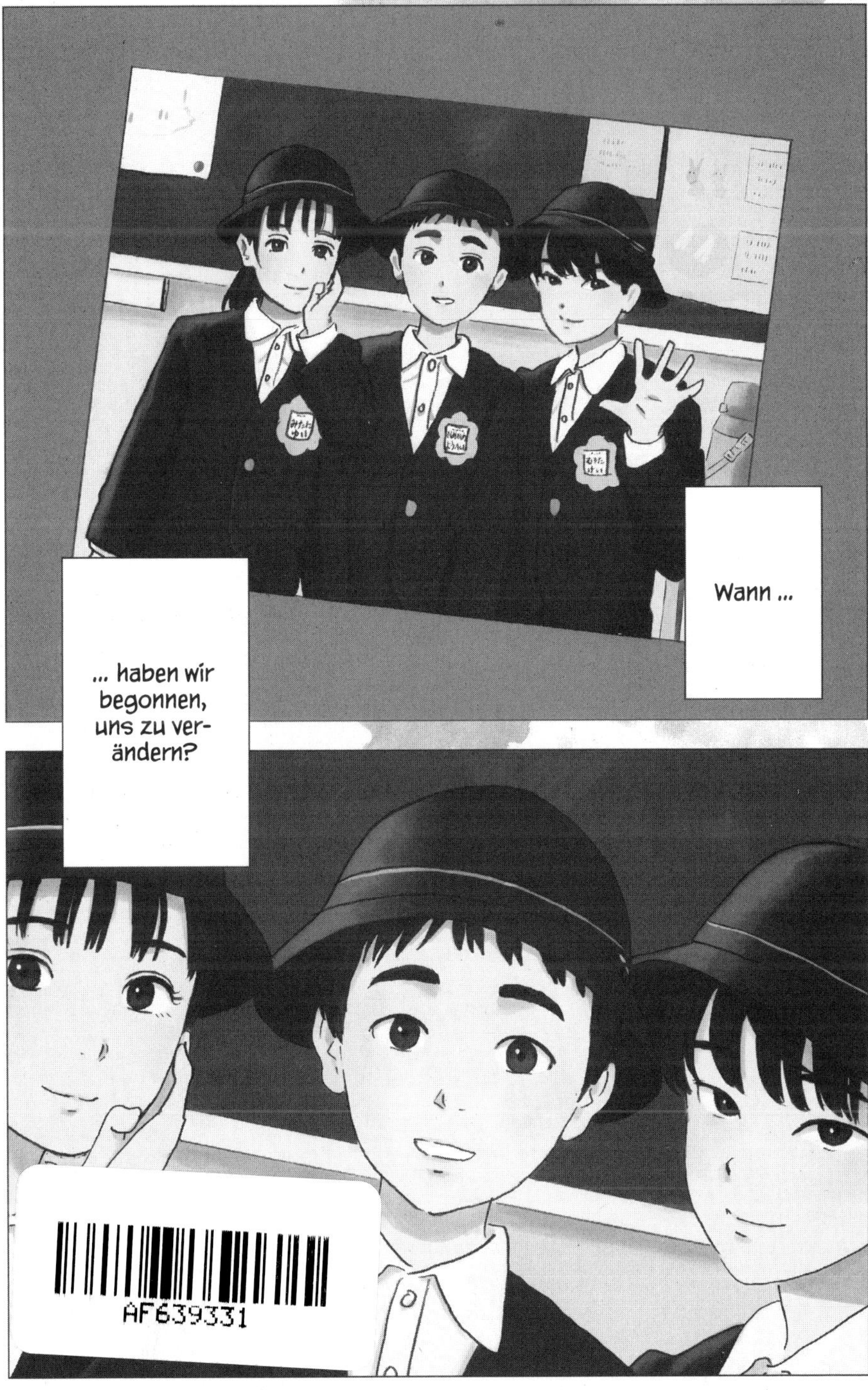
Wann ...
... haben wir begonnen, uns zu verändern?

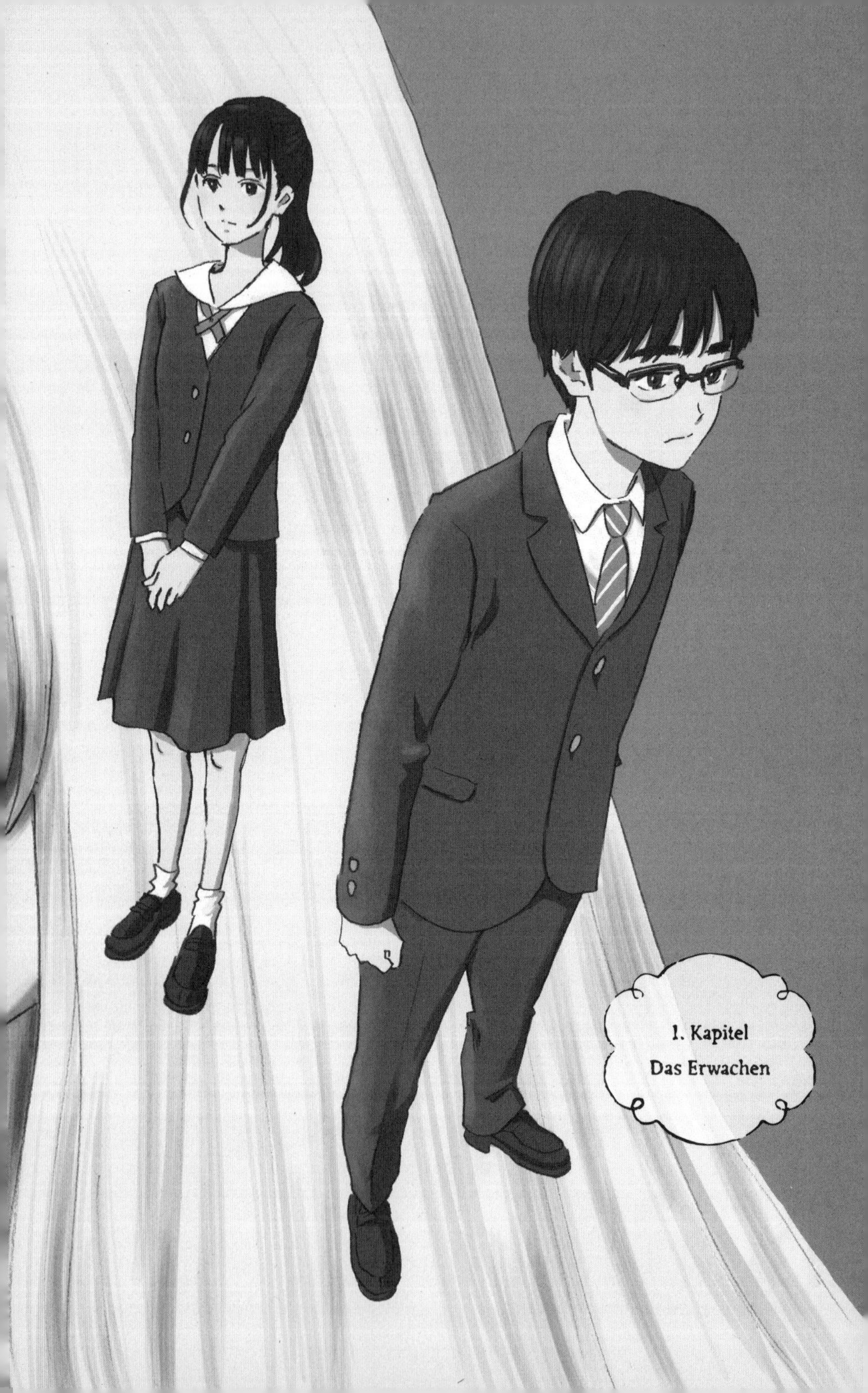
1. Kapitel
Das Erwachen

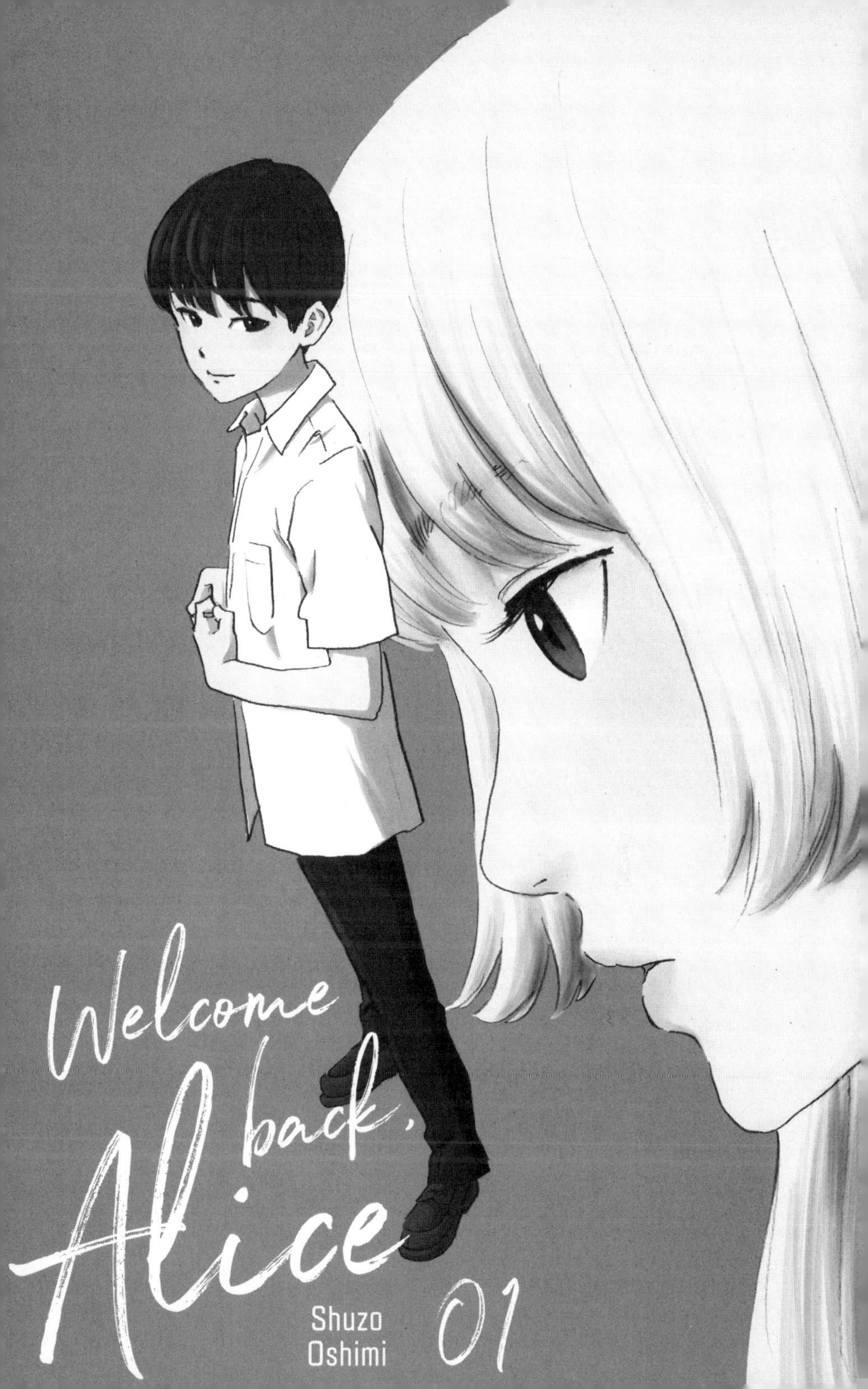
Welcome back, Alice
Shuzo Oshimi
01

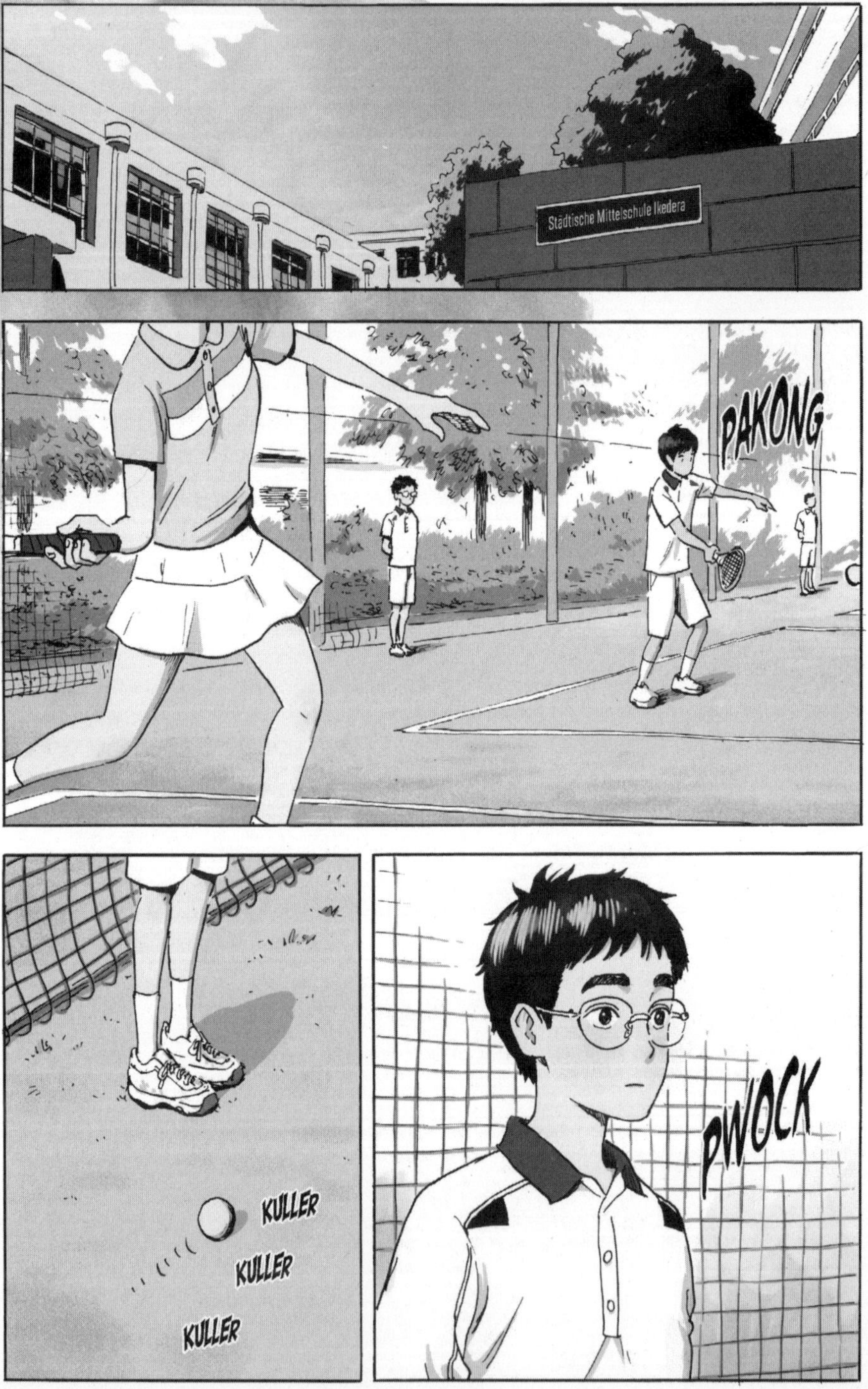
Städtische Mittelschule Ikedera
PAKONG
KULLER
KULLER
KULLER
PWOCK

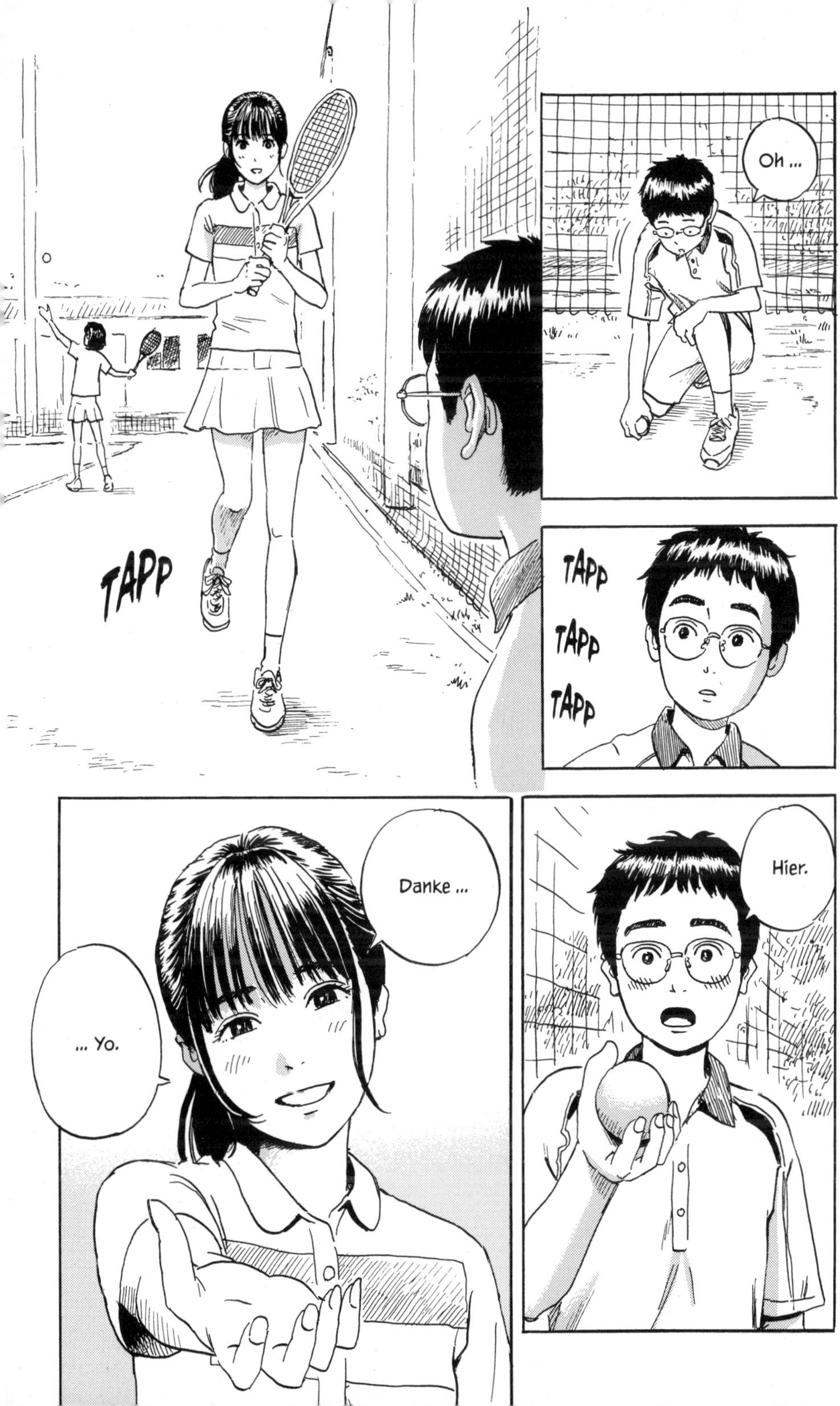
Oh ...
TAPP
TAPP
TAPP
TAPP
Hier.
Danke ...
... Yo.

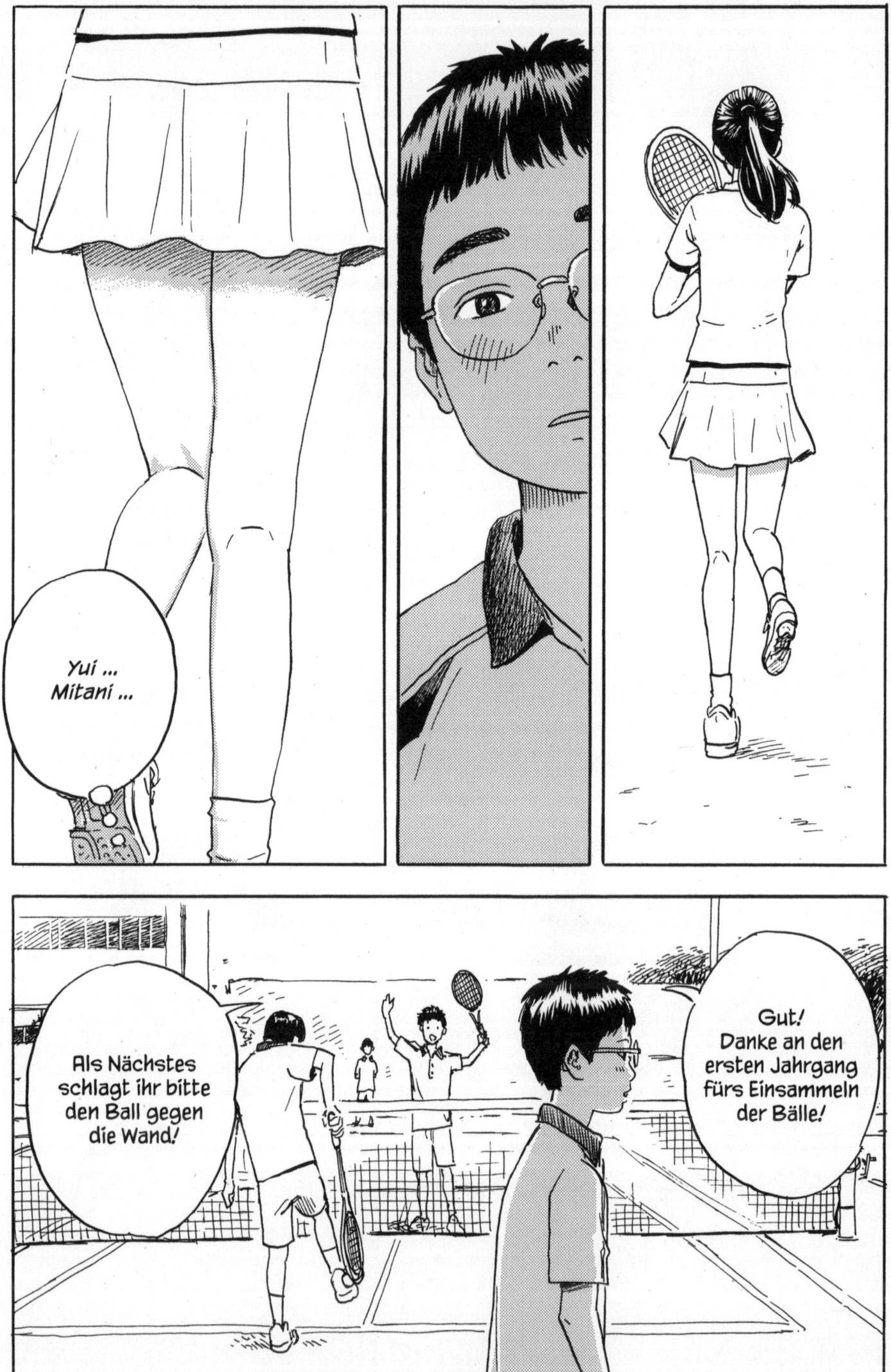
Yui ... Mitani ...
Gut! Danke an den ersten Jahrgang fürs Einsammeln der Bälle!
Als Nächstes schlagt ihr bitte den Ball gegen die Wand!

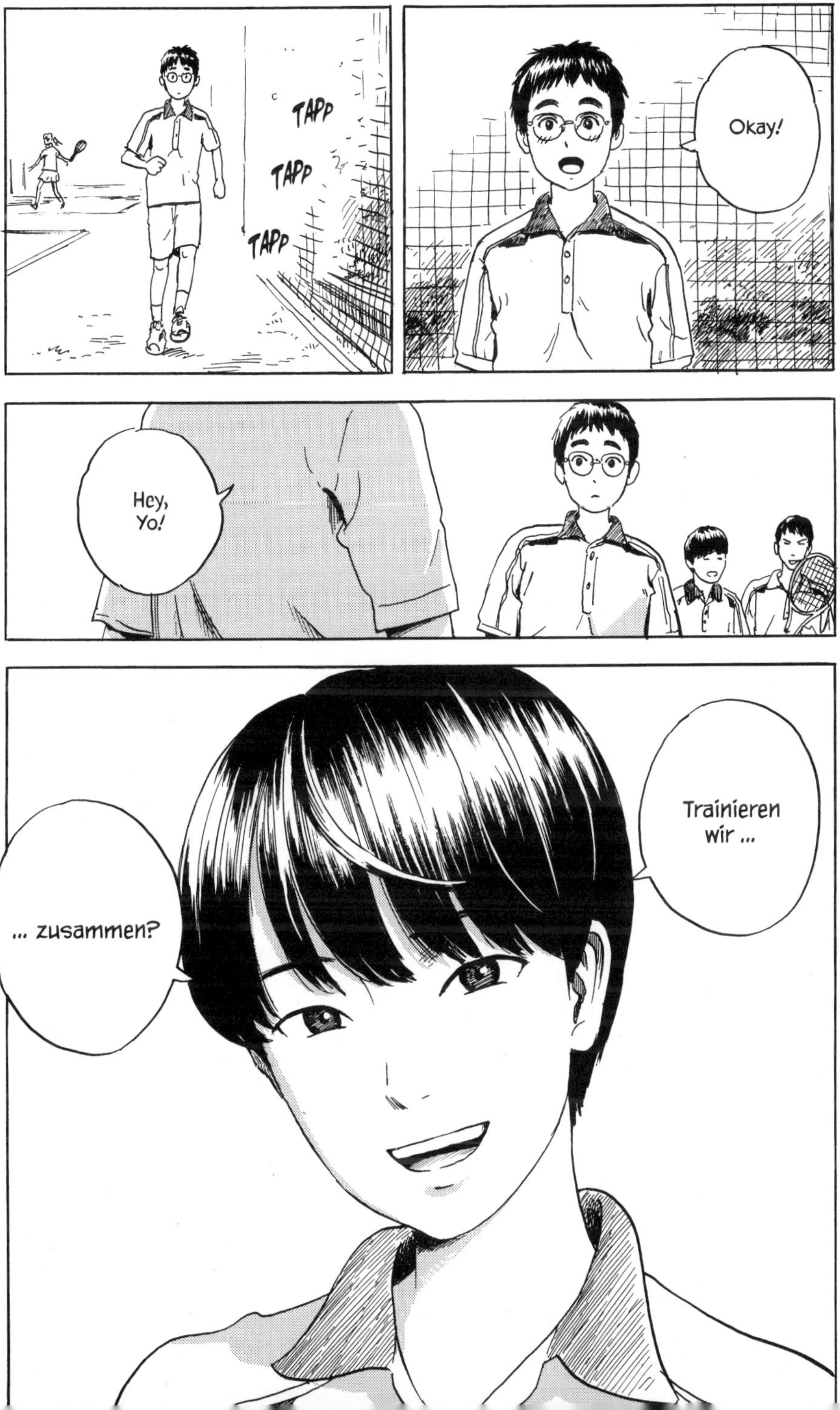
Okay!
TAPP
TAPP
TAPP
Hey, Yo!
Trainieren wir ...
... zusammen?

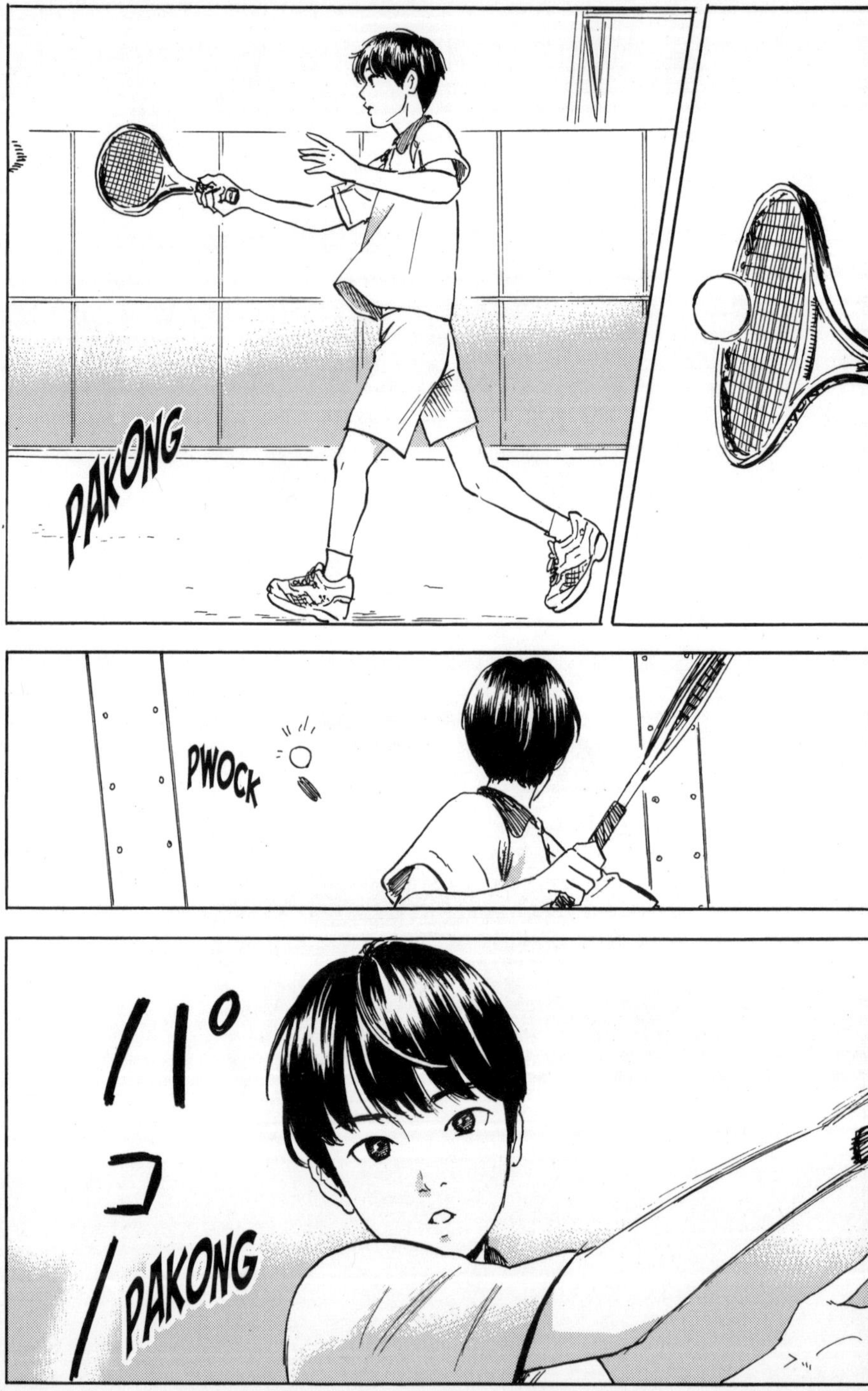
PAKONG
PWOCK
パコン
PAKONG

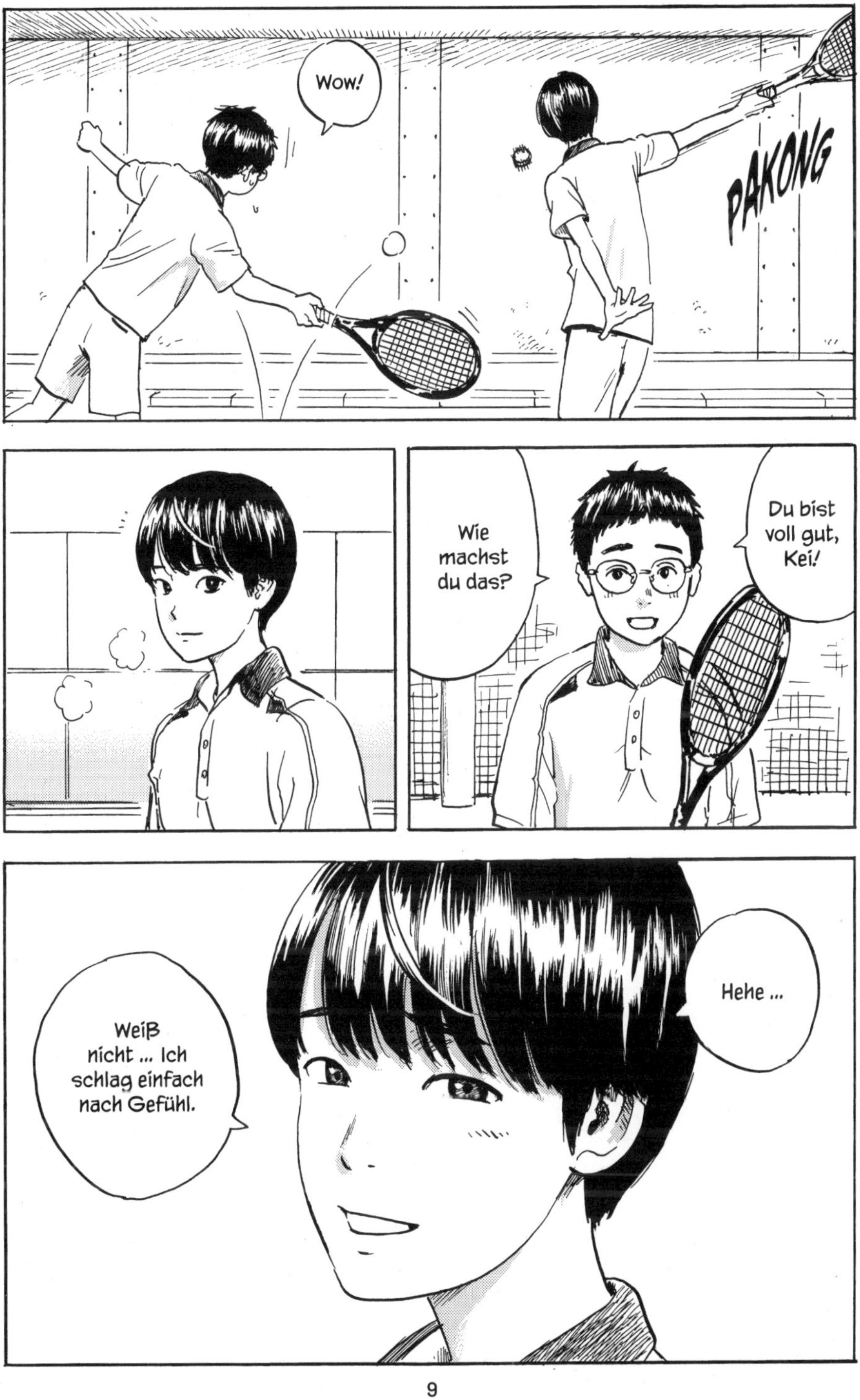
PAKONG
Wow!
Du bist voll gut, Kei!
Wie machst du das?
Hehe ...
Weiß nicht ... Ich schlag einfach nach Gefühl.

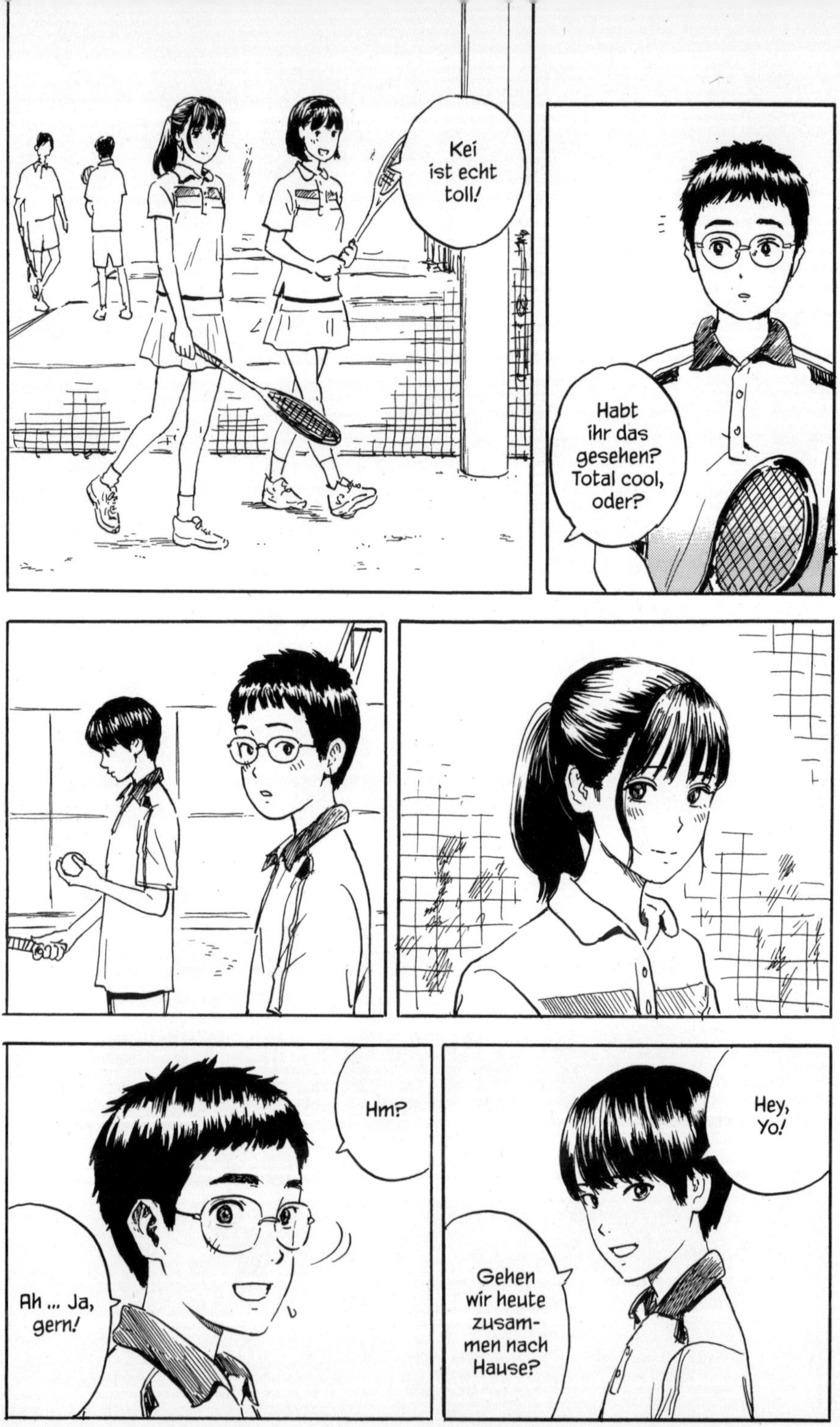
Kei ist echt toll!
Habt ihr das gesehen? Total cool, oder?
Hey, Yo!
Gehen wir heute zusammen nach Hause?
Hm?
Ah ... Ja, gern!

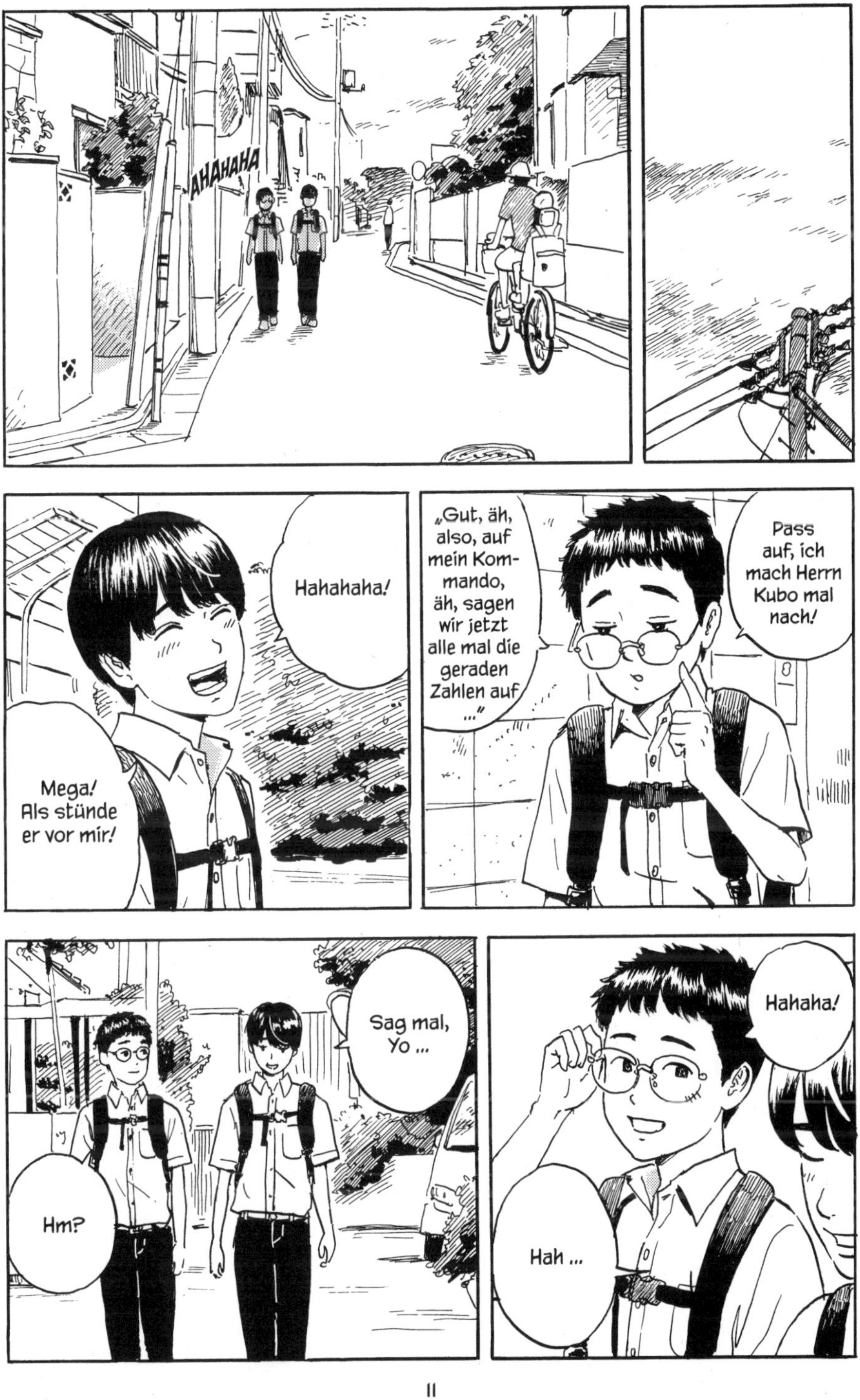

AHAHAHA
Pass auf, ich mach Herrn Kubo mal nach!
„Gut, äh, also, auf mein Kommando, äh, sagen wir jetzt alle mal die geraden Zahlen auf ...“
Hahahaha!
Mega! Als stünde er vor mir!
Hahaha!
Hah ...
Sag mal, Yo ...
Hm?

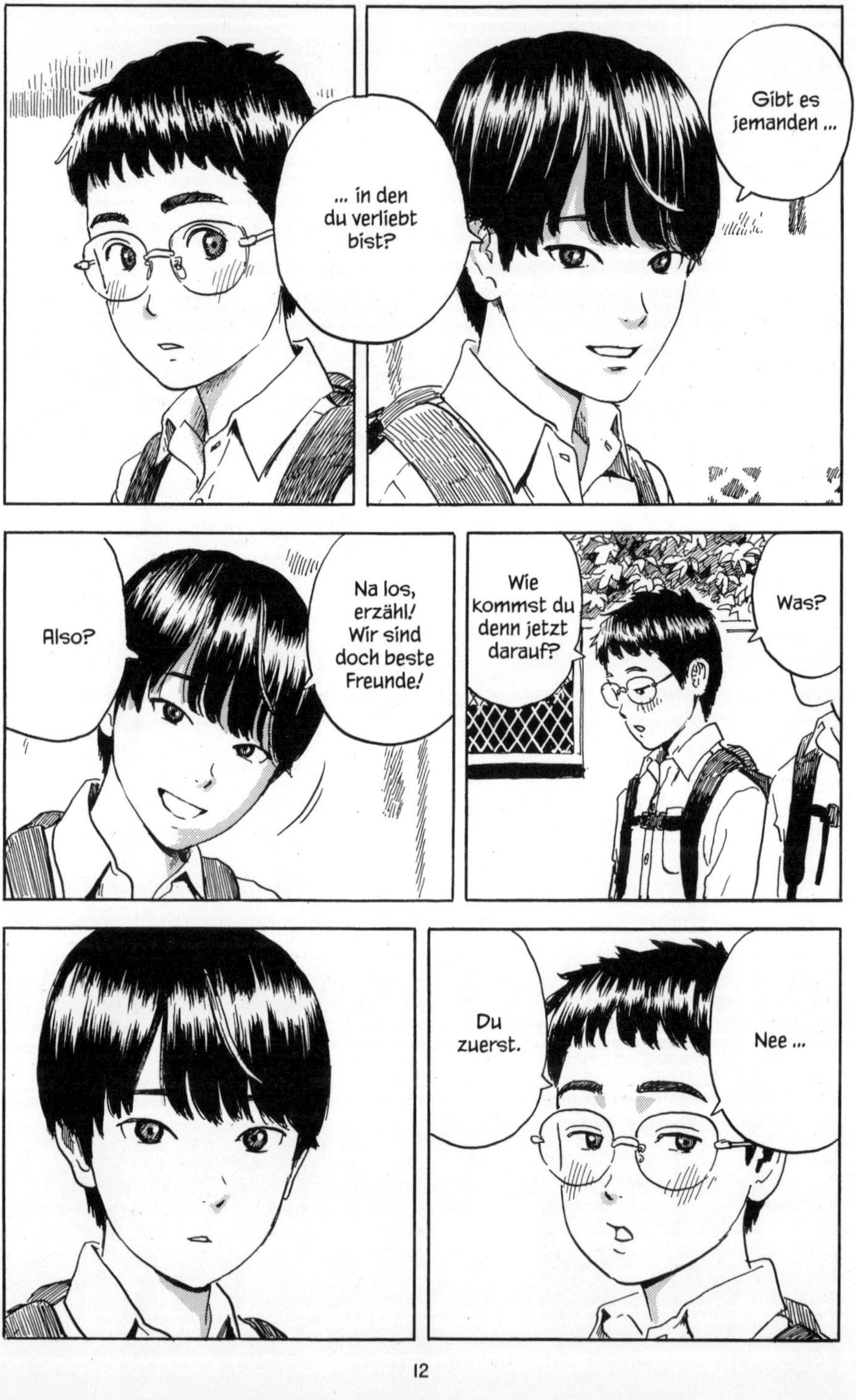
Gibt es jemanden ...
... in den du verliebt bist?
Was?
Wie kommst du denn jetzt darauf?
Na los, erzähl! Wir sind doch beste Freunde!
Also?
Nee ...
Du zuerst.

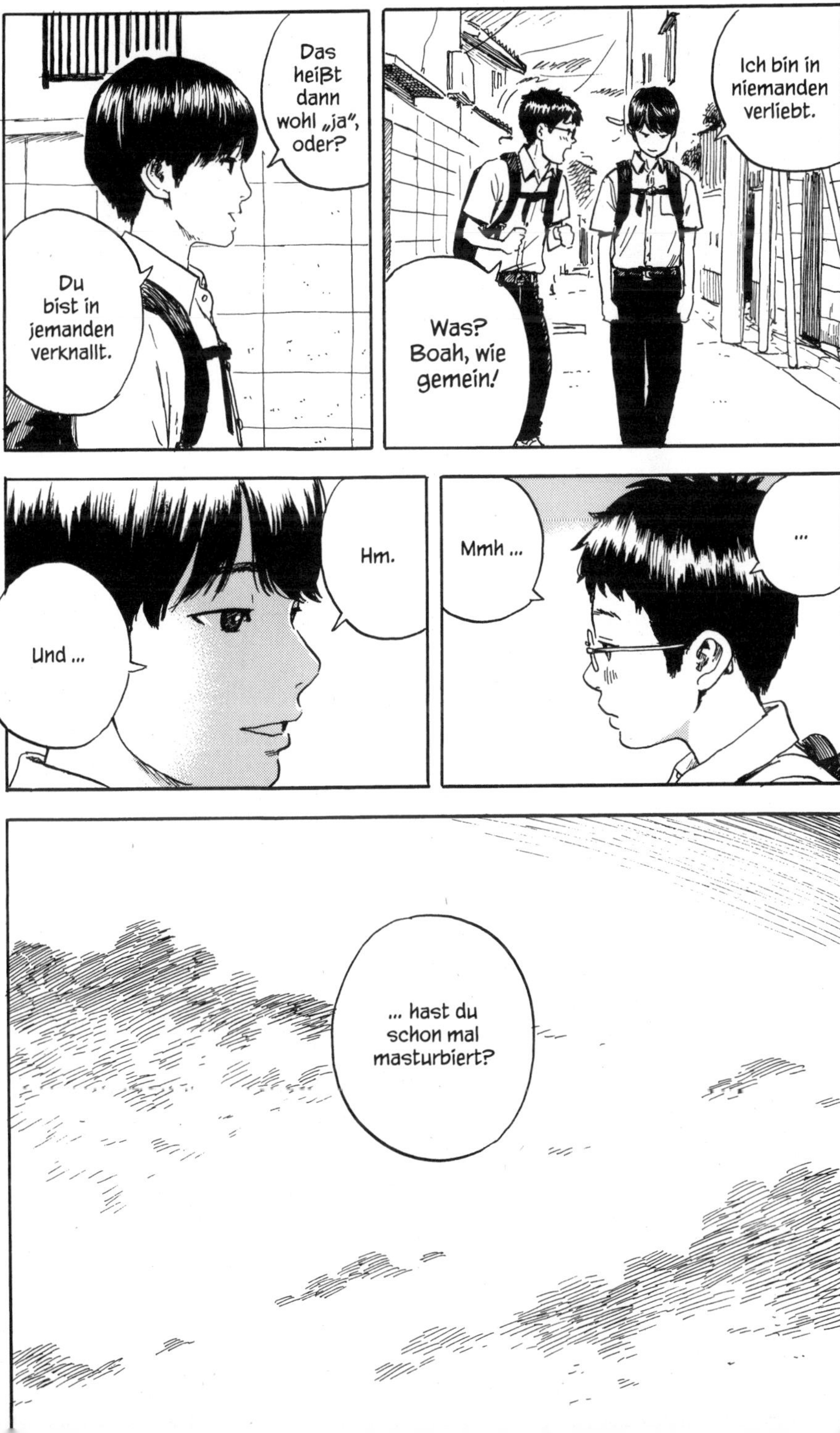
Ich bin in niemanden verliebt.
Was? Boah, wie gemein!
Das heißt dann wohl „ja", oder?
Du bist in jemanden verknallt.
...
Mmh ...
Hm.
Und ...
... hast du schon mal masturbiert?

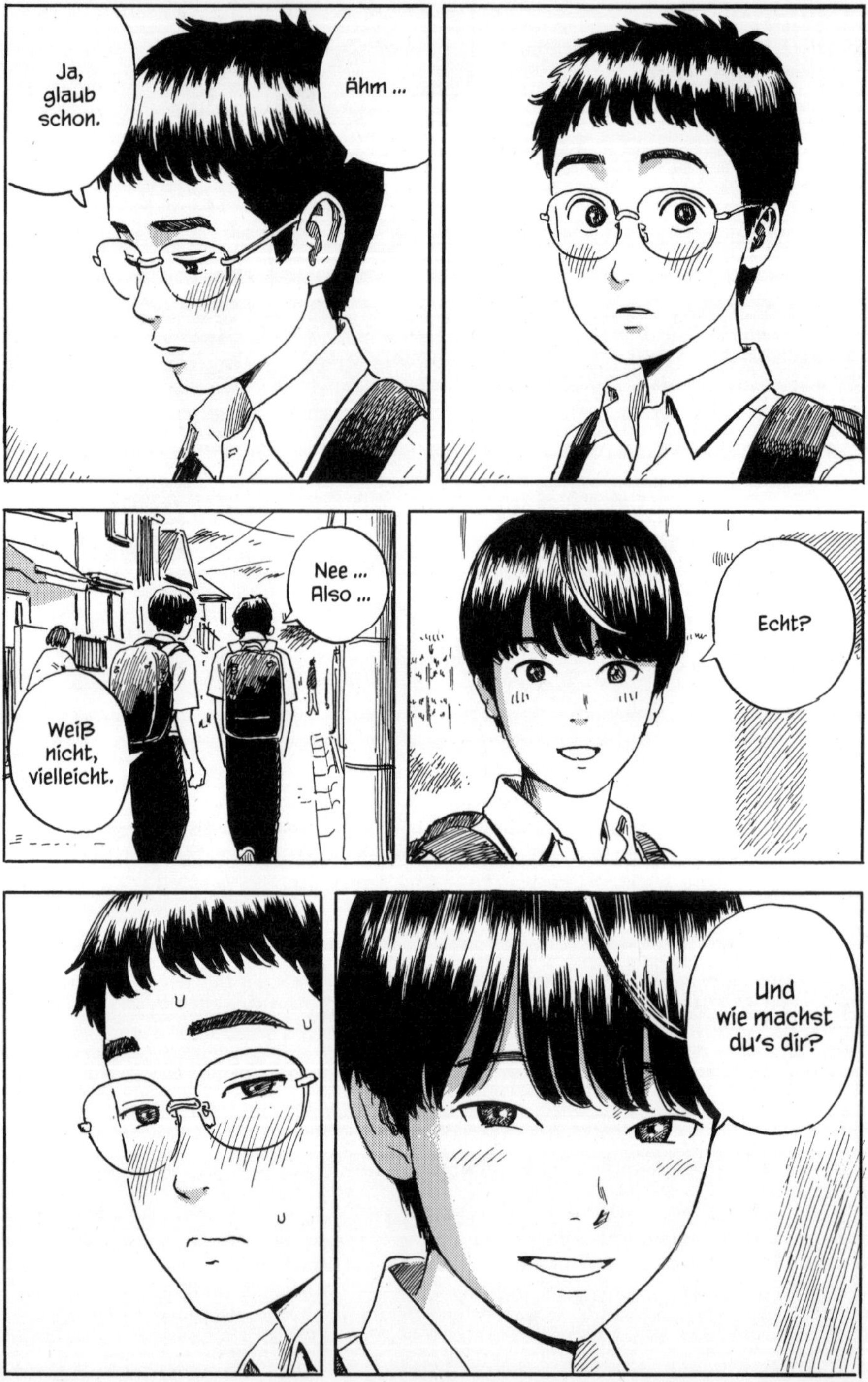
Ähm ...
Ja, glaub schon.
Echt?
Nee ... Also ...
Weiß nicht, vielleicht.
Und wie machst du's dir?

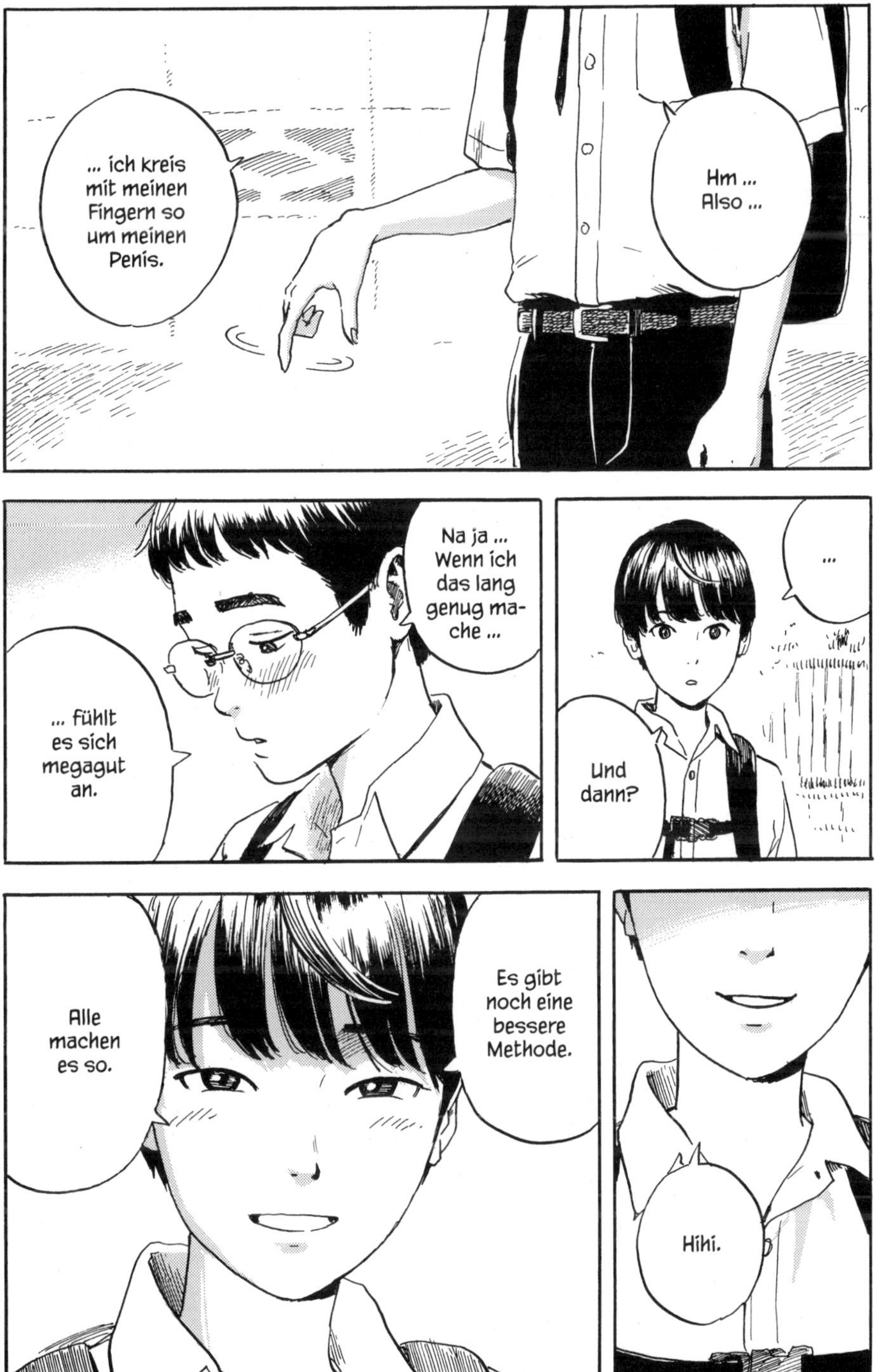
Hm ...
Also ...
... ich kreis mit meinen Fingern so um meinen Penis.
...
Und dann?
Na ja ... Wenn ich das lang genug ma-che ...
... fühlt es sich megagut an.
Hihi.
Es gibt noch eine bessere Methode.
Alle machen es so.

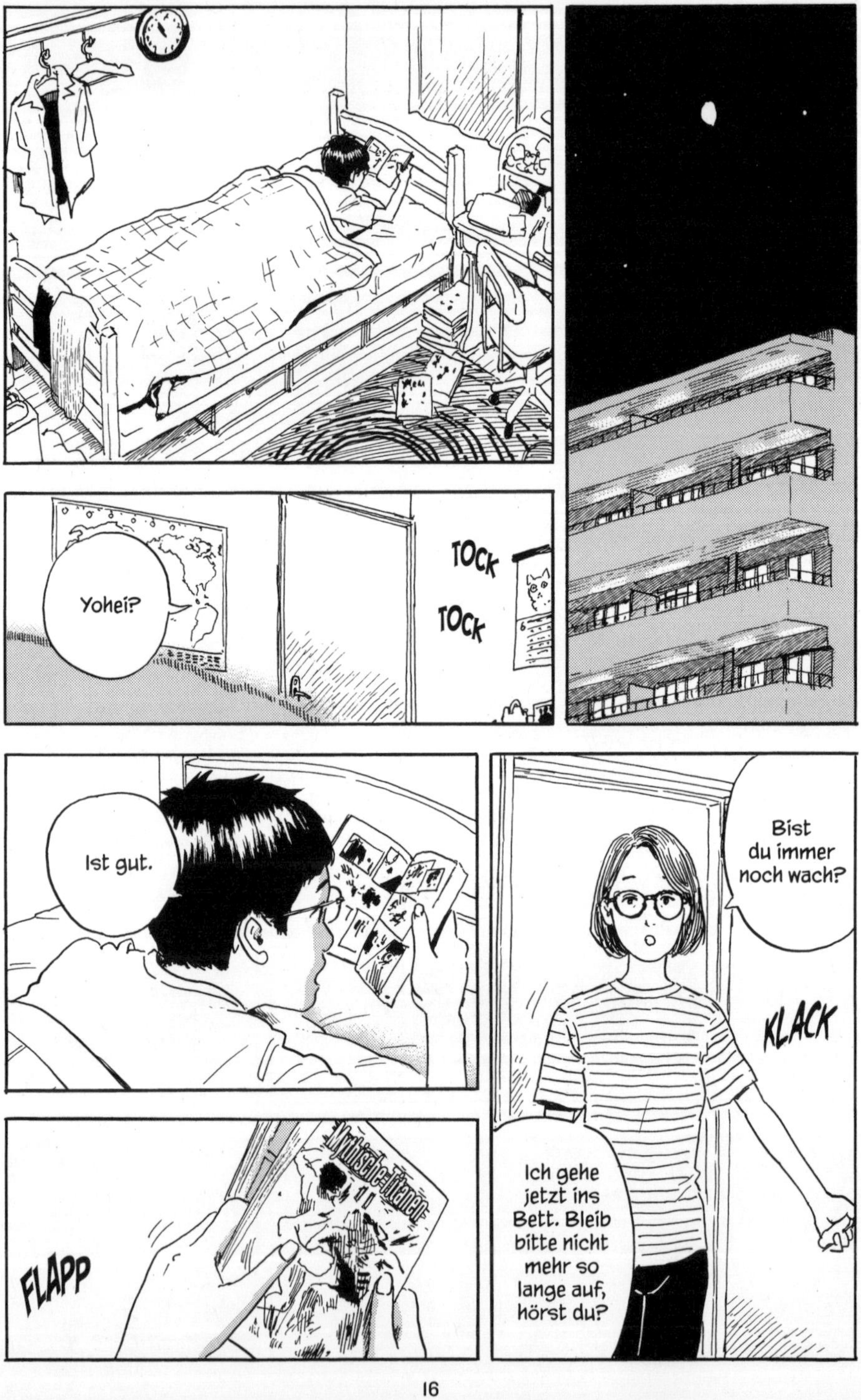
TOCK
TOCK
Yohei?
KLACK
Bist du immer noch wach?
Ich gehe jetzt ins Bett. Bleib bitte nicht mehr so lange auf, hörst du?
Ist gut.
FLAPP

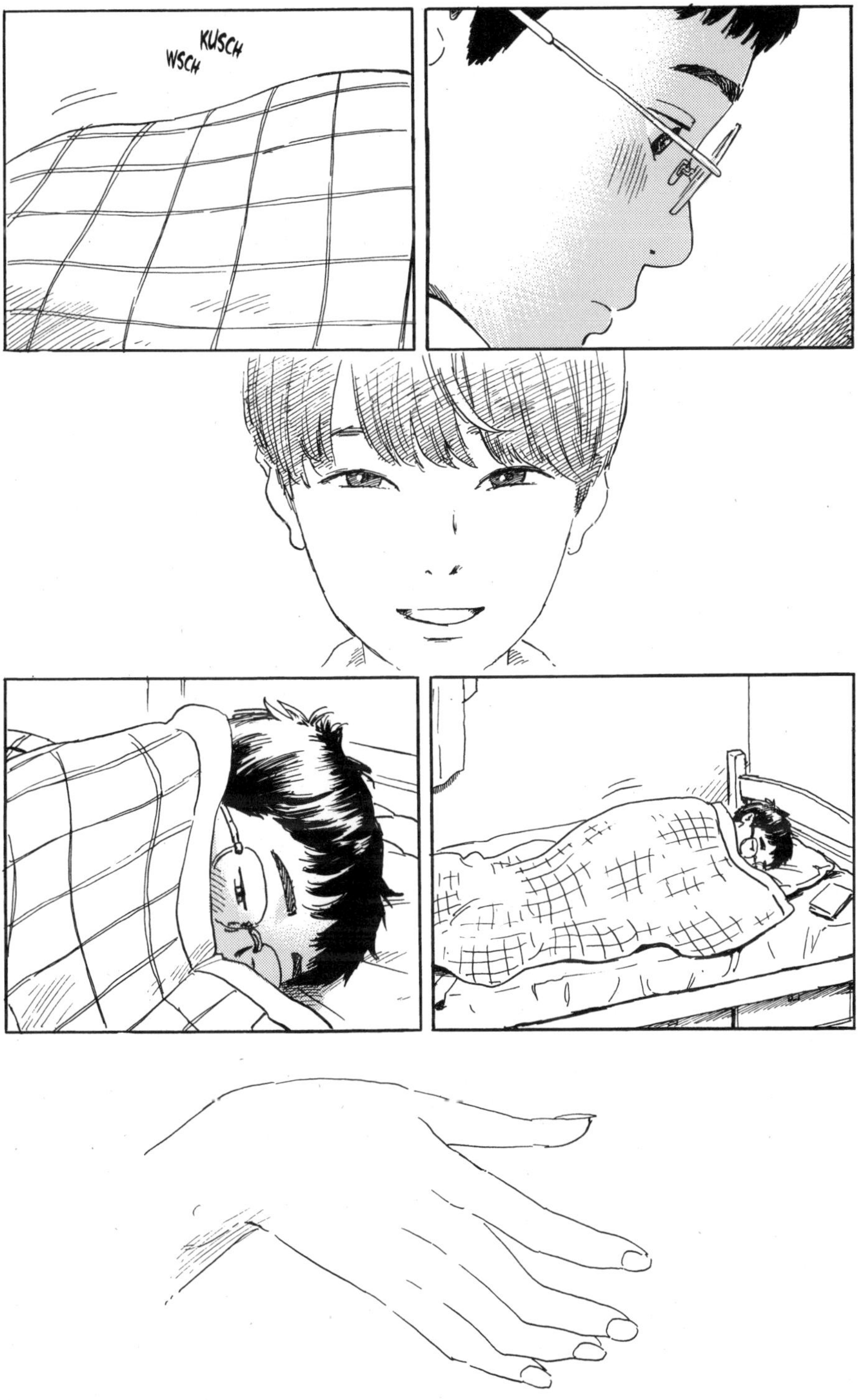
KUSCH
WSCH

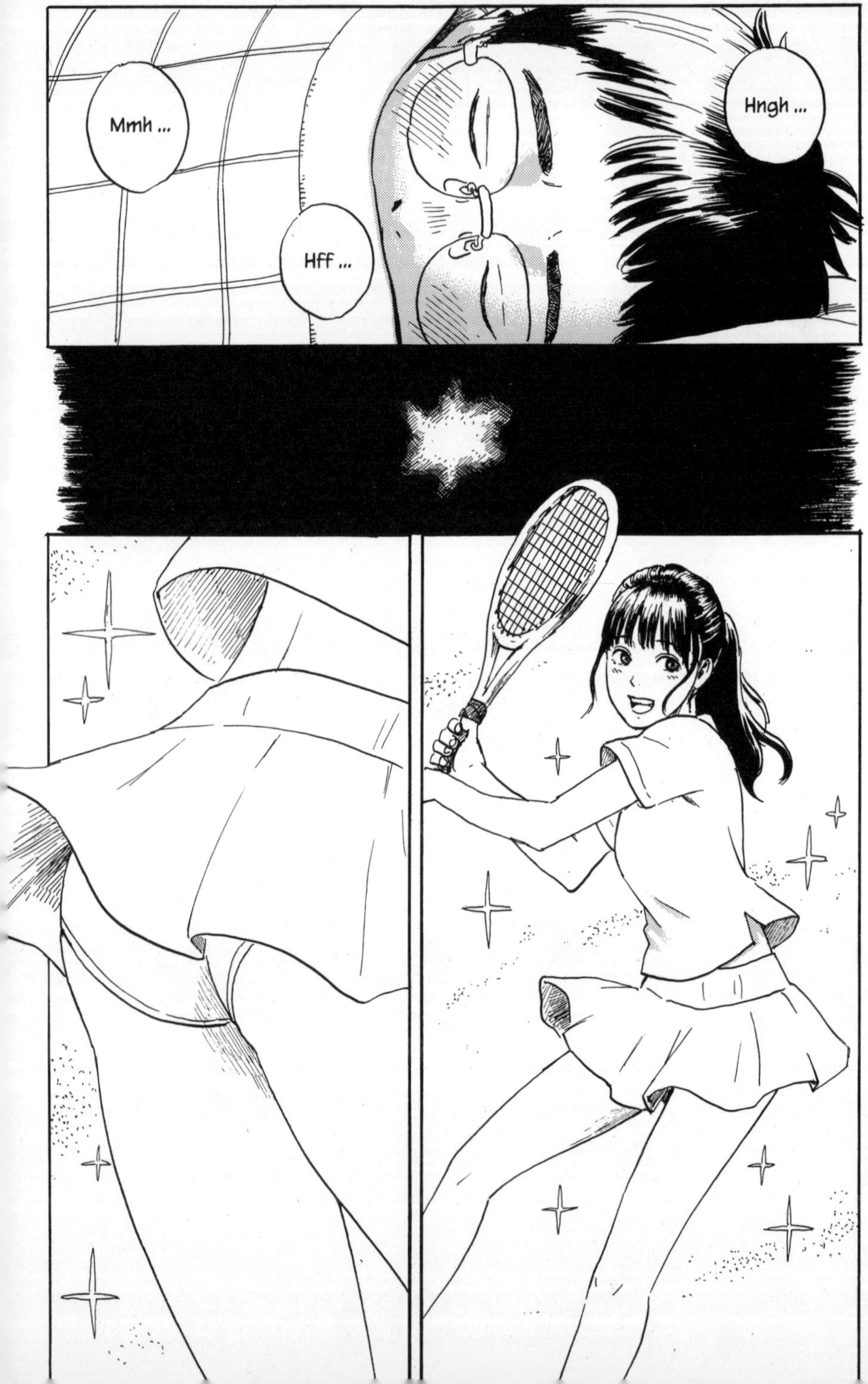
Hngh ...
Mmh ...
Hff ...

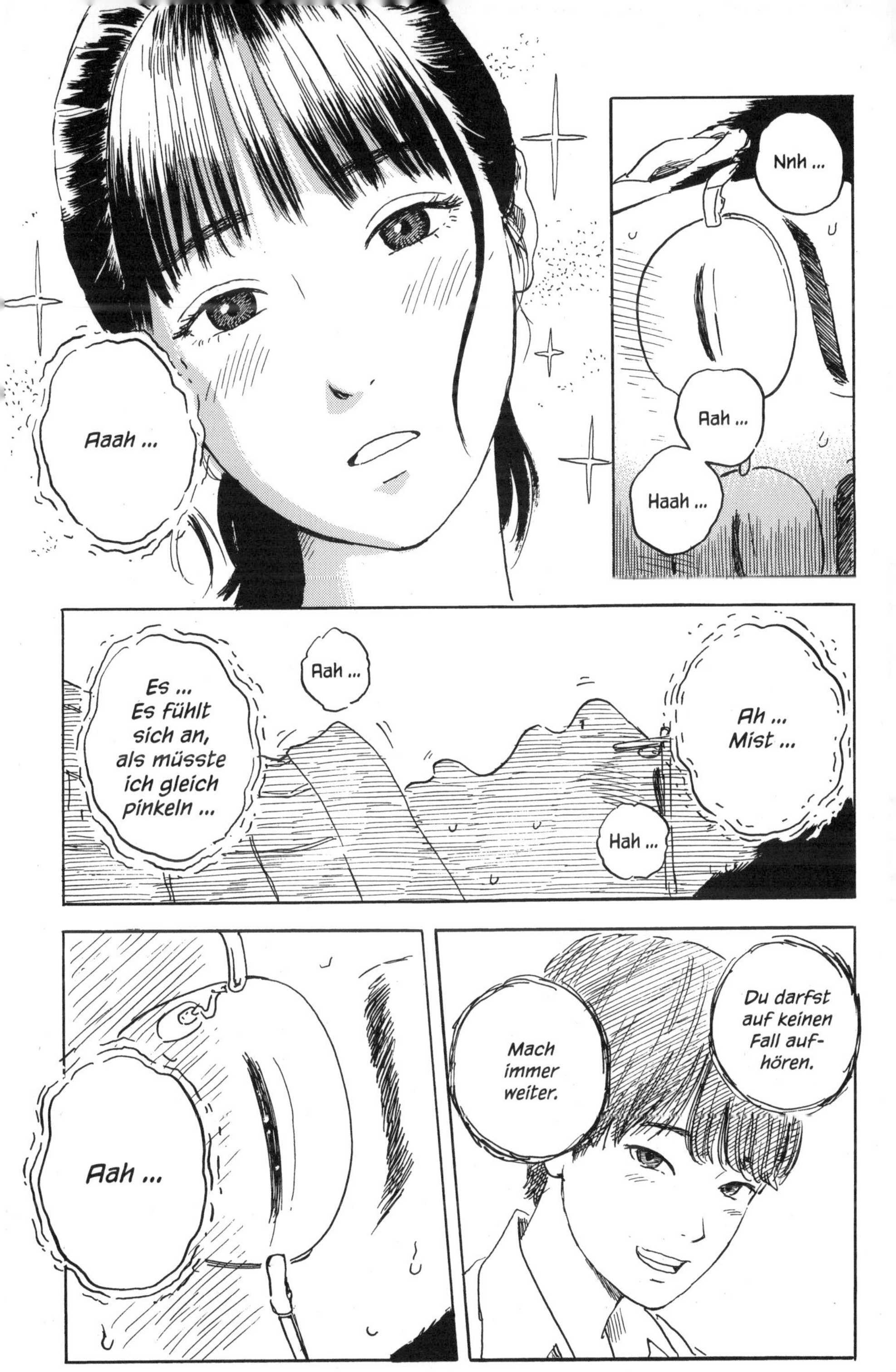
Nnh ...
Aah ...
Haah ...
Aaah ...
Ah ... Mist ...
Hah ...
Aah ...
Es ... Es fühlt sich an, als müsste ich gleich pinkeln ...
Du darfst auf keinen Fall aufhören.
Mach immer weiter.
Aah ...

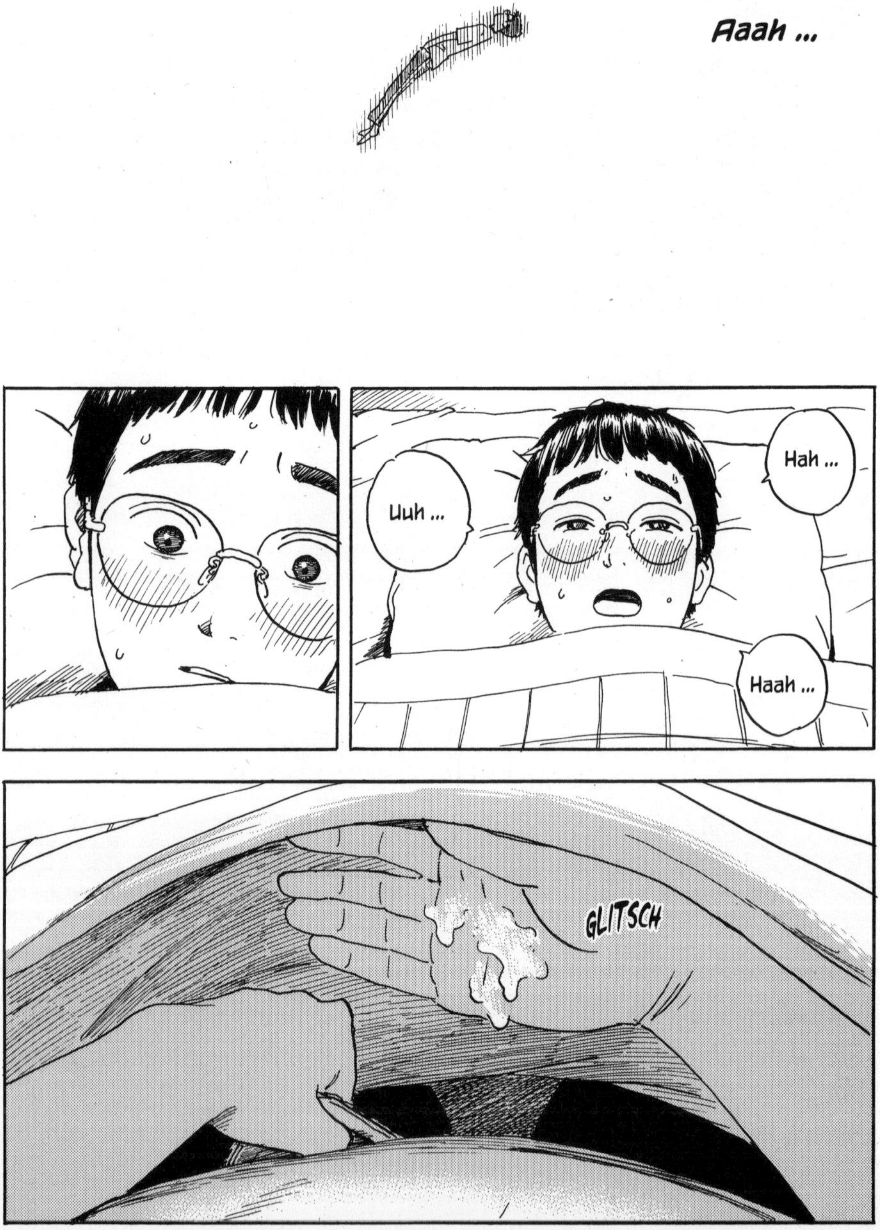
Aaah ...
Uuh ...
Hah ...
Haah ...
GLITSCH

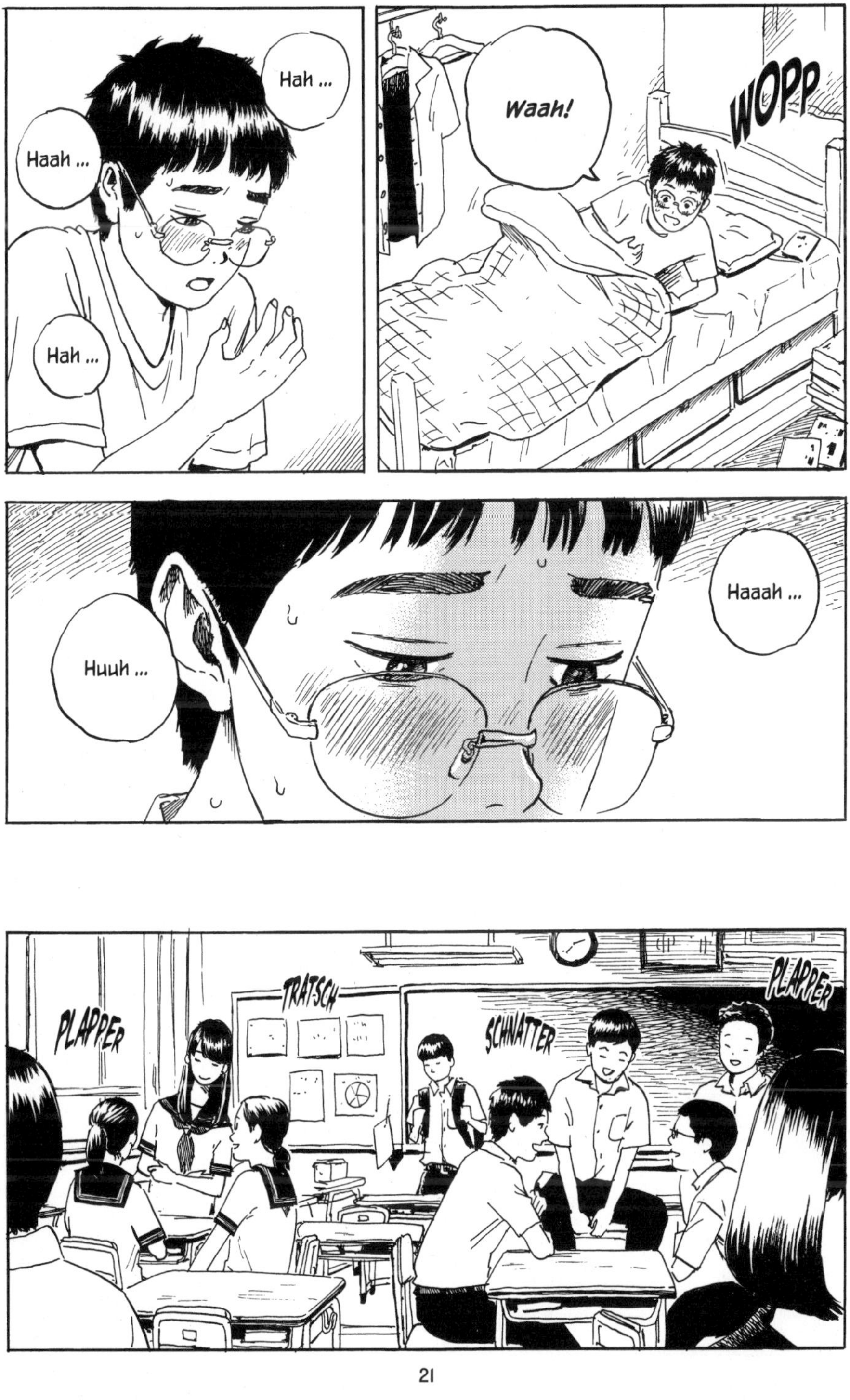

Hah ...
Haah ...
Hah ...
Waah!
WOPP
Huuh ...
Haaah ...
PLAPPER
TRATSCH
SCHNATTER
PLAPPER

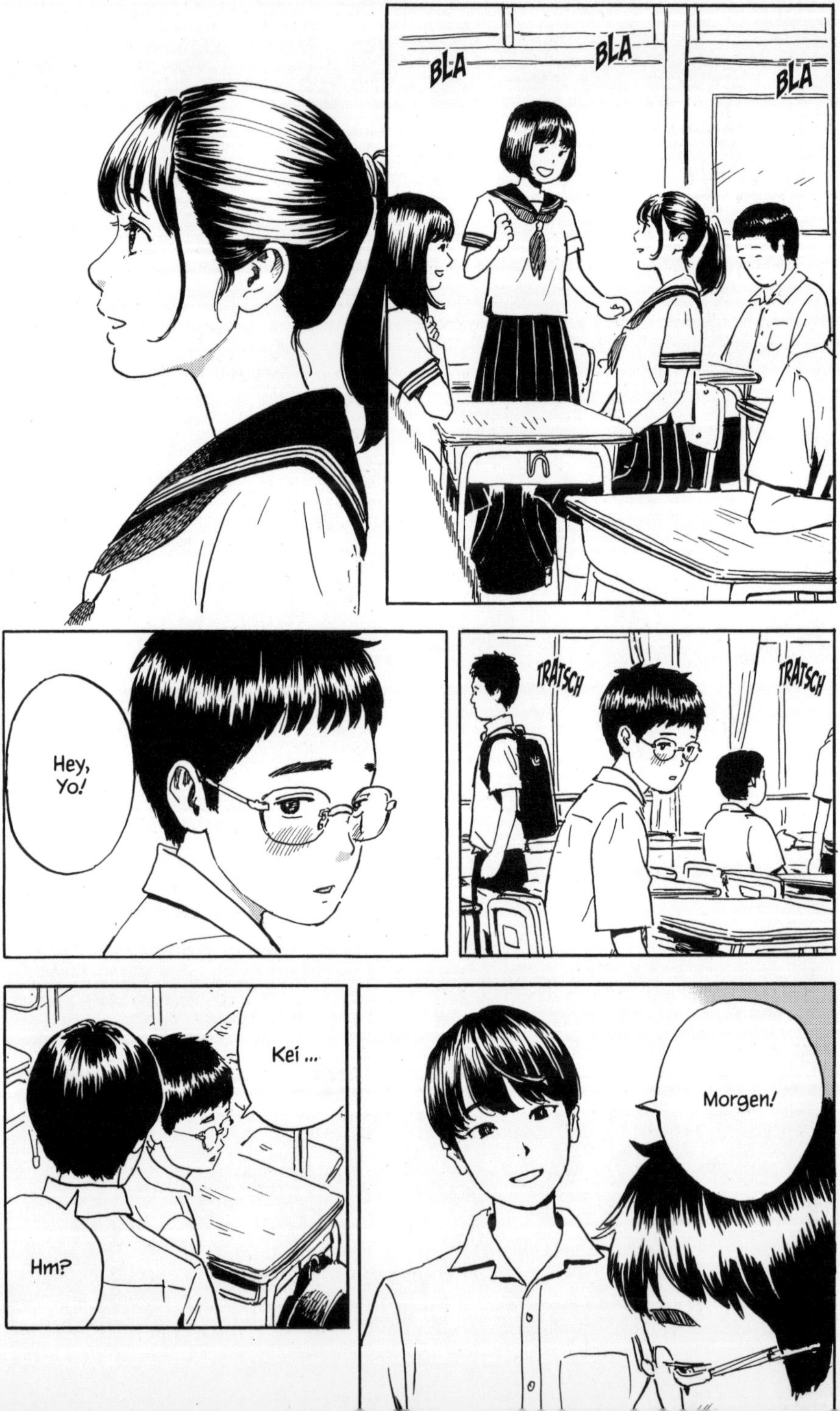
BLA
BLA
BLA
TRATSCH
TRATSCH
Hey, Yo!
Kei ...
Hm?
Morgen!

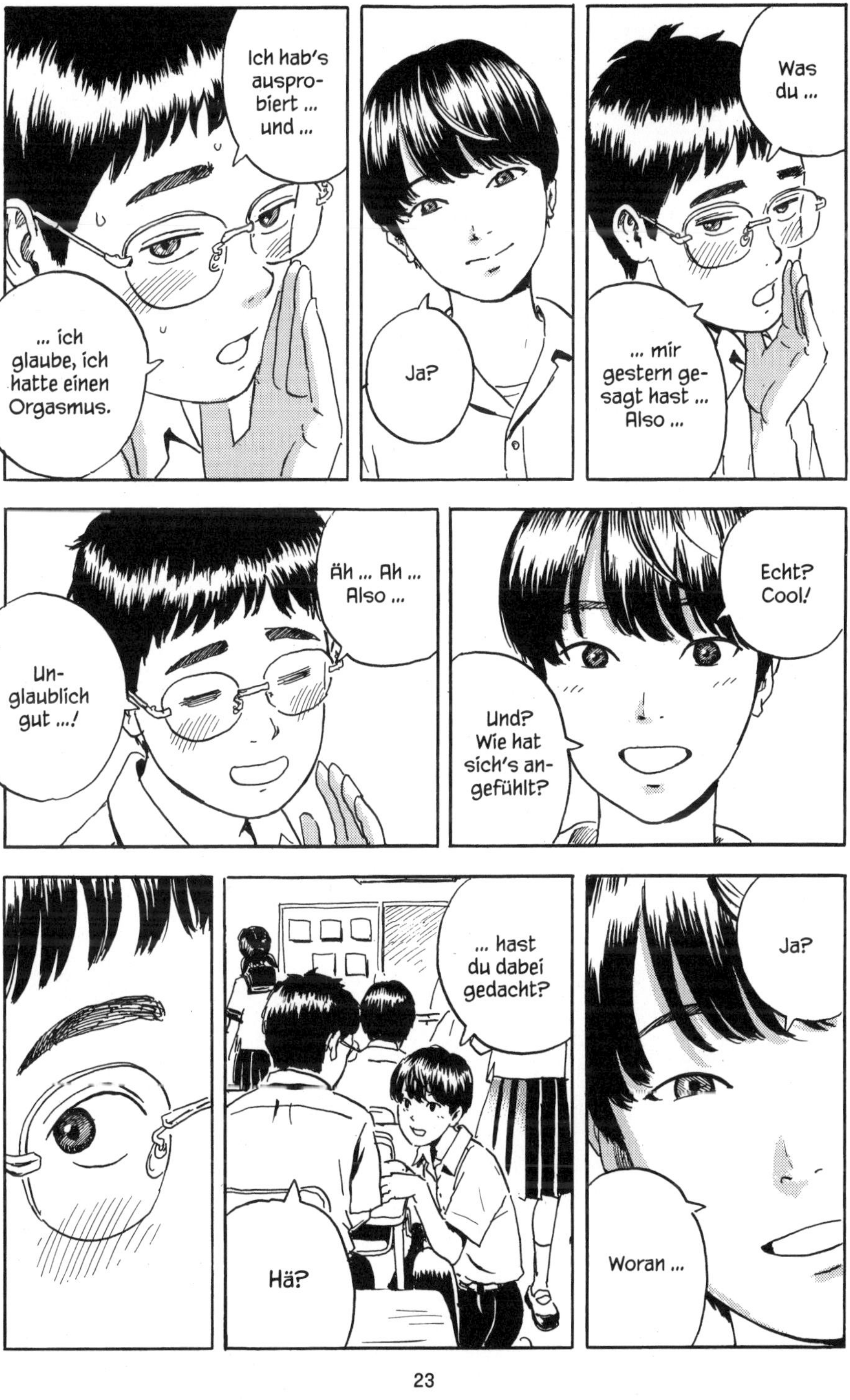
Was du ...
... mir gestern gesagt hast ... Also ...
Ja?
Ich hab's ausprobiert ... und ...
... ich glaube, ich hatte einen Orgasmus.
Echt? Cool!
Und? Wie hat sich's angefühlt?
Äh ... Ah ... Also ...
Unglaublich gut ...!
Ja?
Woran ...
... hast du dabei gedacht?
Hä?

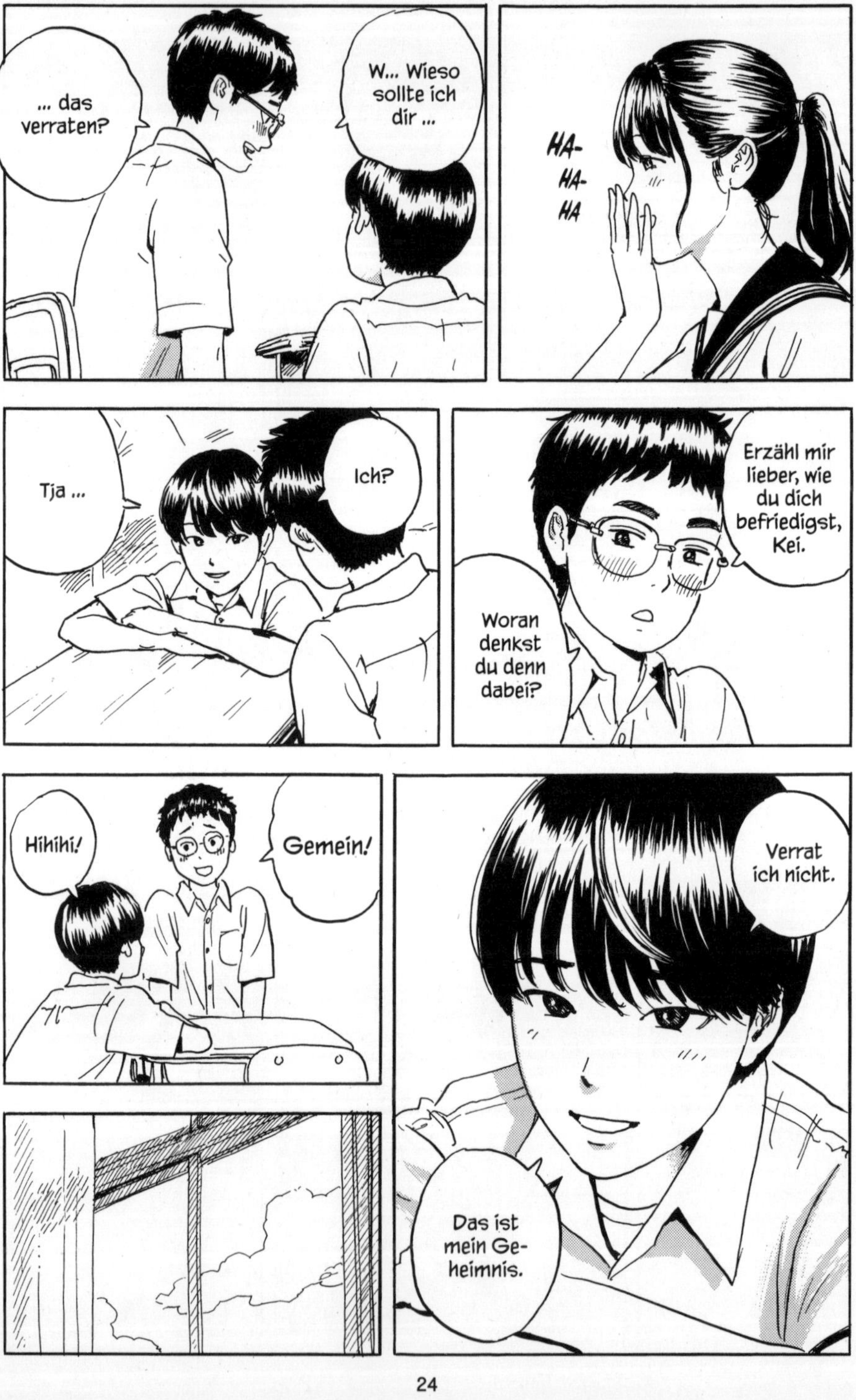
HA-
HA-
HA
W... Wieso sollte ich dir ...
... das verraten?
Erzähl mir lieber, wie du dich befriedigst, Kei.
Woran denkst du denn dabei?
Ich?
Tja ...
Verrat ich nicht.
Das ist mein Geheimnis.
Gemein!
Hihihi!

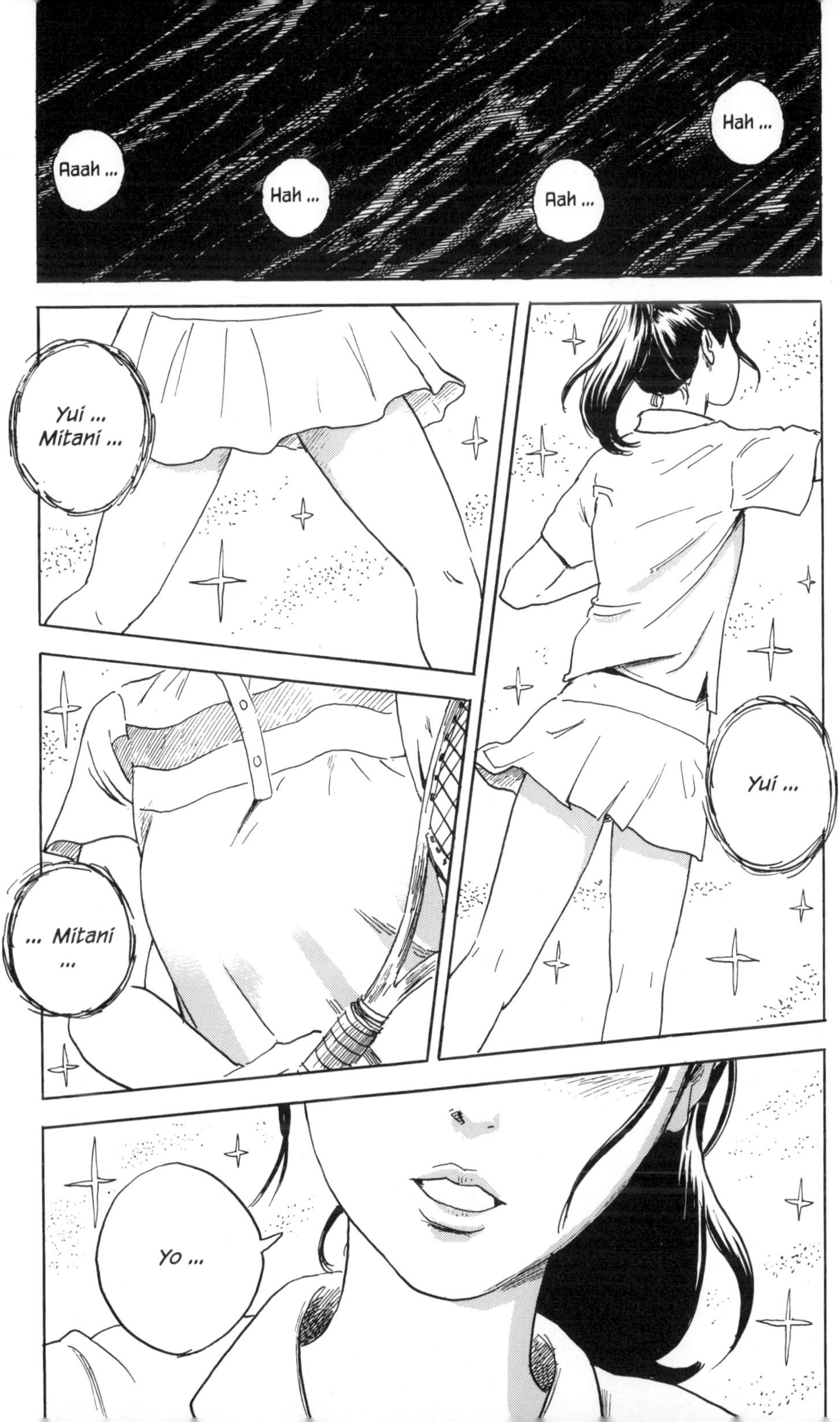
Hah ...
Aah ...
Hah ...
Aaah ...
Yui ...
Mitani ...
Yui ...
... Mitani
...
Yo ...

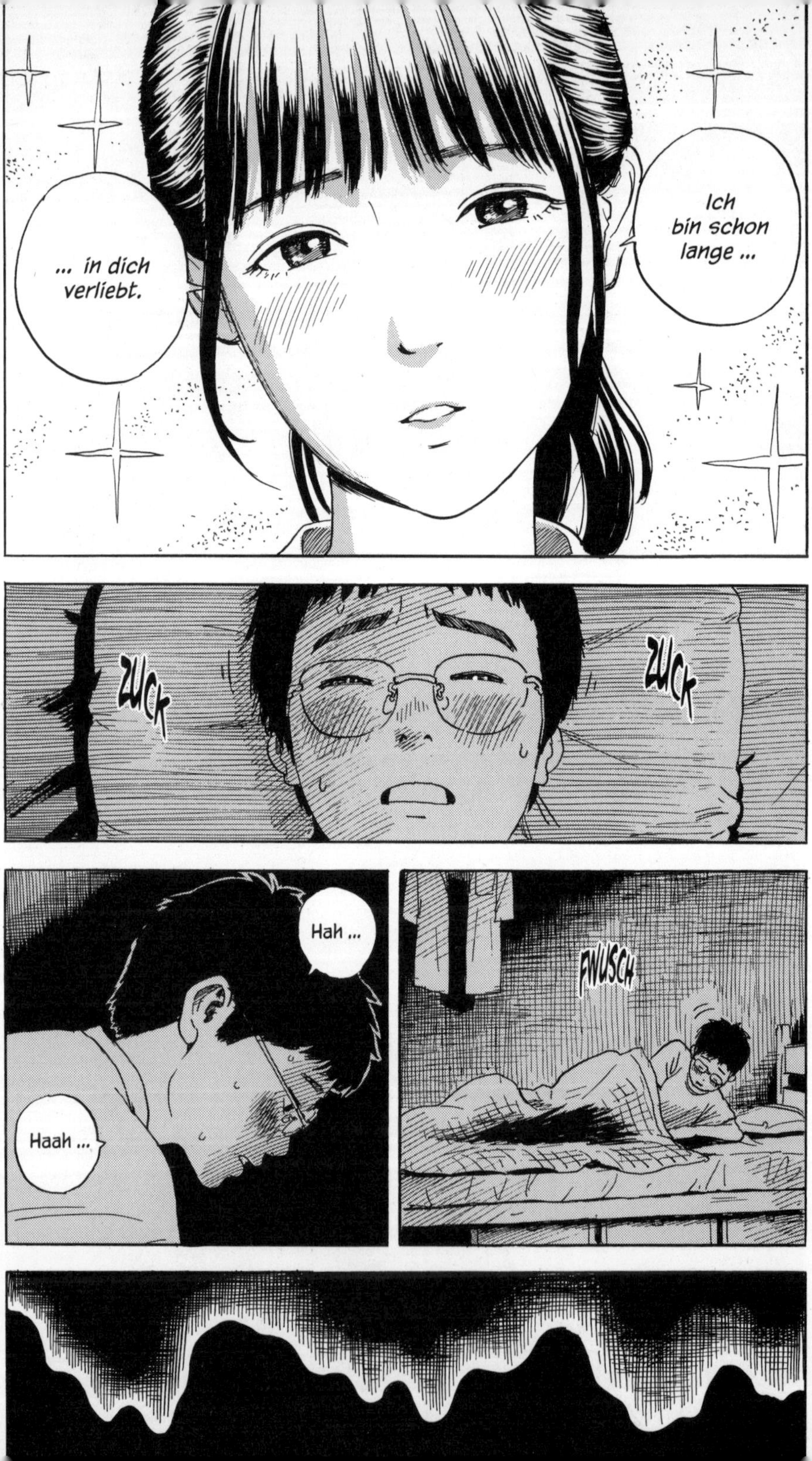
Ich bin schon lange ...
... in dich verliebt.
ZUCK
ZUCK
FWUSCH
Hah ...
Haah ...

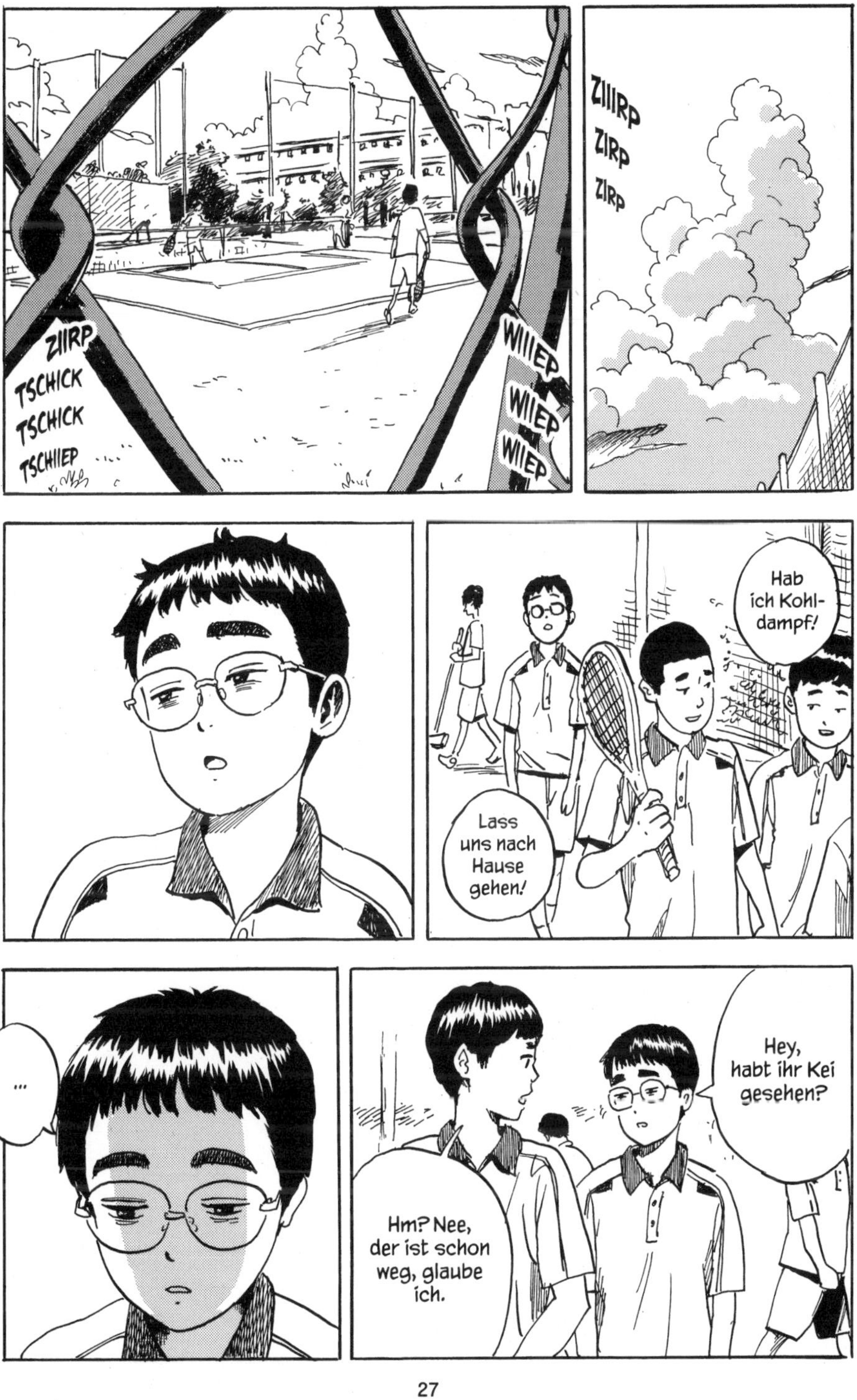
ZIIRP
TSCHICK
TSCHICK
TSCHIIEP
WIIIEP
WIIEP
WIIEP
ZIIIRP
ZIRP
ZIRP
Hab ich Kohldampf!
Lass uns nach Hause gehen!
...
Hey, habt ihr Kei gesehen?
Hm? Nee, der ist schon weg, glaube ich.

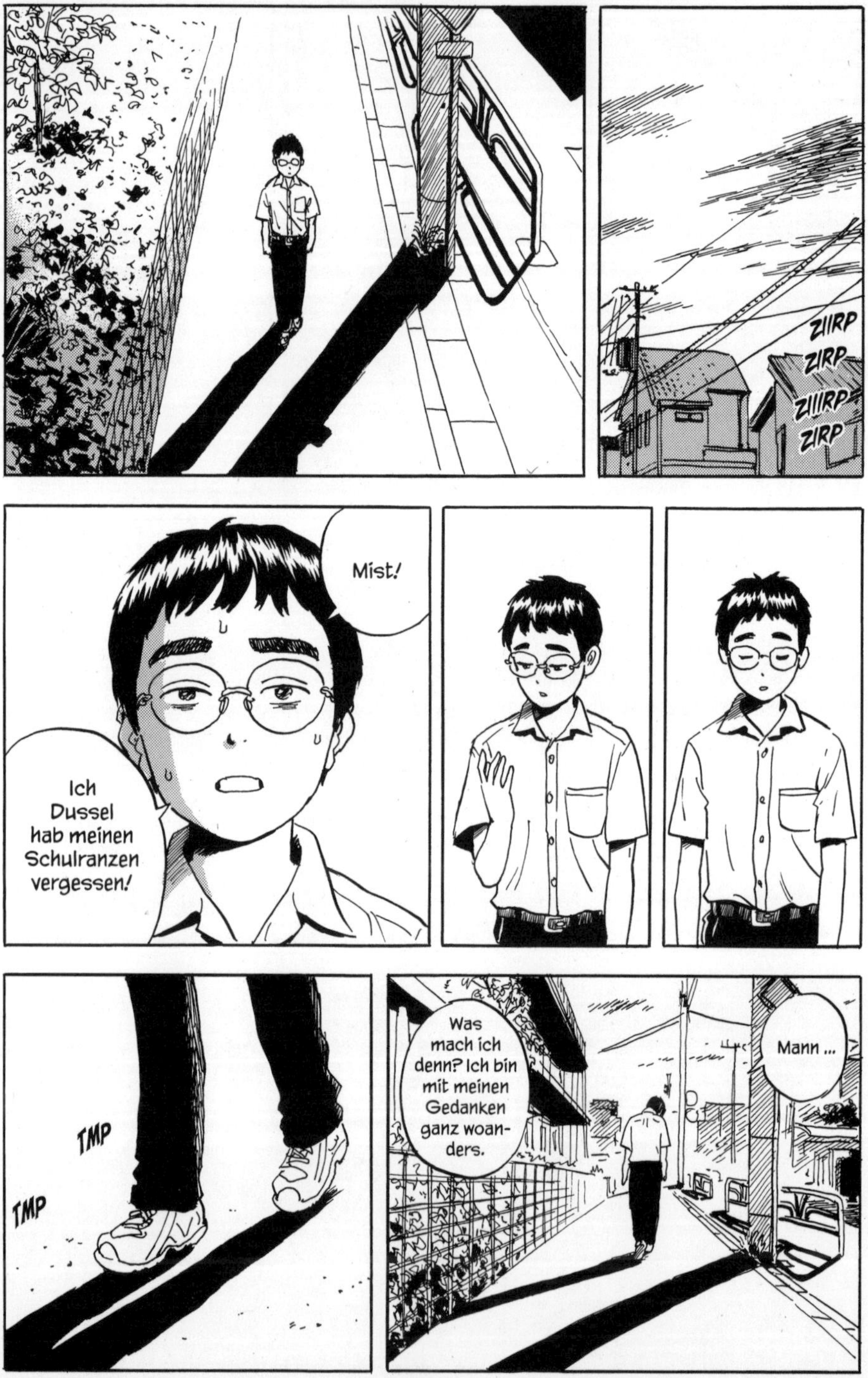
ZIIRP
ZIRP
ZIIIRP
ZIRP
Mist!
Ich Dussel hab meinen Schulranzen vergessen!
TMP
TMP
Was mach ich denn? Ich bin mit meinen Gedanken ganz woanders.
Mann …

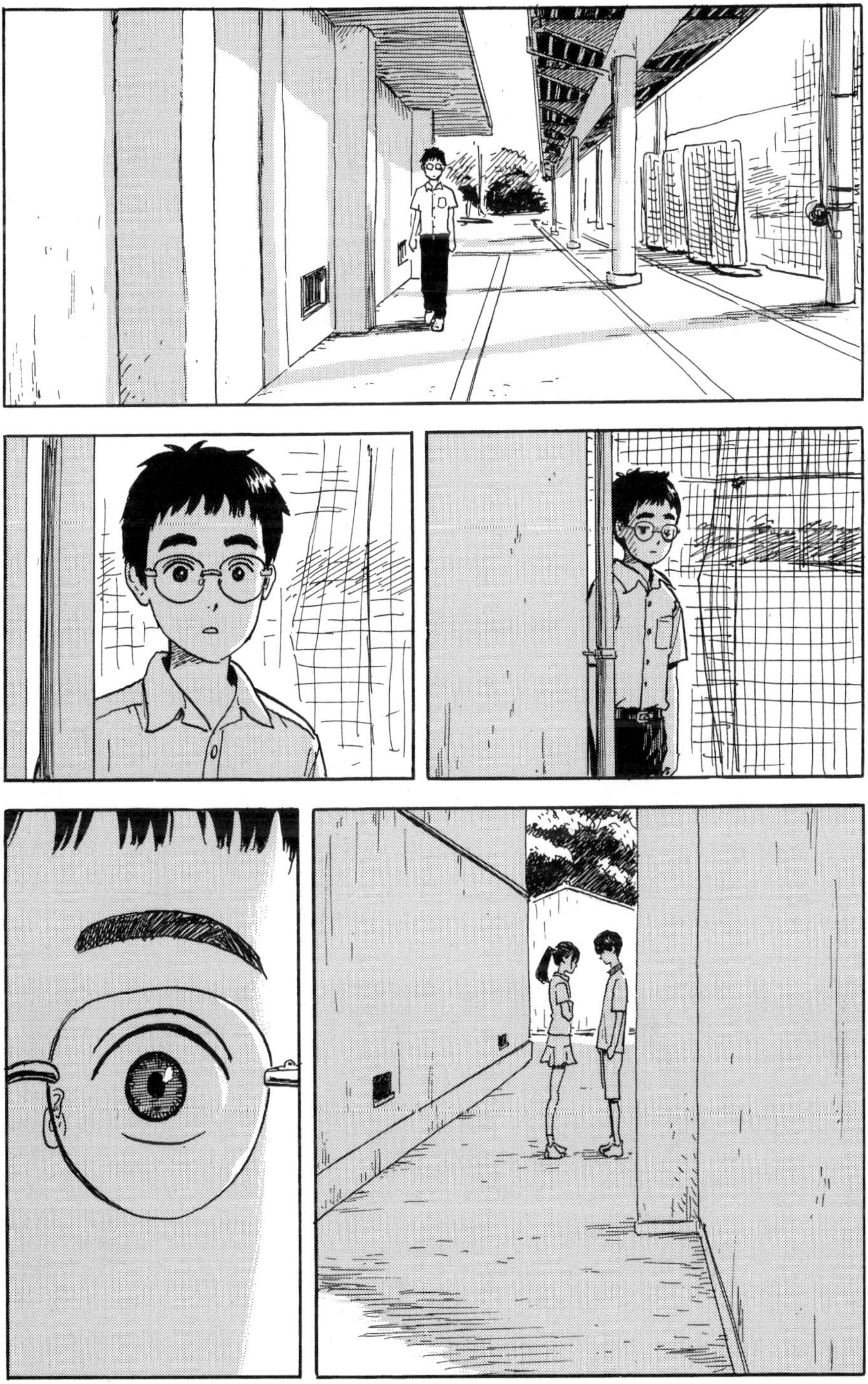

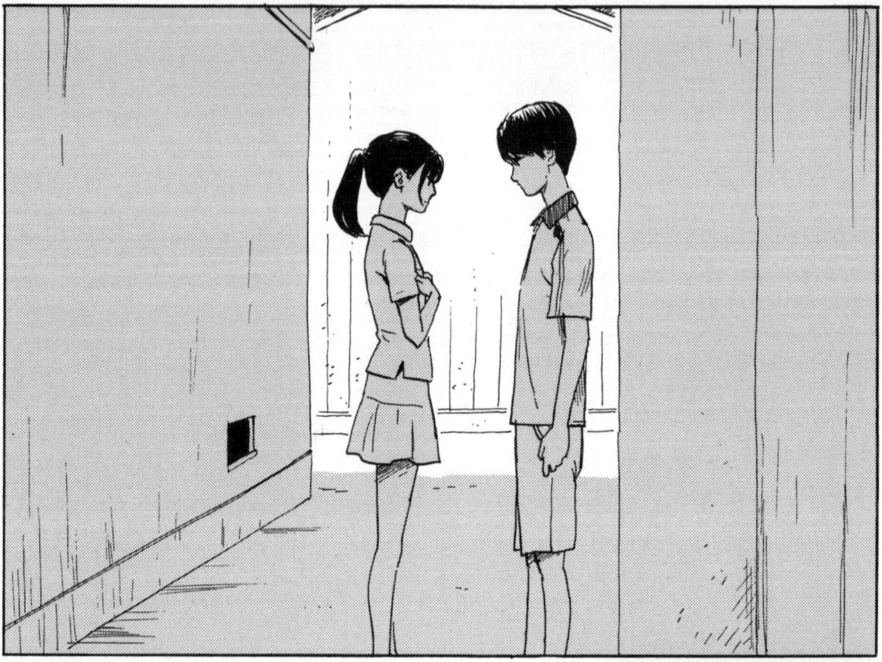

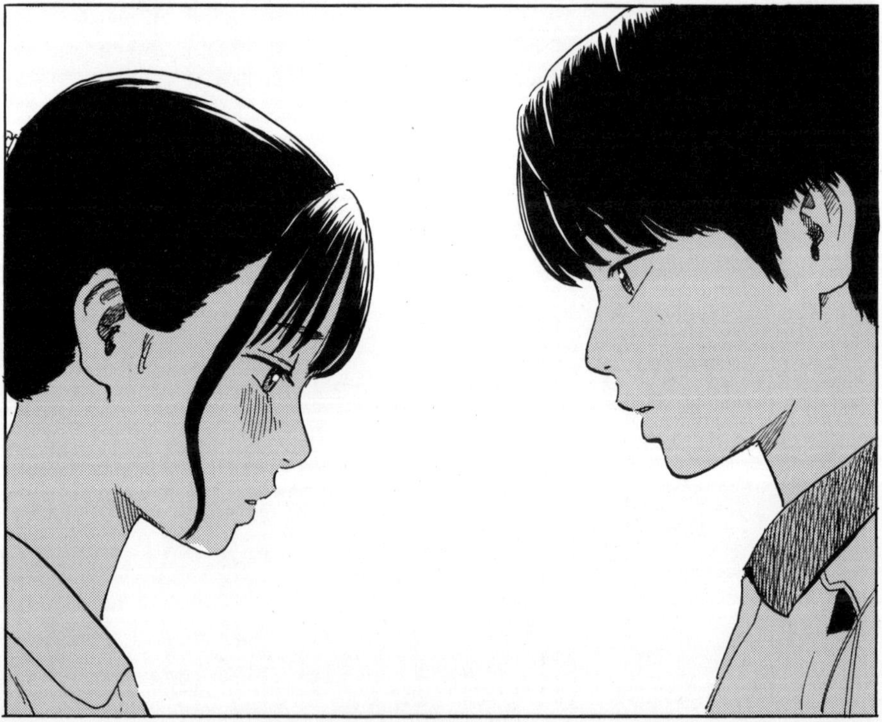

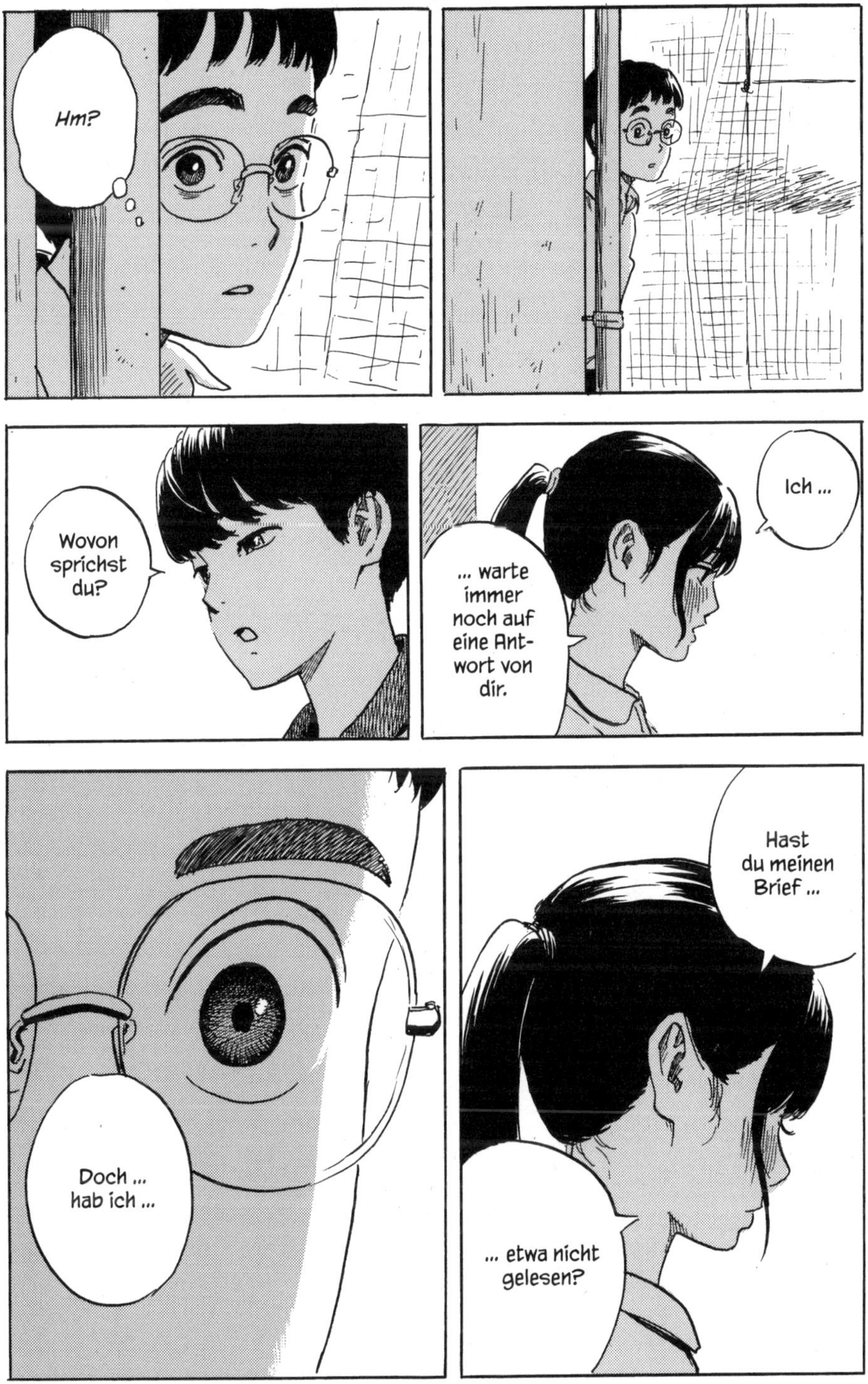
Hm?
Wovon sprichst du?
Ich ...
... warte immer noch auf eine Antwort von dir.
Doch ... hab ich ...
Hast du meinen Brief ...
... etwa nicht gelesen?

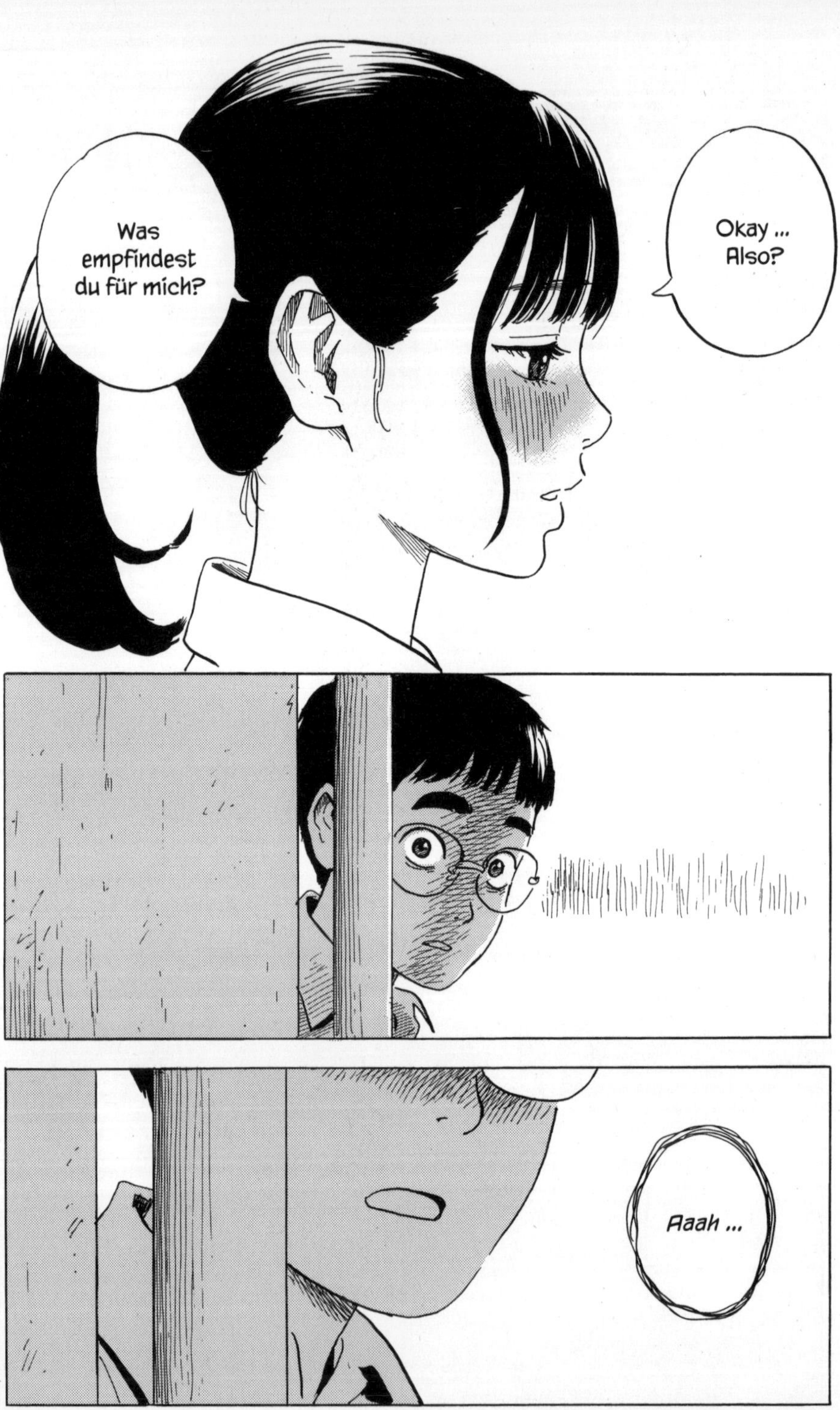
Okay ... Also?
Was empfindest du für mich?
Aaah ...

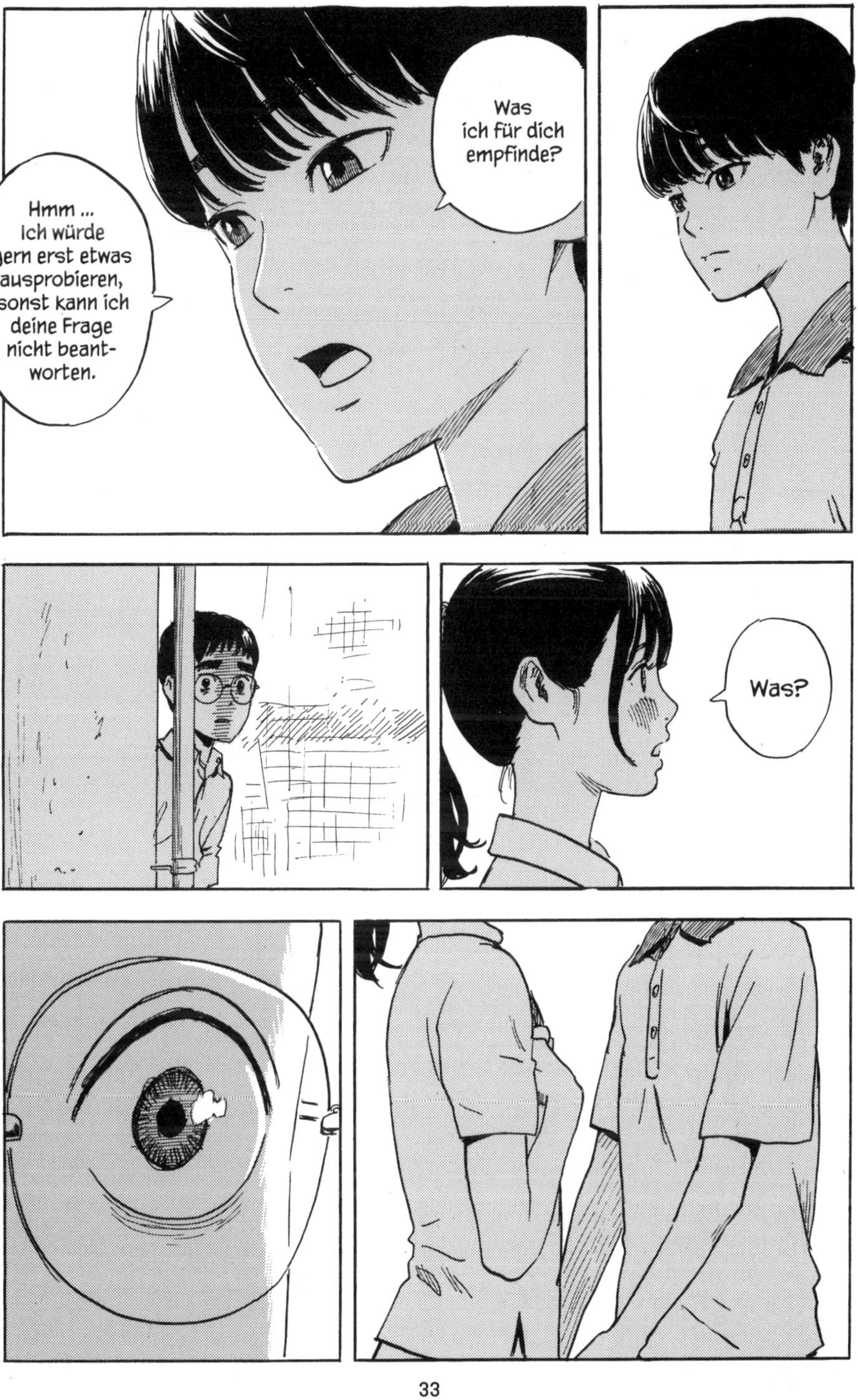
Was ich für dich empfinde?
Hmm ... Ich würde gern erst etwas ausprobieren, sonst kann ich deine Frage nicht beantworten.
Was?

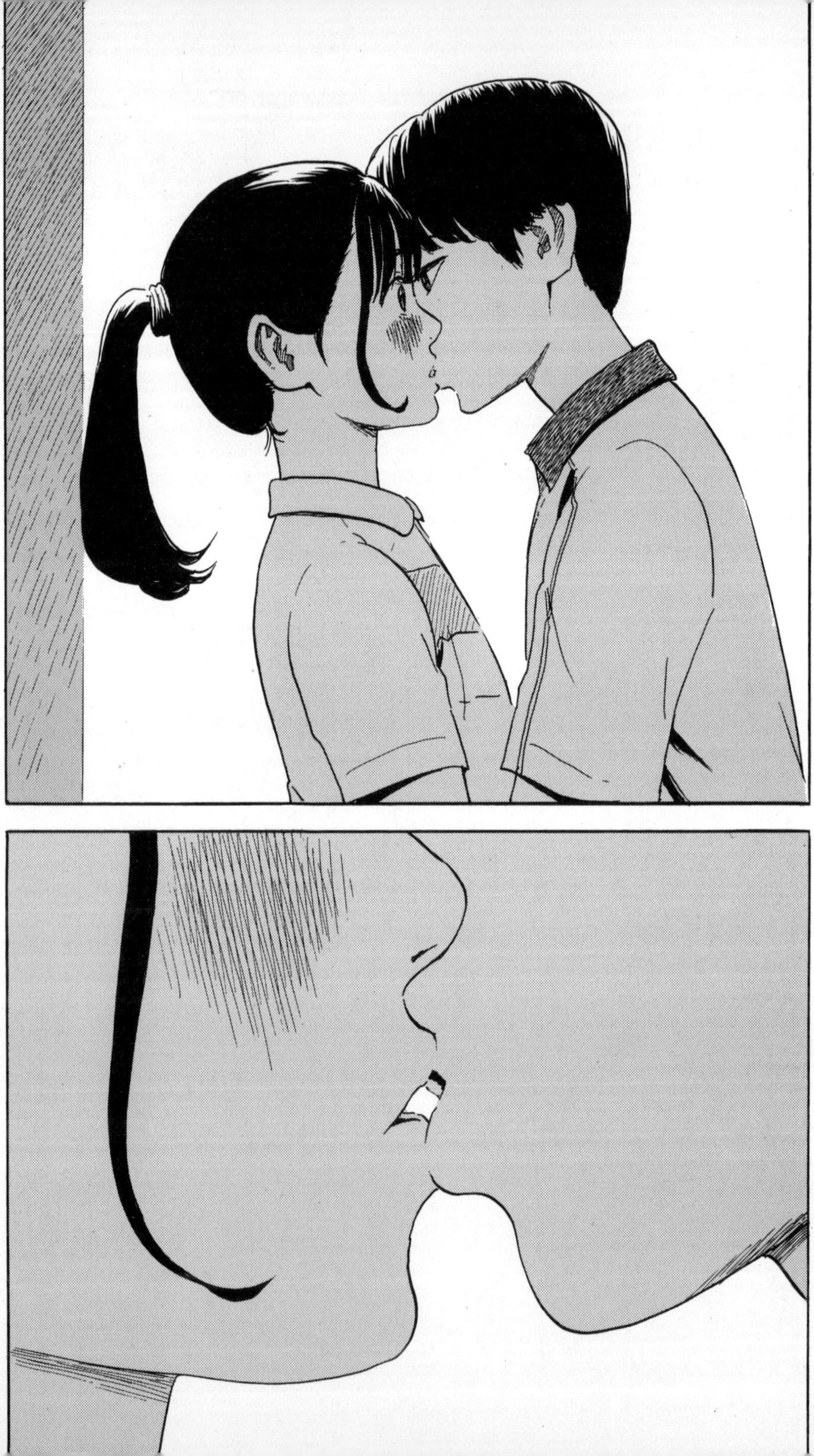

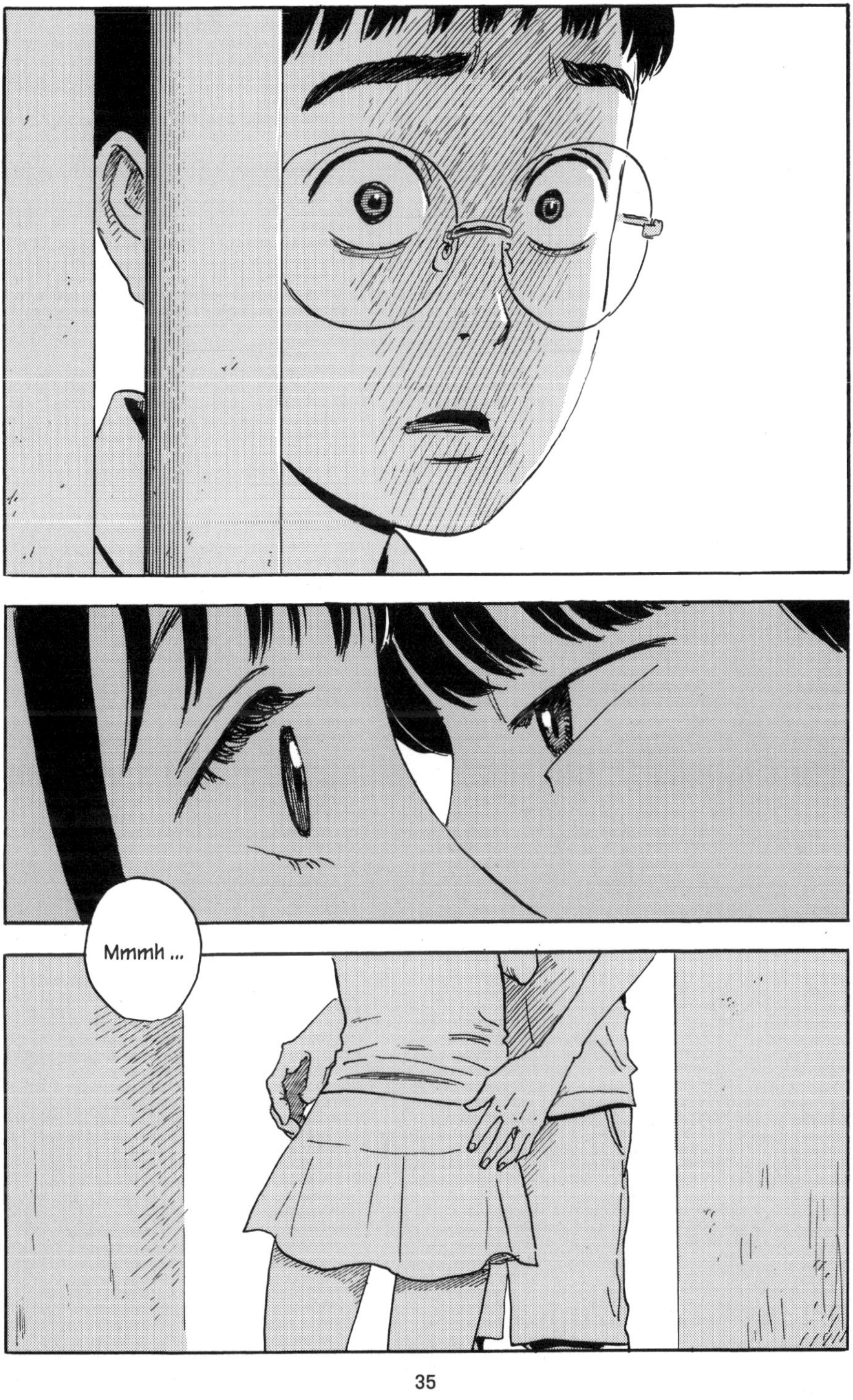
Mmmh ...

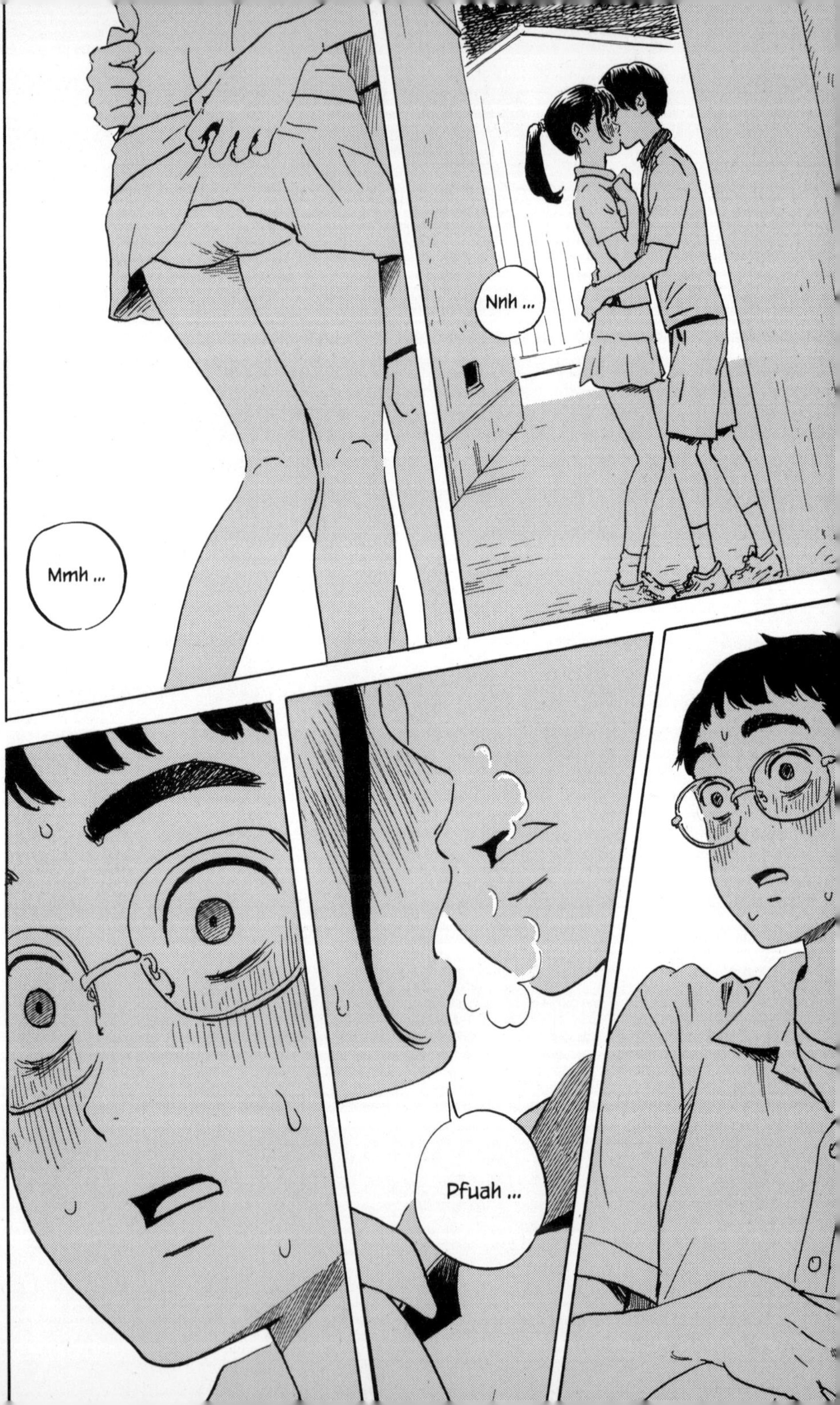
Nnh ...
Mmh ...
Pfuah ...

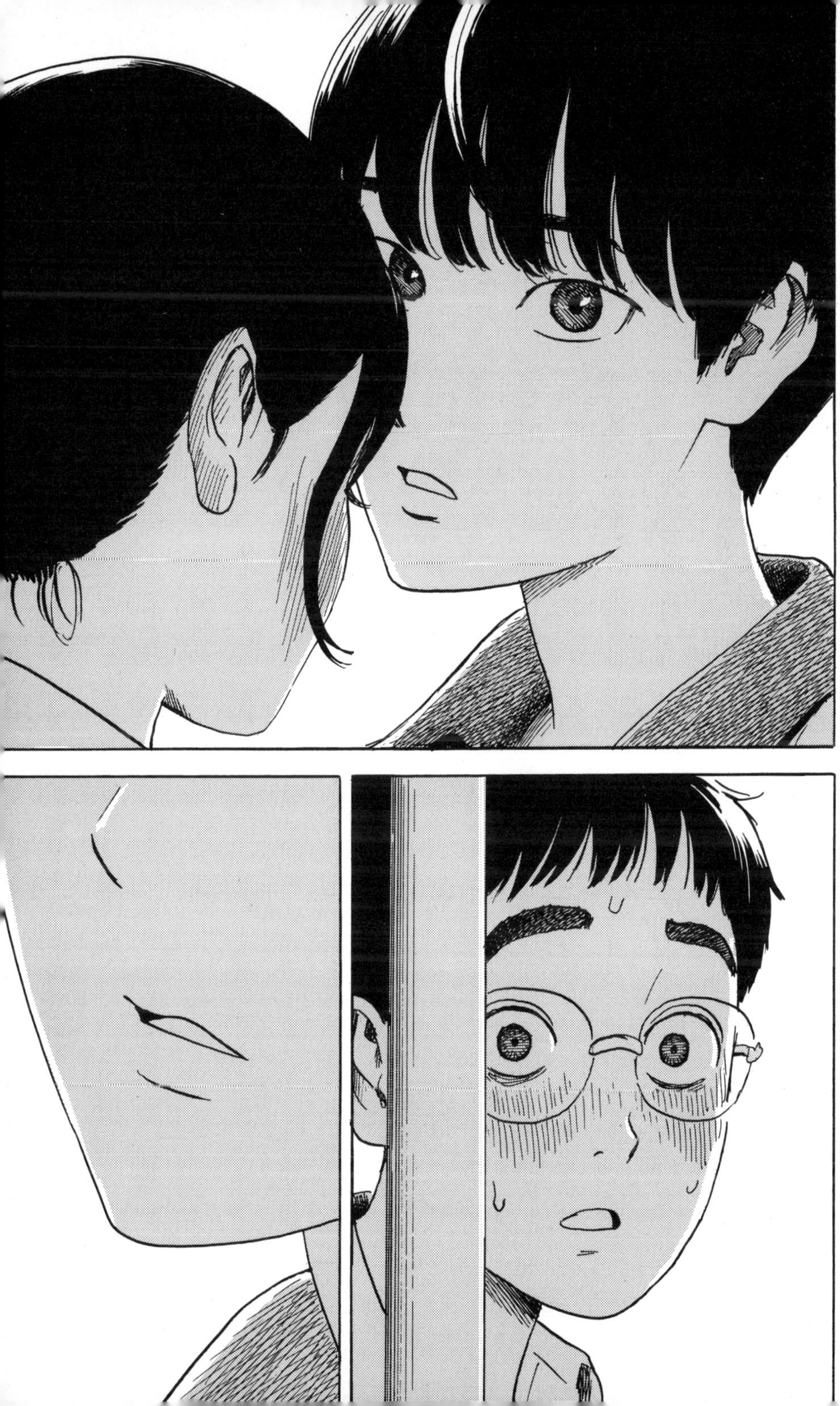

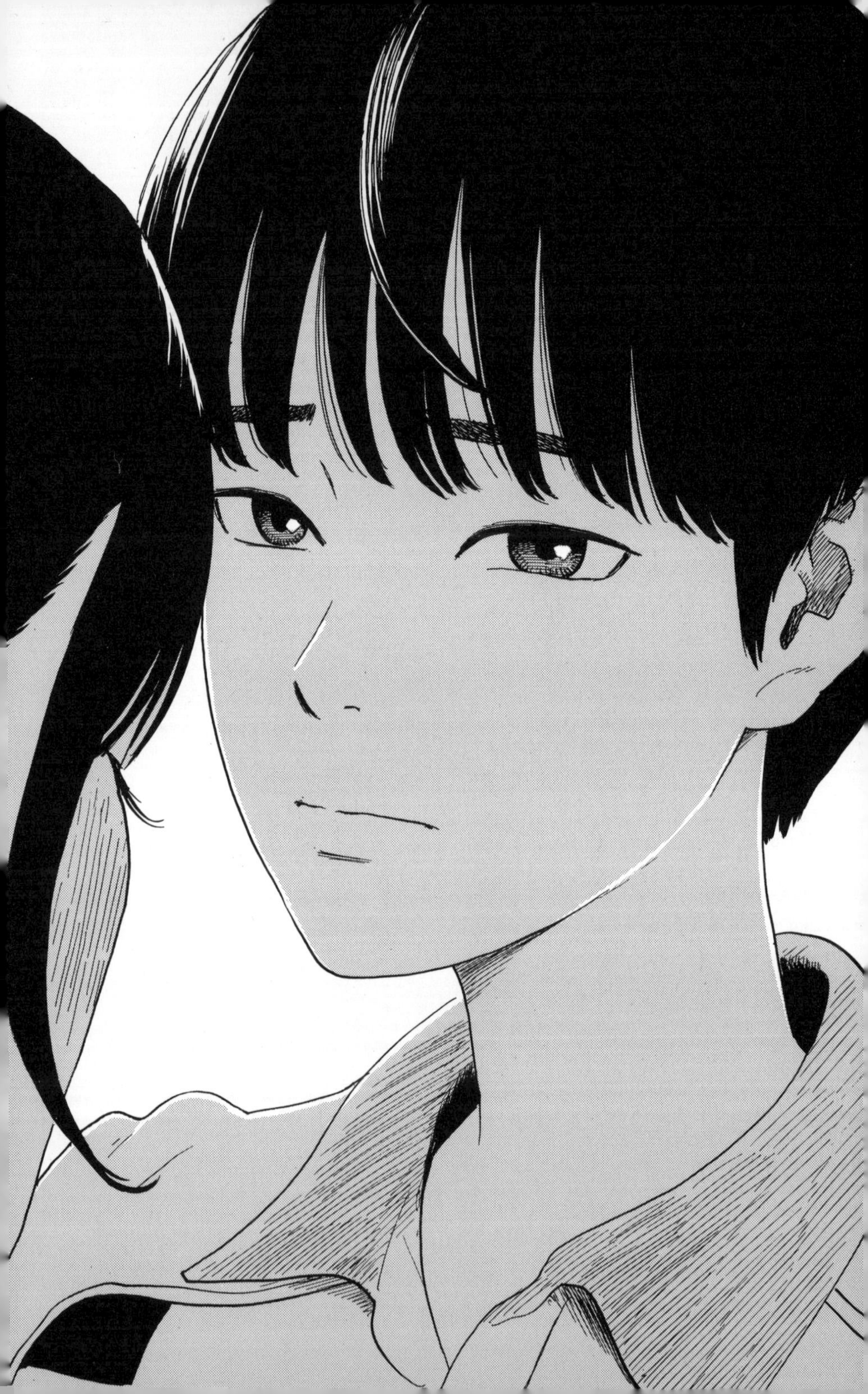

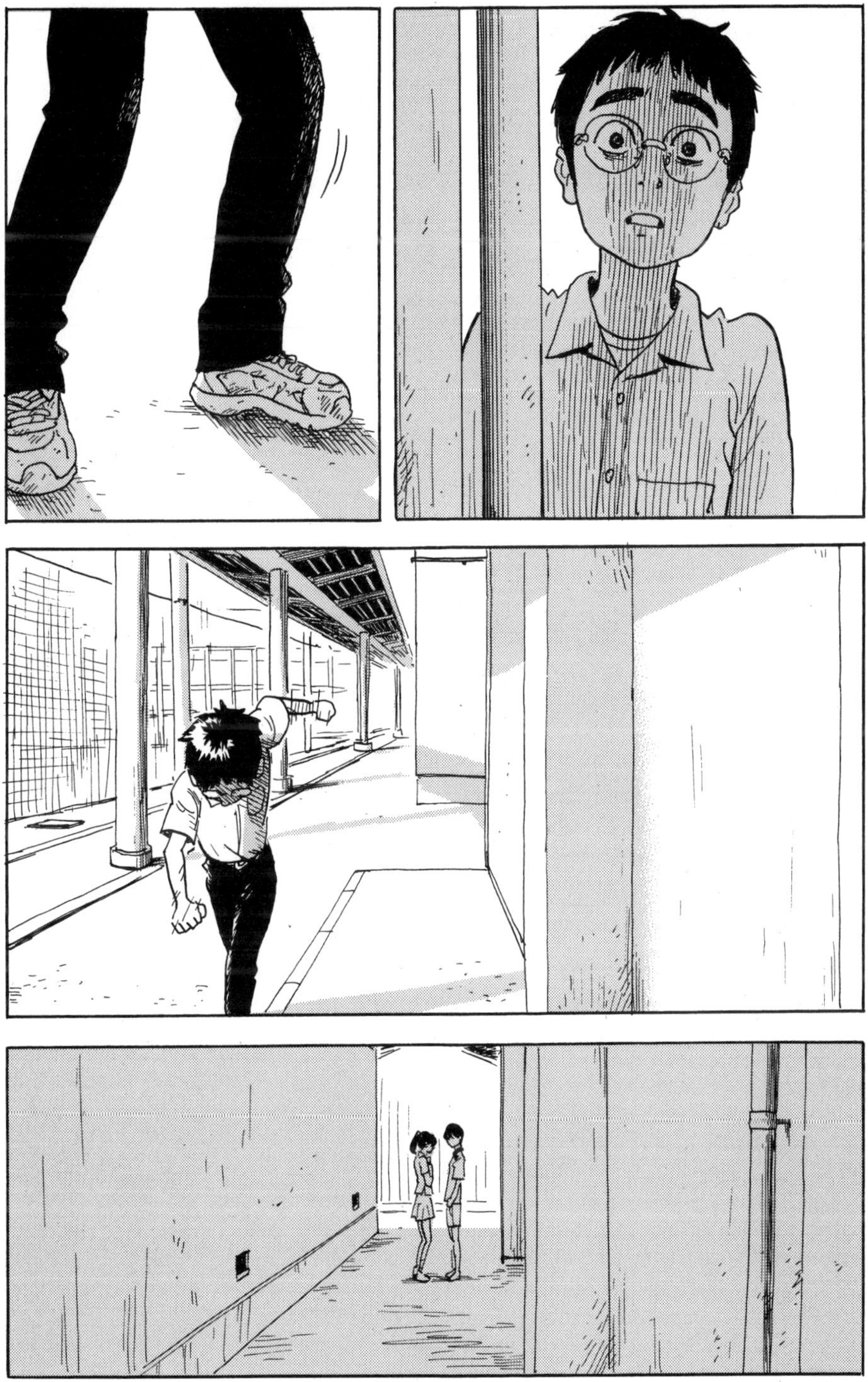

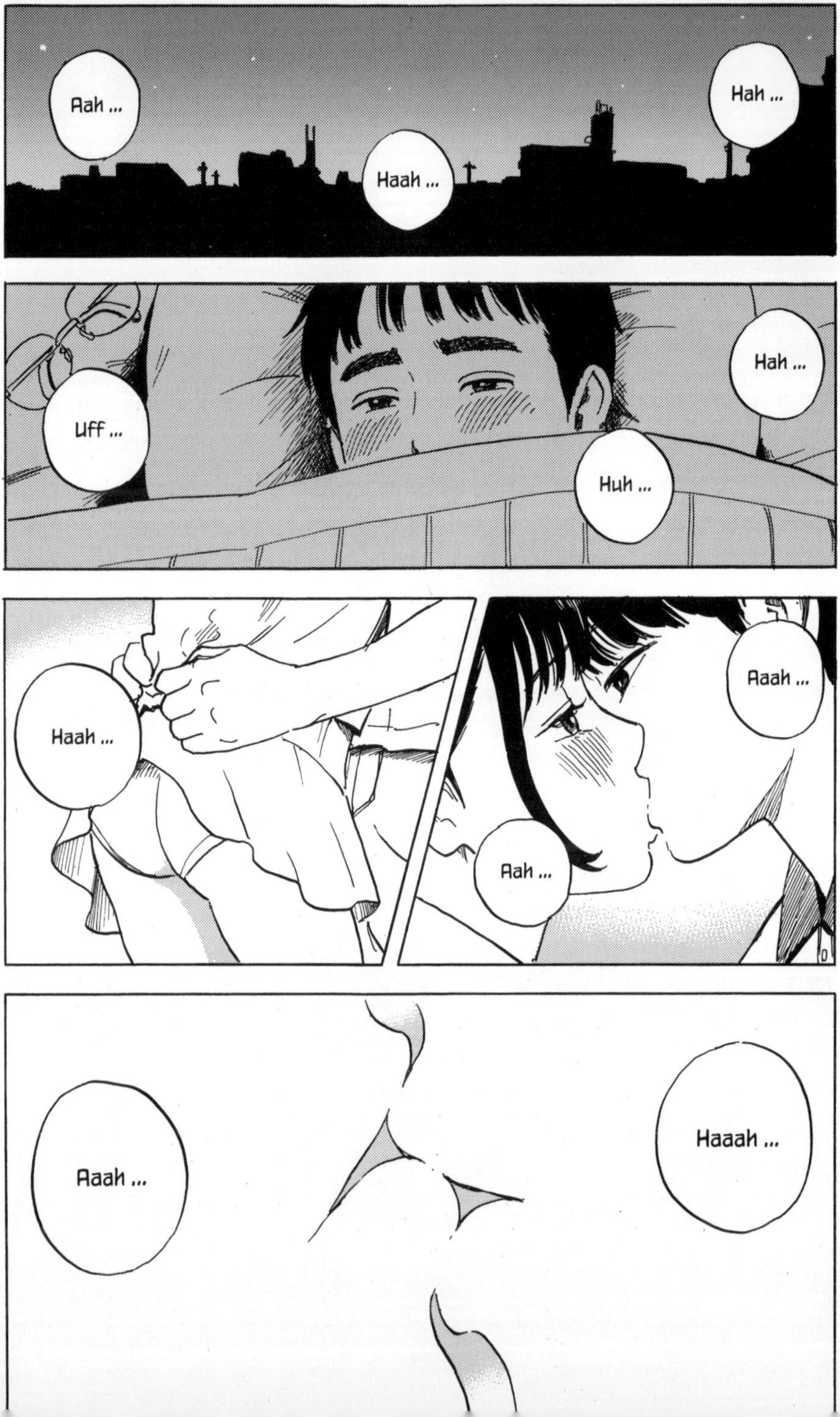
Hah ...
Haah ...
Aah ...
Hah ...
Huh ...
Uff ...
Aaah ...
Aah ...
Haah ...
Haaah ...
Aaah ...

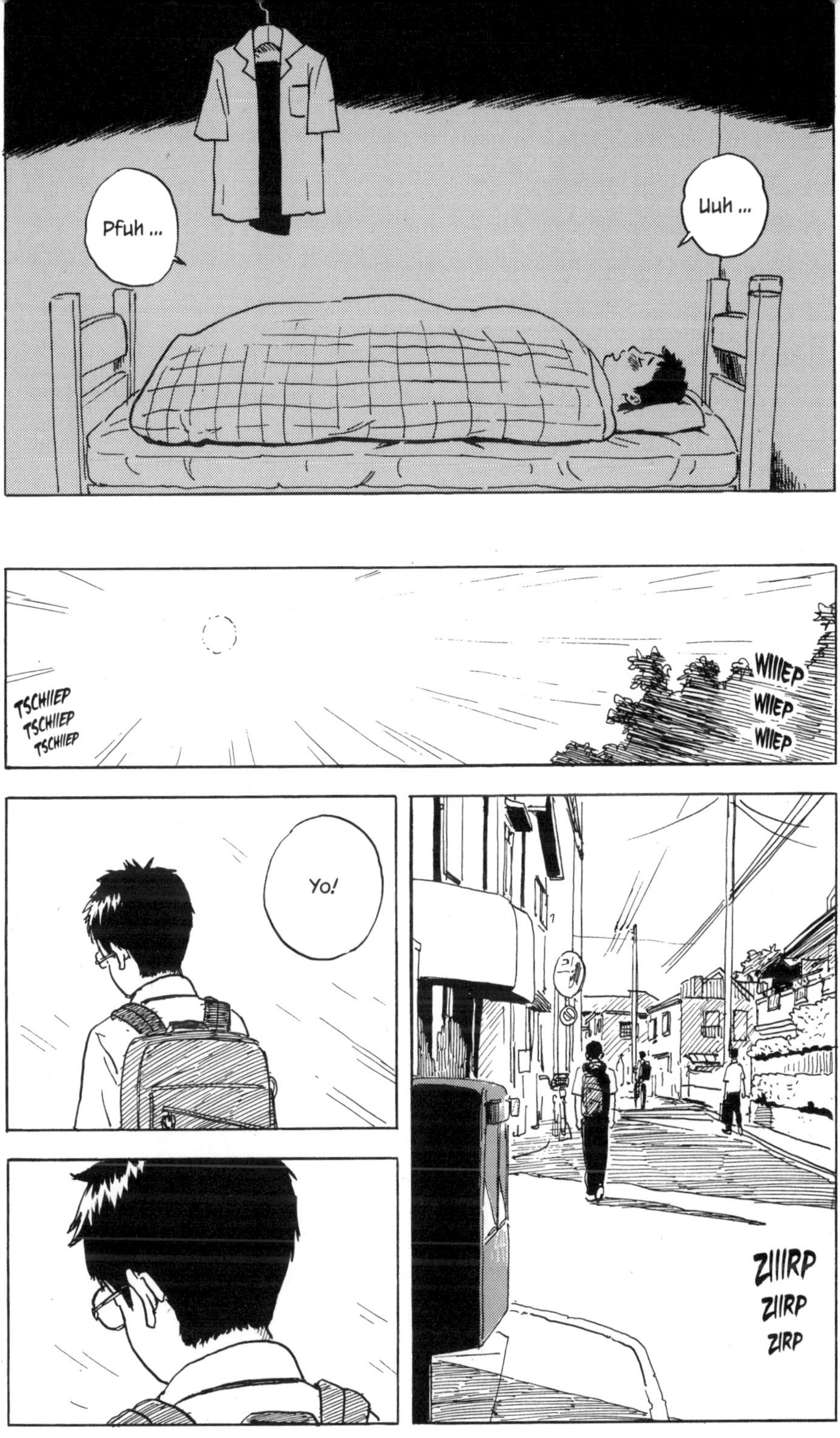
Uuh ...
Pfuh ...
WIIIEP
WIIEP
WIIEP
TSCHIIEP
TSCHIIEP
TSCHIIEP
Yo!
ZIIIRP
ZIIRP
ZIRP

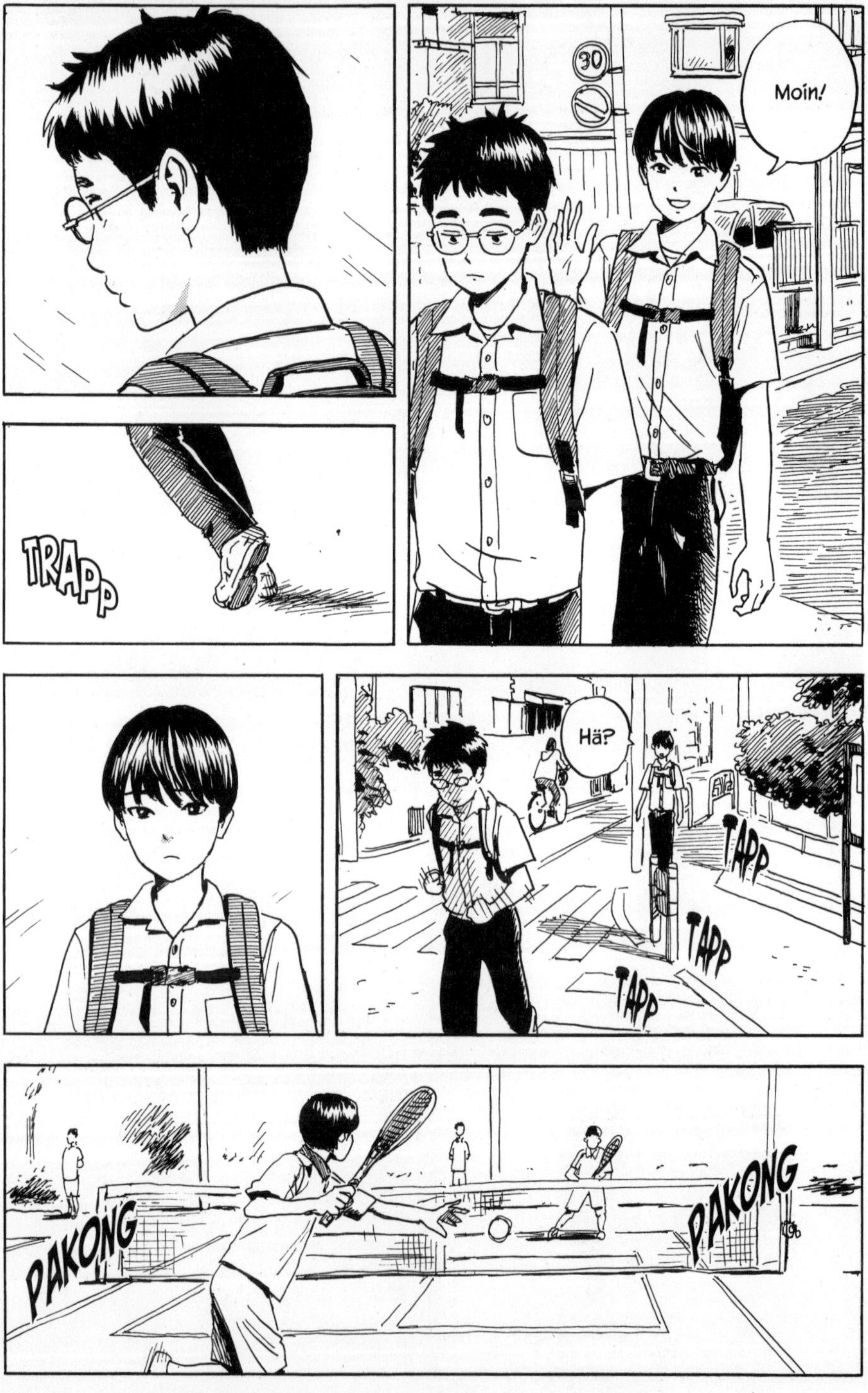
Moin!
TRAPP
Hä?
TAPP
TAPP
TAPP
PAKONG
PAKONG

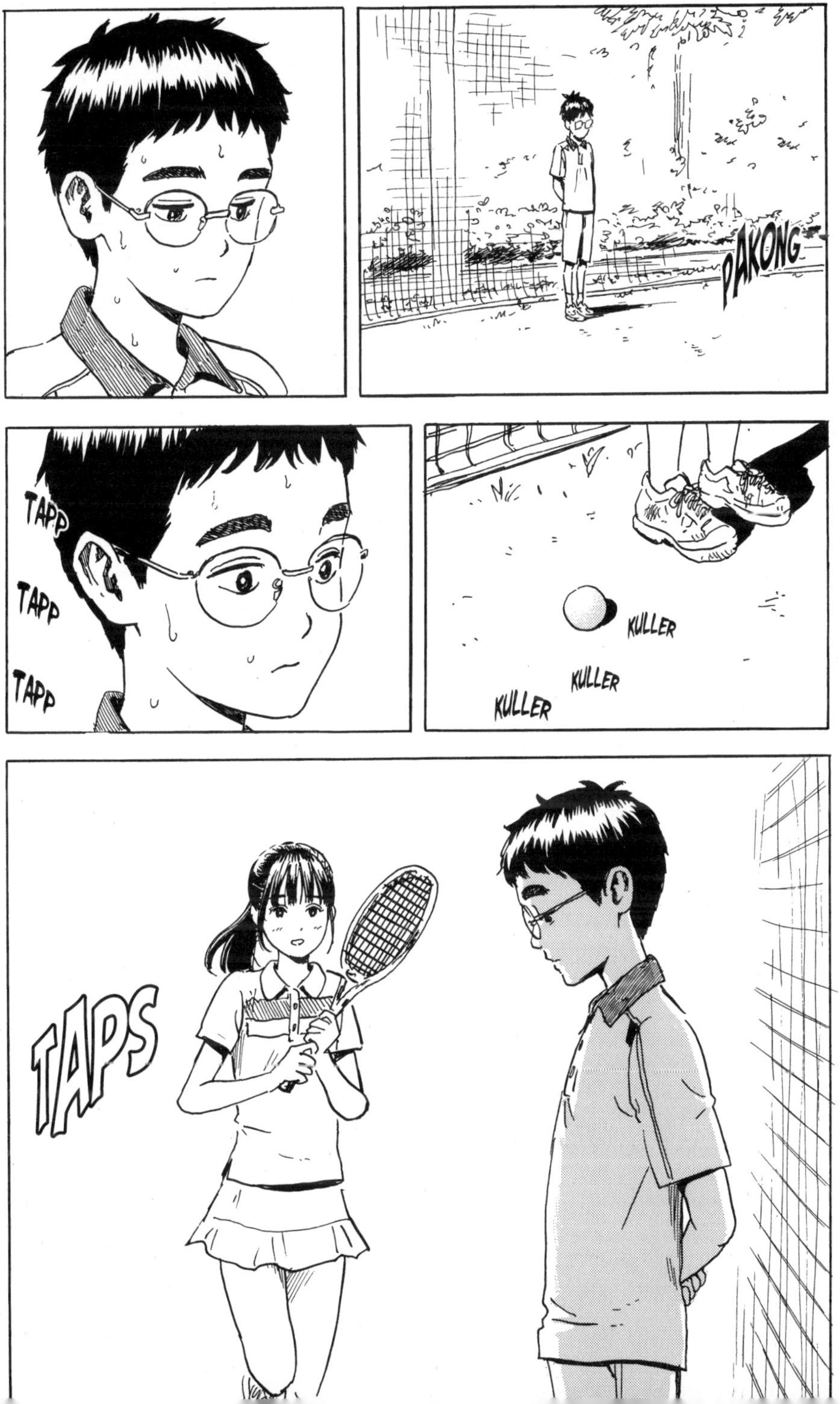
PAKONG
KULLER
KULLER
KULLER
TAPP
TAPP
TAPP
TAPS

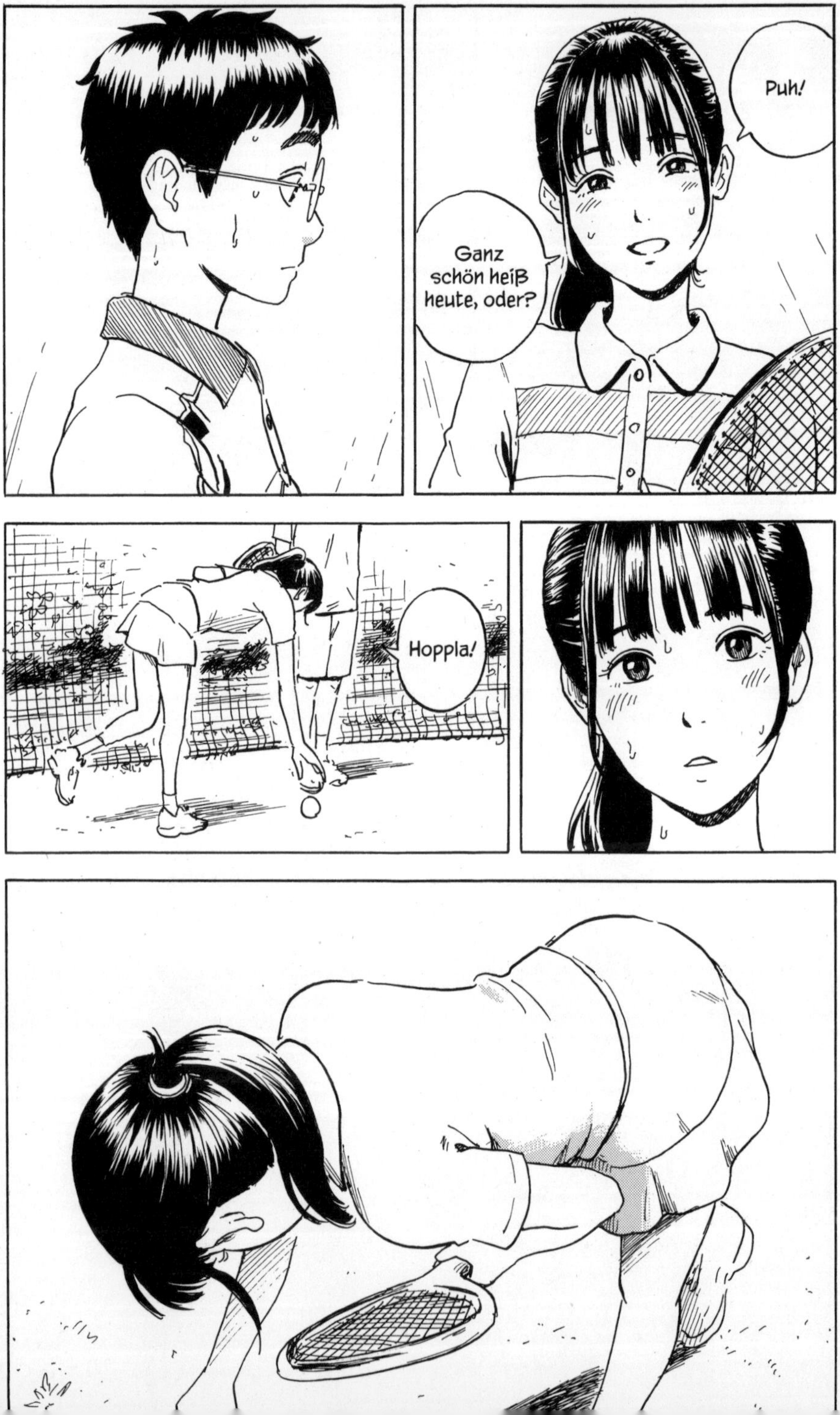
Puh!
Ganz schön heiß heute, oder?
Hoppla!

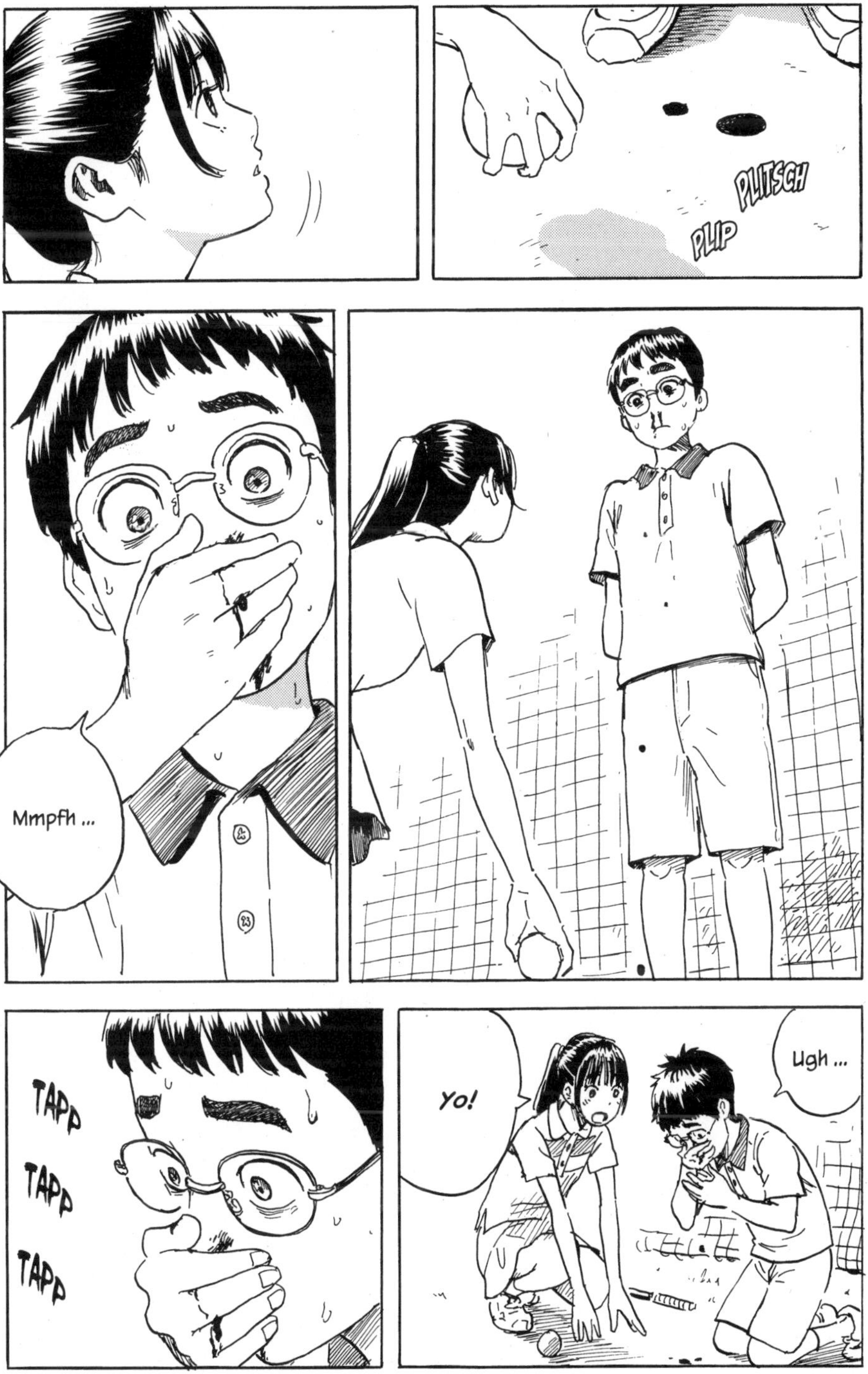
PLITSCH
PLIP
Mmpfh ...
TAPP
TAPP
TAPP
Yo!
Ugh ...

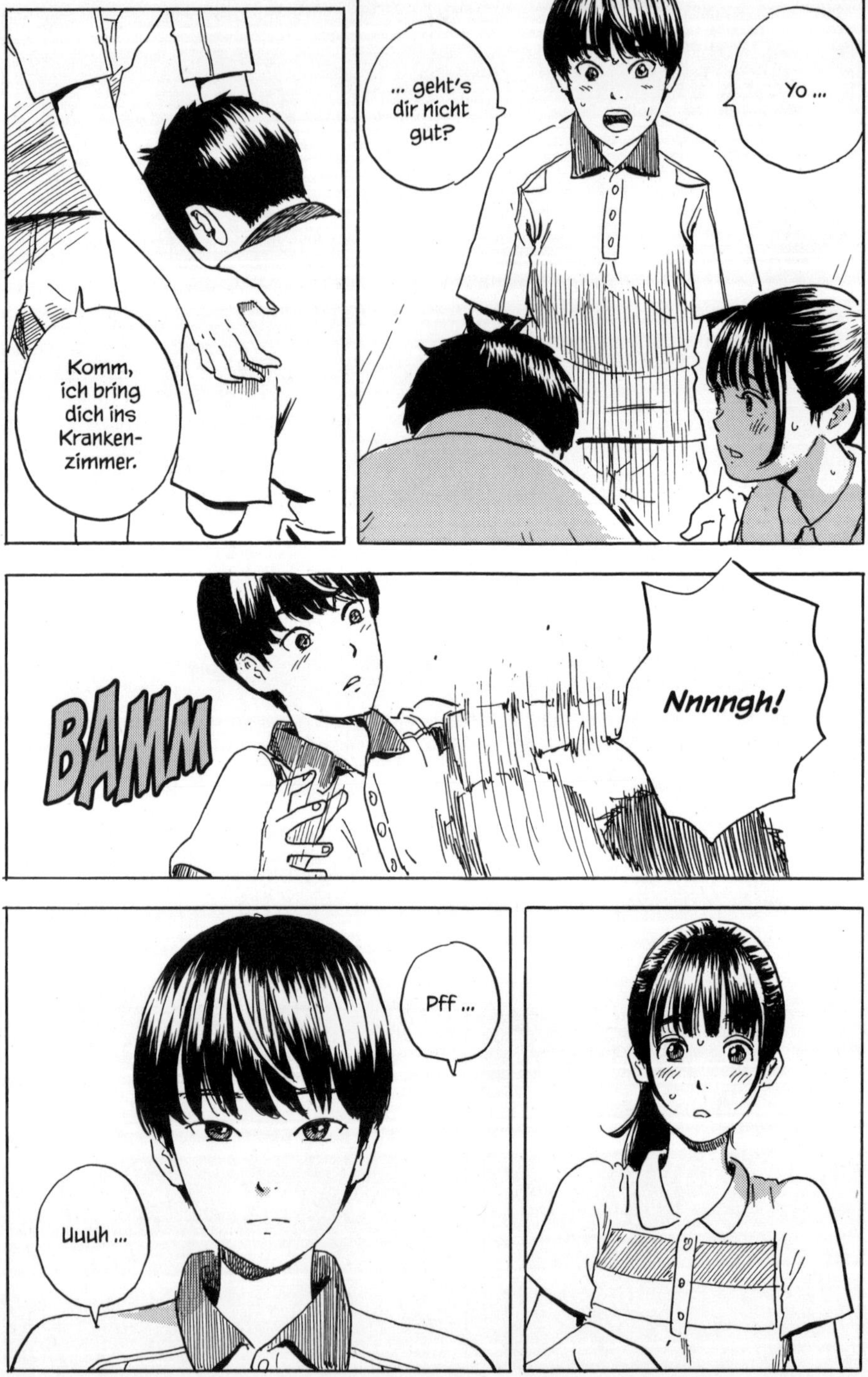
Yo ...
... geht's dir nicht gut?
Komm, ich bring dich ins Kranken-zimmer.
Nnnngh!
BAMM
Pff ...
Uuuh ...

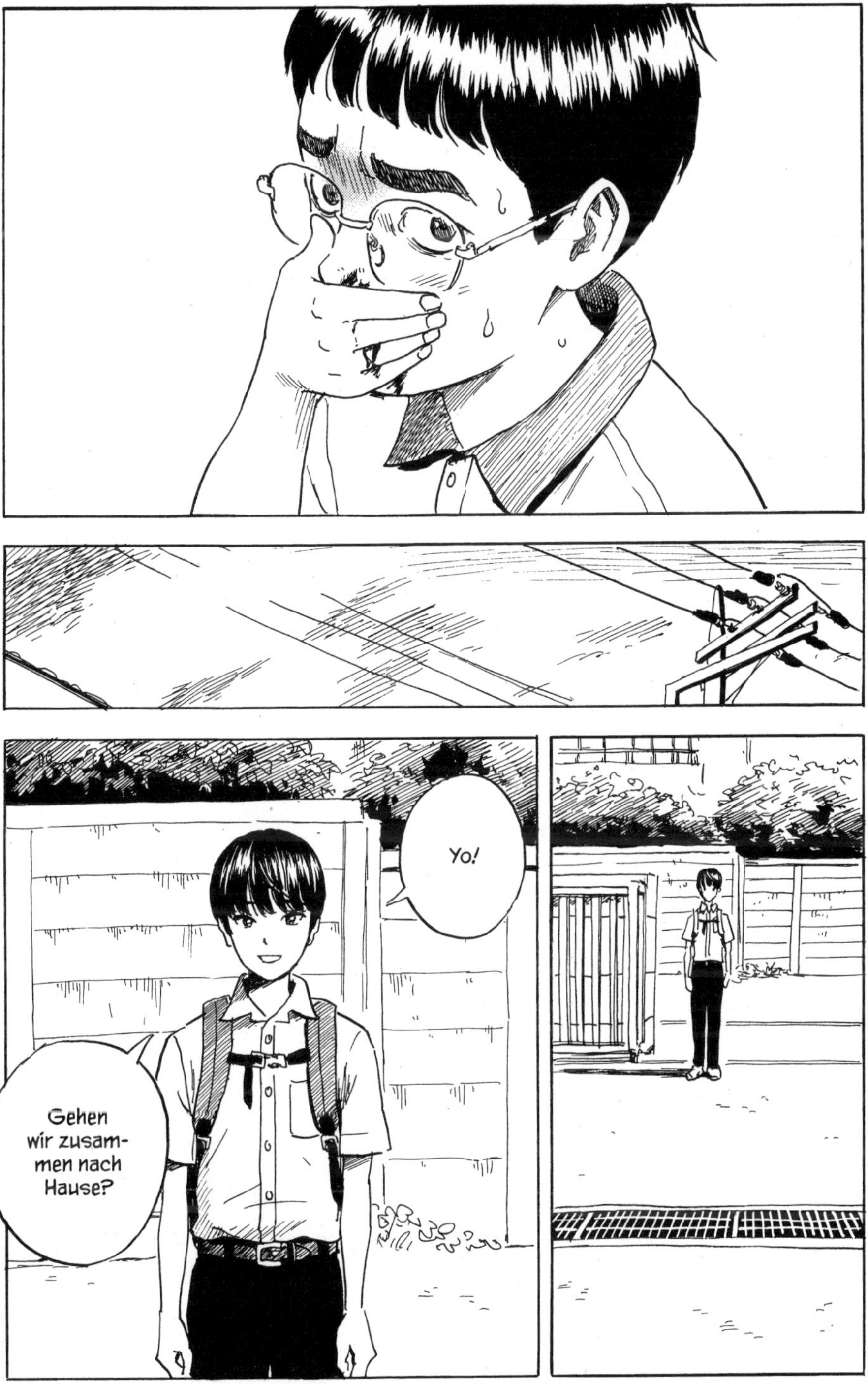
Yo!
Gehen wir zusammen nach Hause?

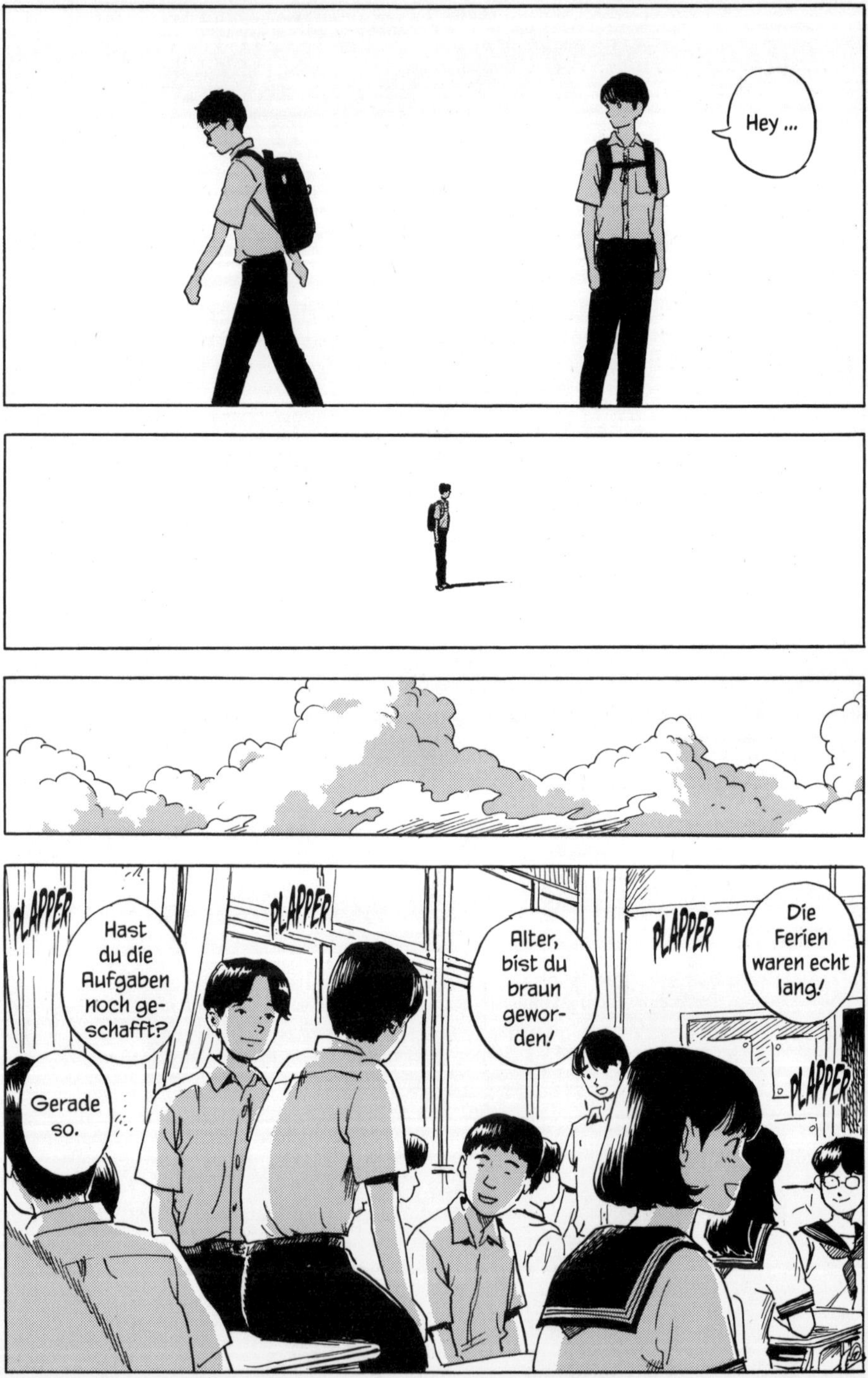
Hey ...
PLAPPER
Die Ferien waren echt lang!
PLAPPER
PLAPPER
Alter, bist du braun geworden!
PLAPPER
Hast du die Aufgaben noch geschafft?
Gerade so.
PLAPPER

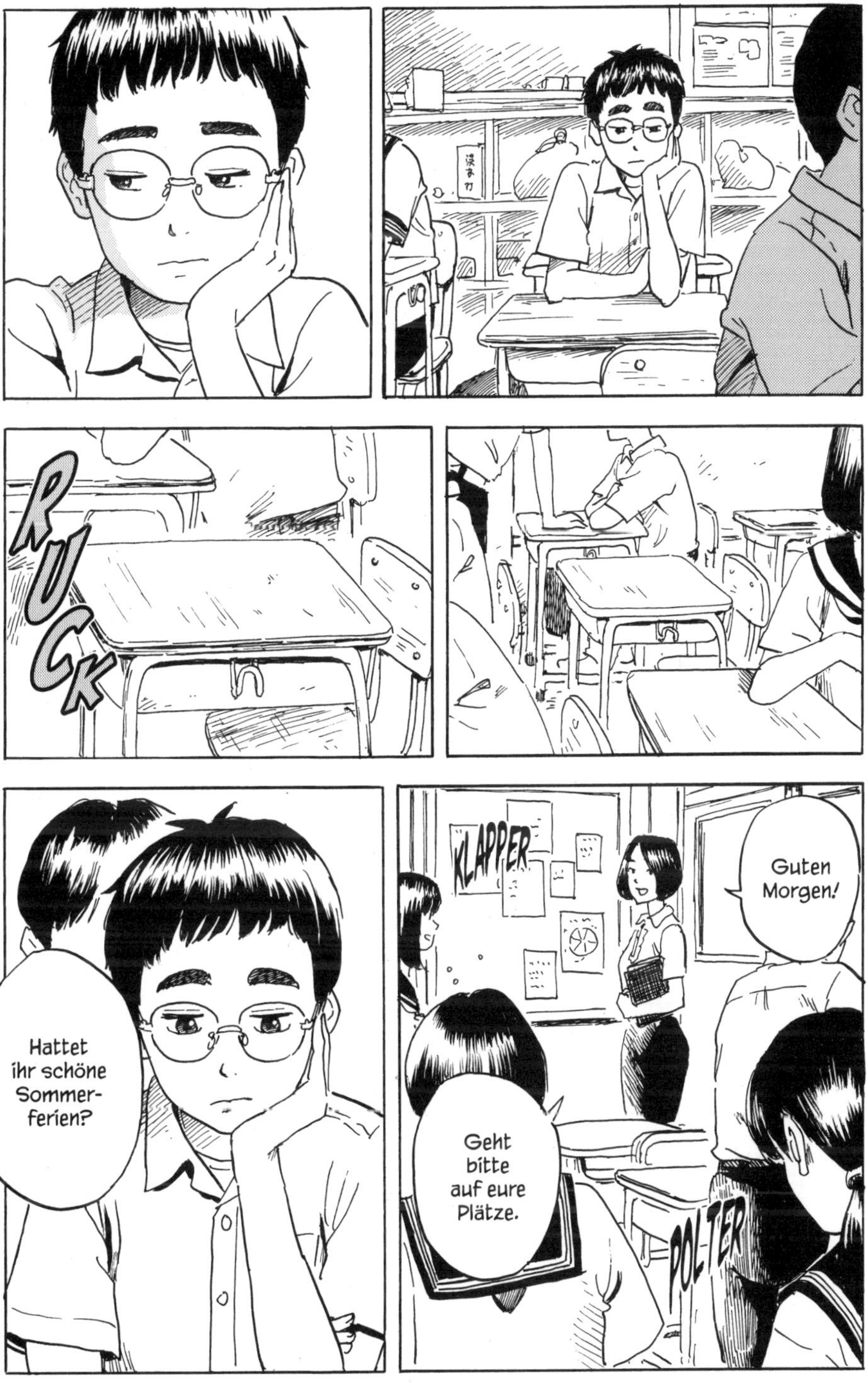
RUCK
KLAPPER
Guten Morgen!
Geht bitte auf eure Plätze.
POLTER
Hattet ihr schöne Sommerferien?

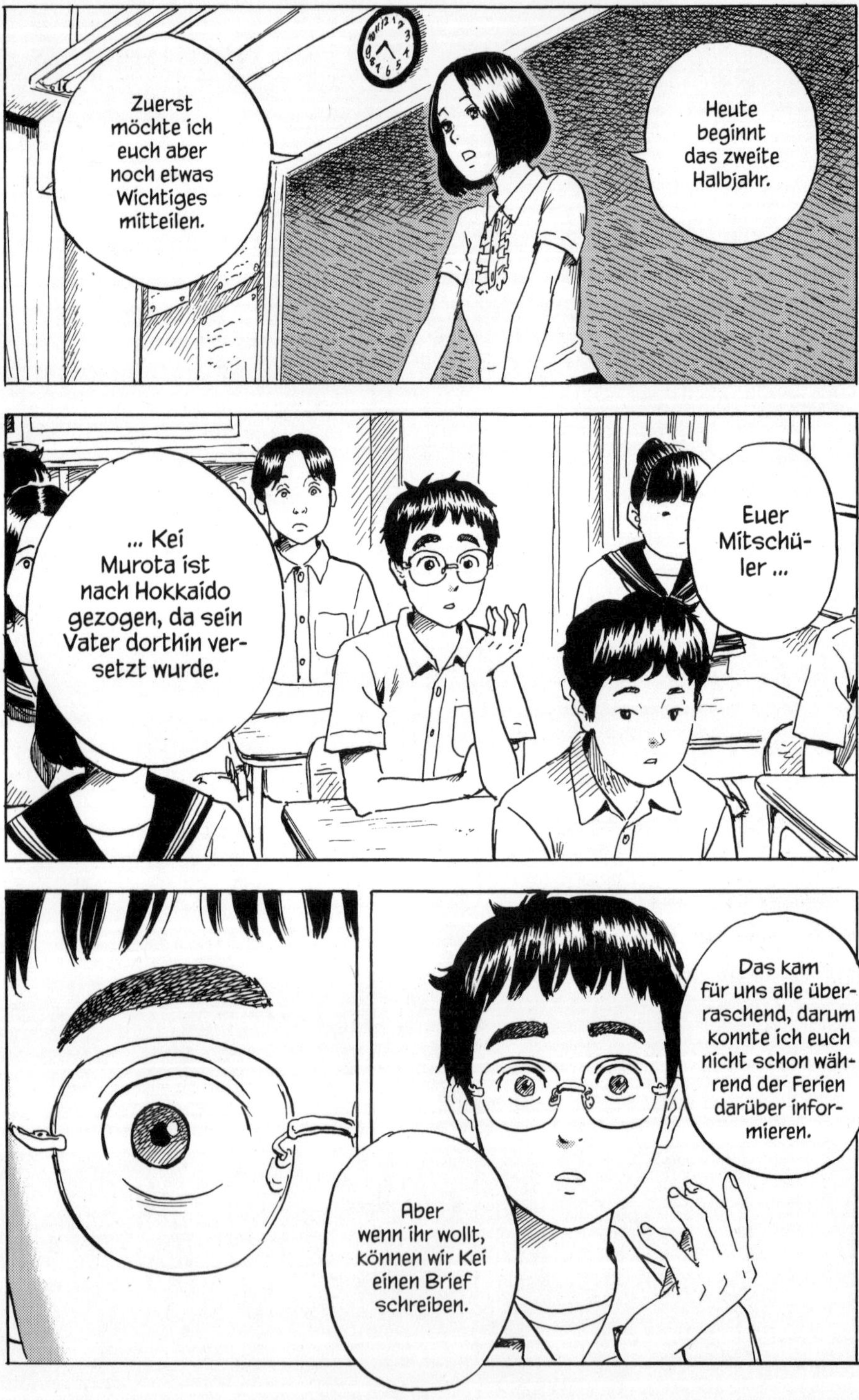
Heute beginnt das zweite Halbjahr.
Zuerst möchte ich euch aber noch etwas Wichtiges mitteilen.
Euer Mitschüler ...
... Kei Murota ist nach Hokkaido gezogen, da sein Vater dorthin versetzt wurde.
Das kam für uns alle überraschend, darum konnte ich euch nicht schon während der Ferien darüber informieren.
Aber wenn ihr wollt, können wir Kei einen Brief schreiben.

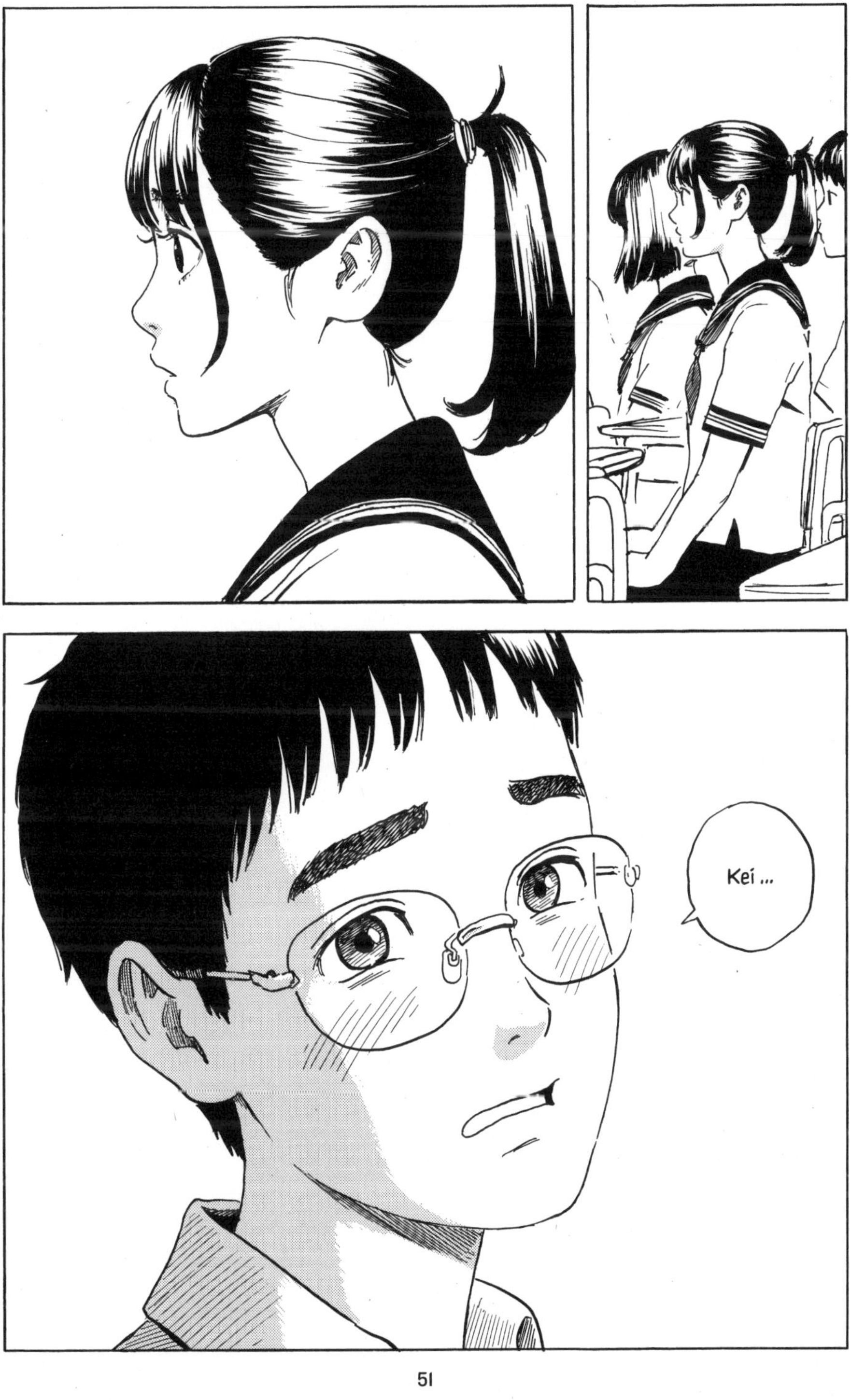
Kei ...

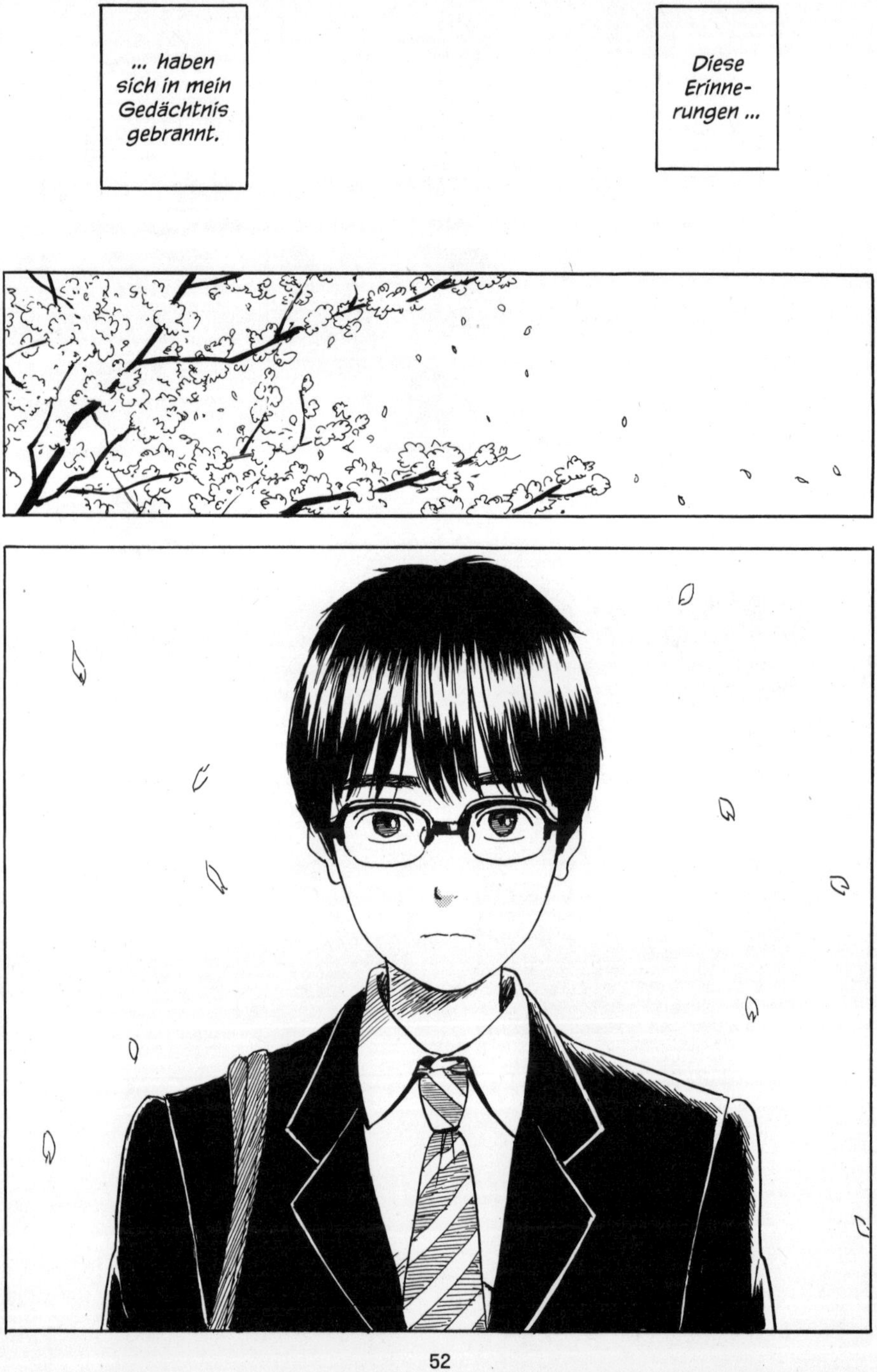
Diese Erinne-rungen ...
... haben sich in mein Gedächtnis gebrannt.

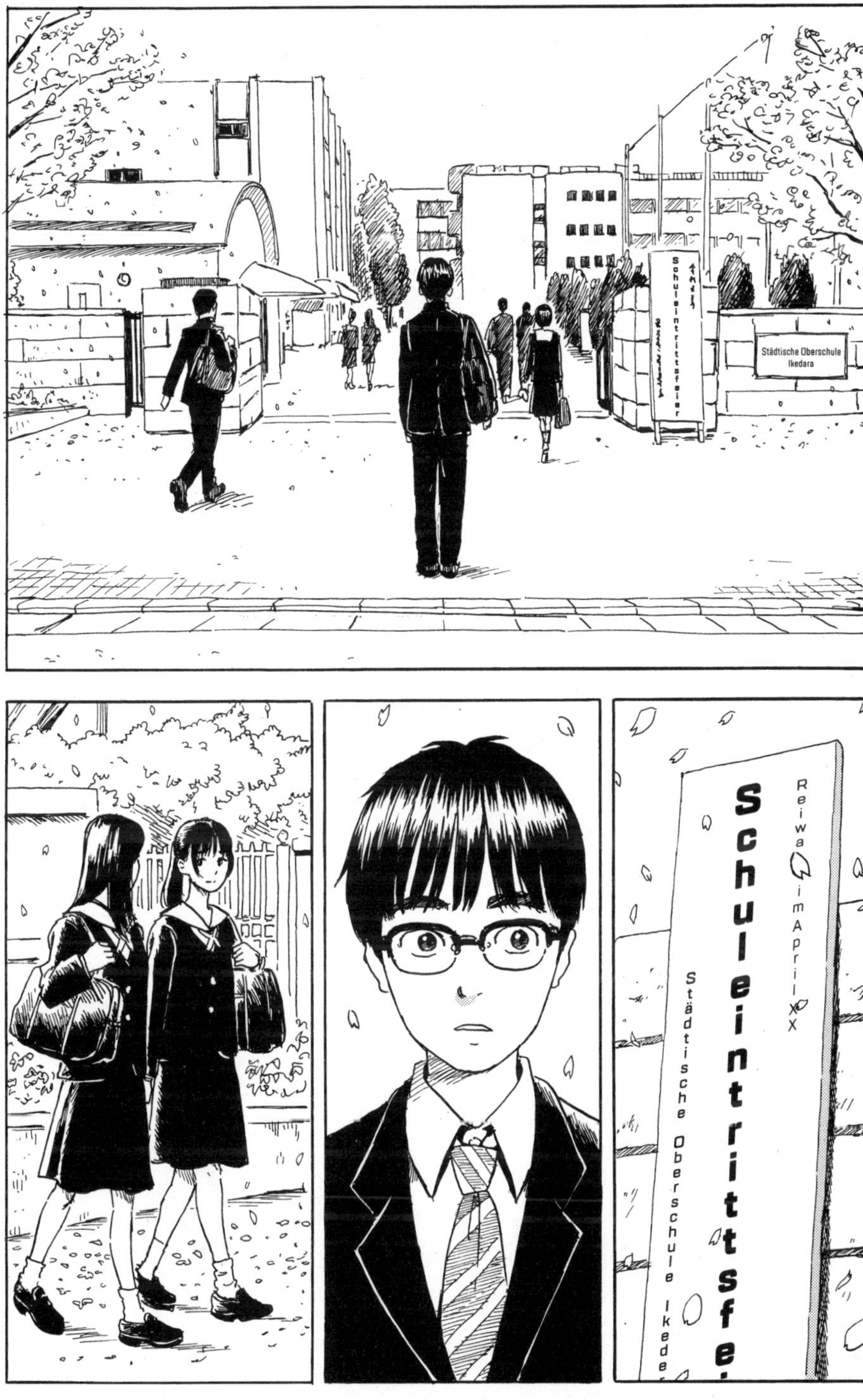
Schuleintrittsfeier
Städtische Oberschule
Ikedara
Schuleintrittsfe
Städtische Oberschule Ikede

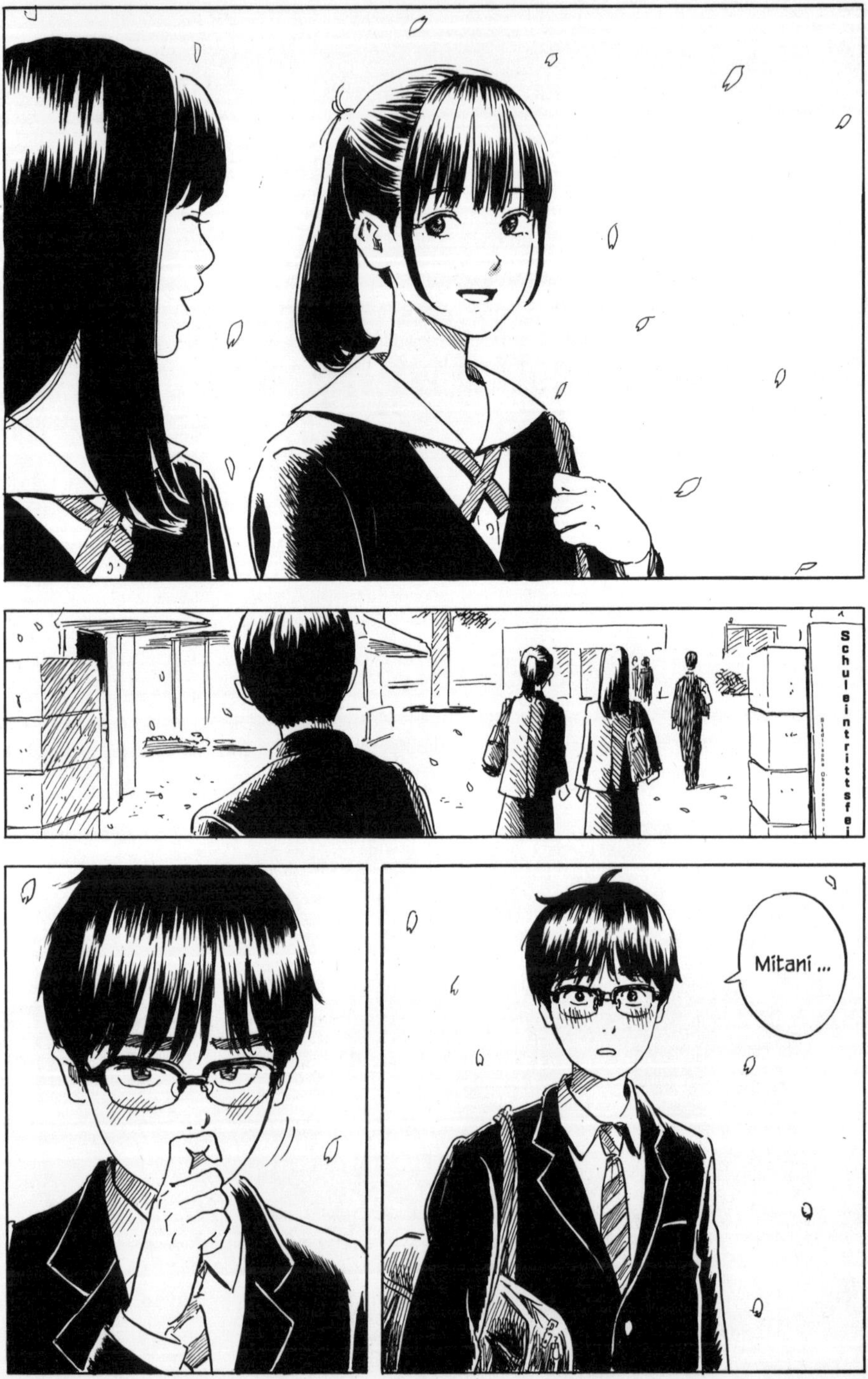
Mitani ...

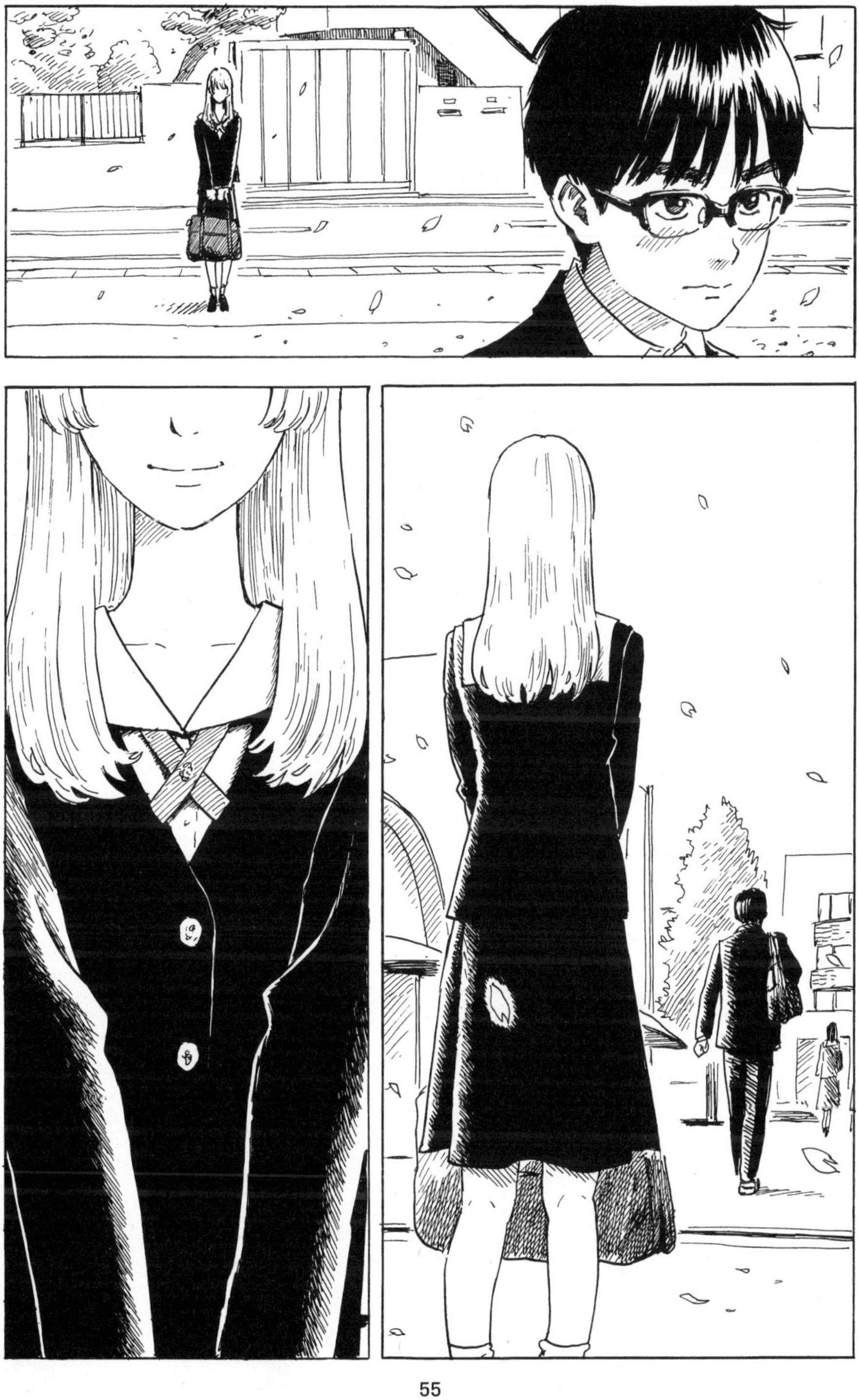

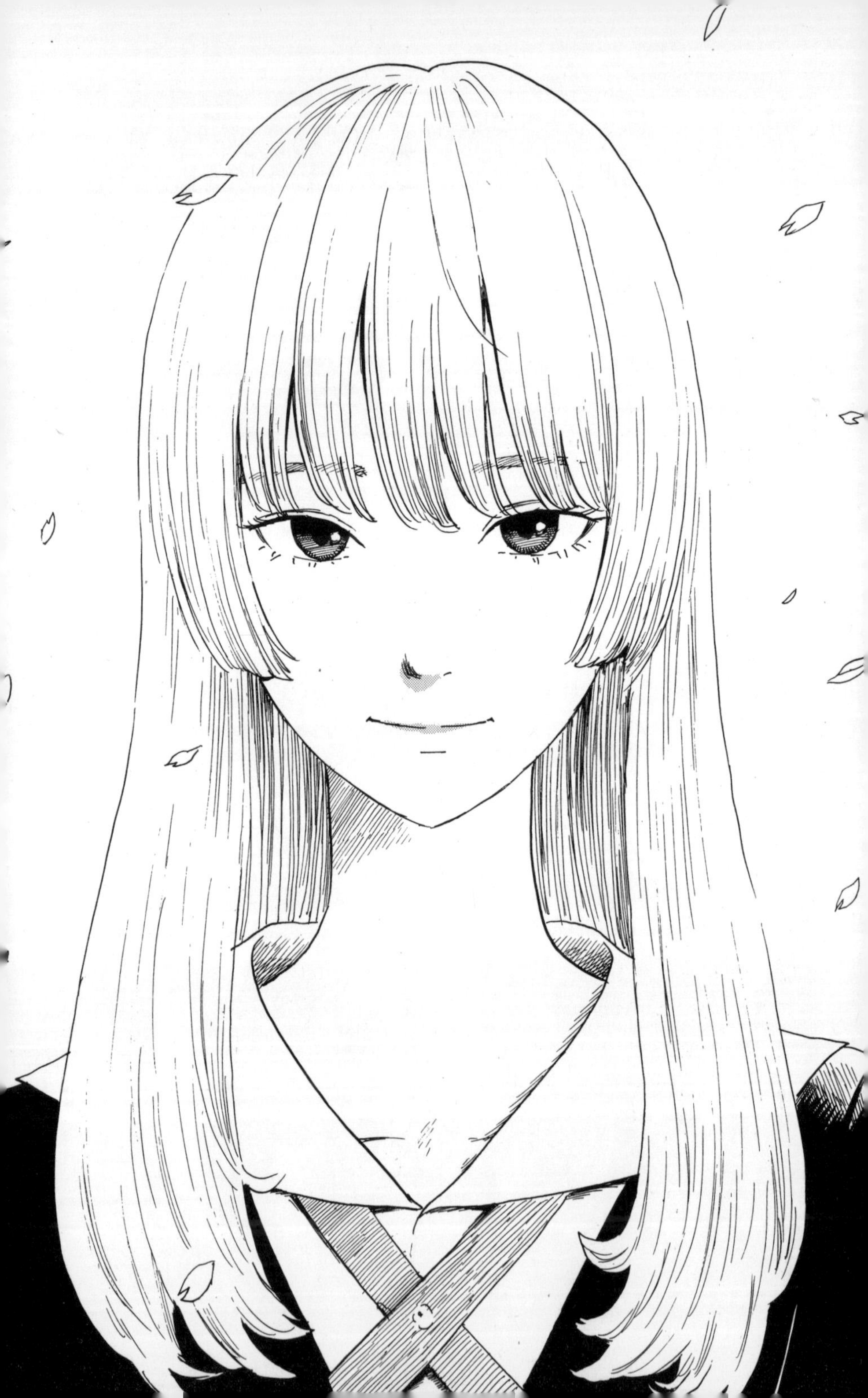

2. Kapitel Ein neuer Anfang

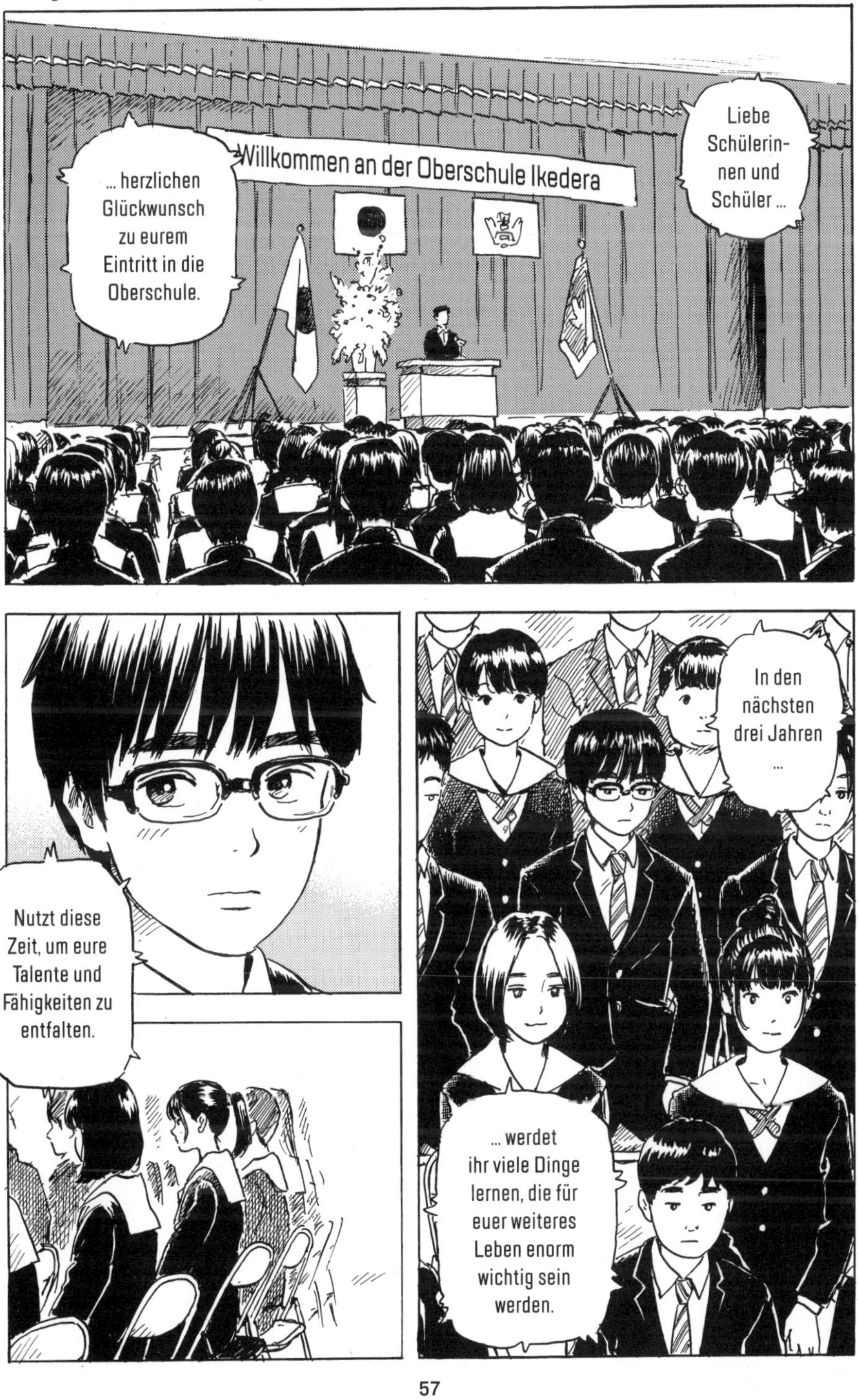

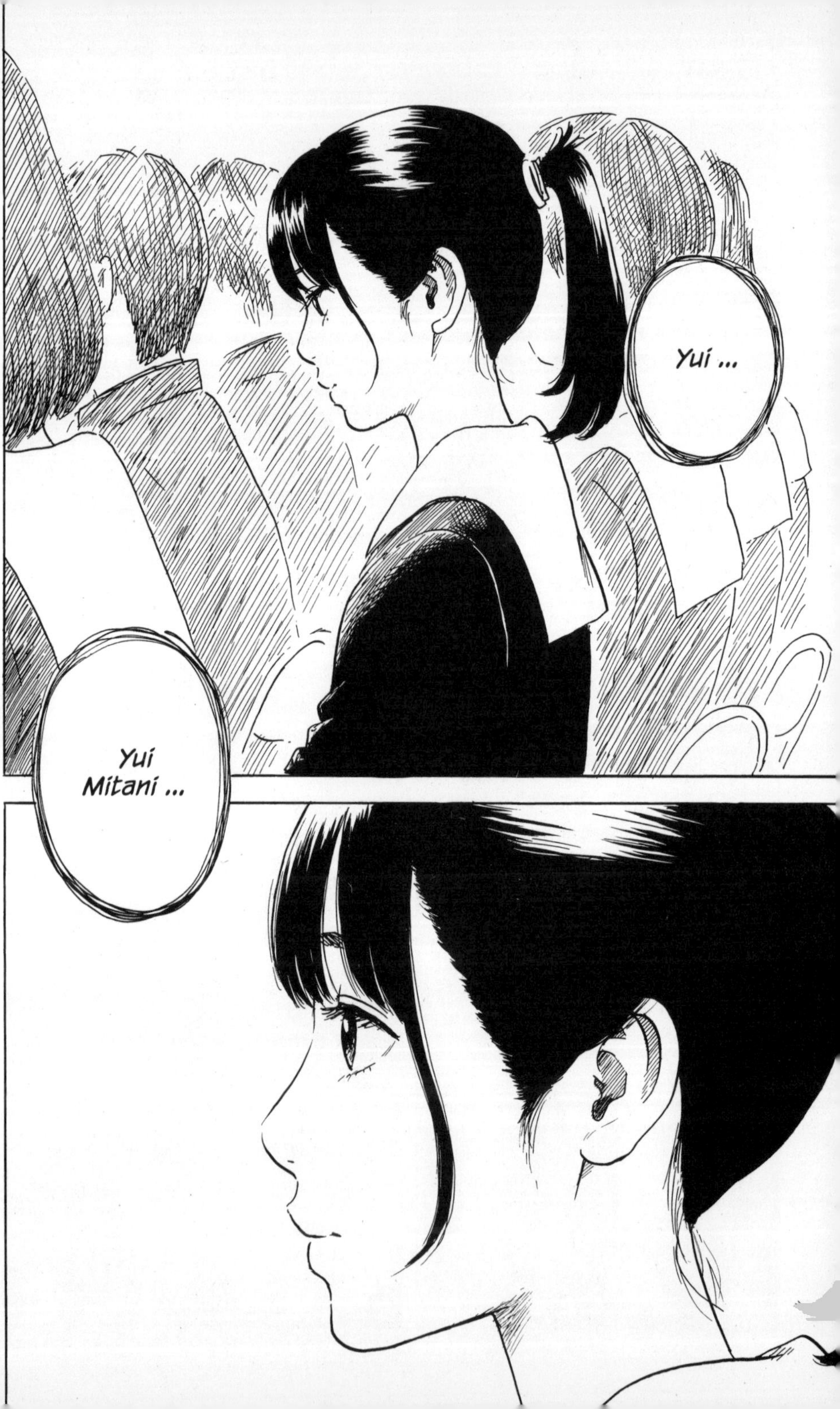
Yui ...
Yui Mitani ...

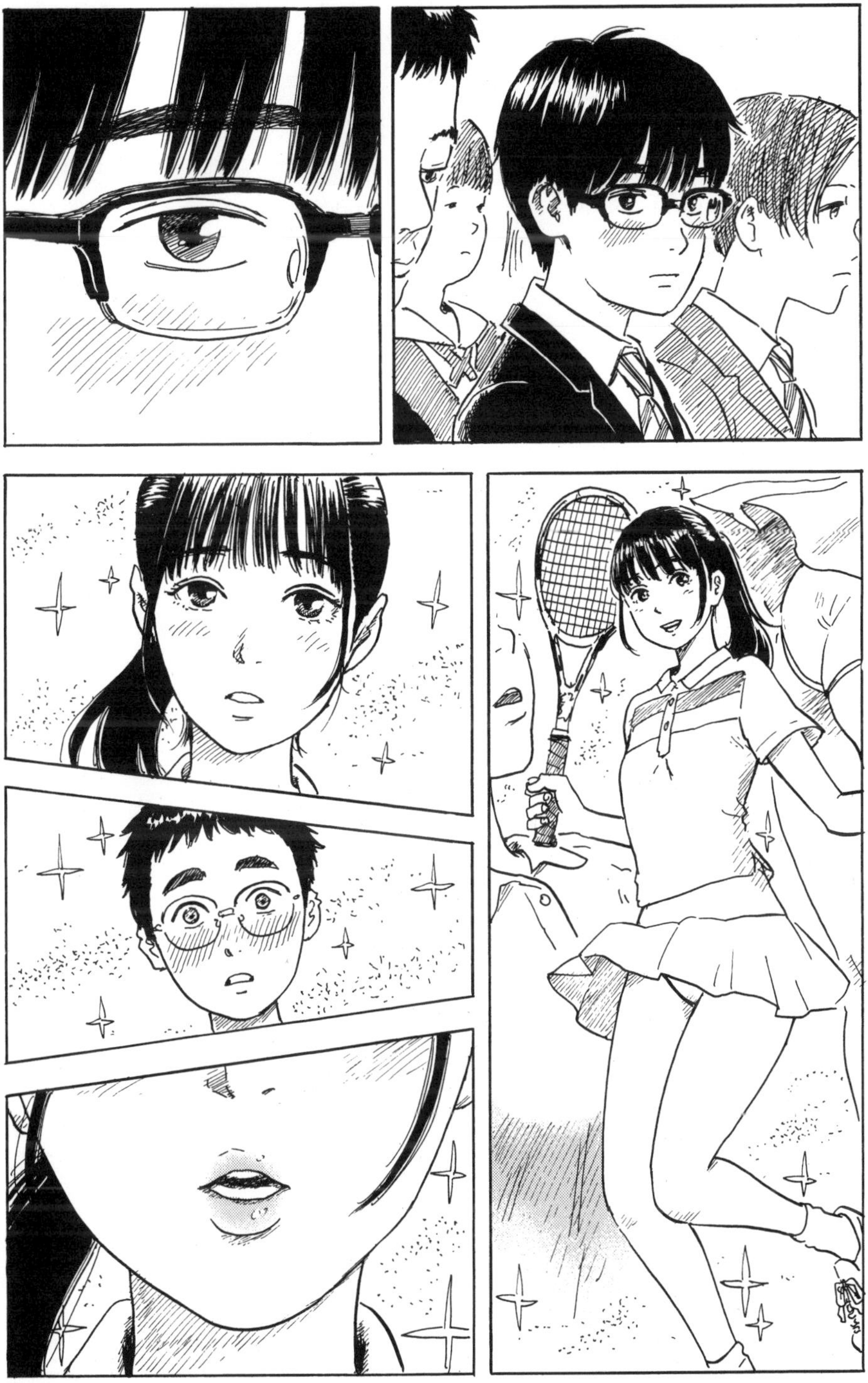

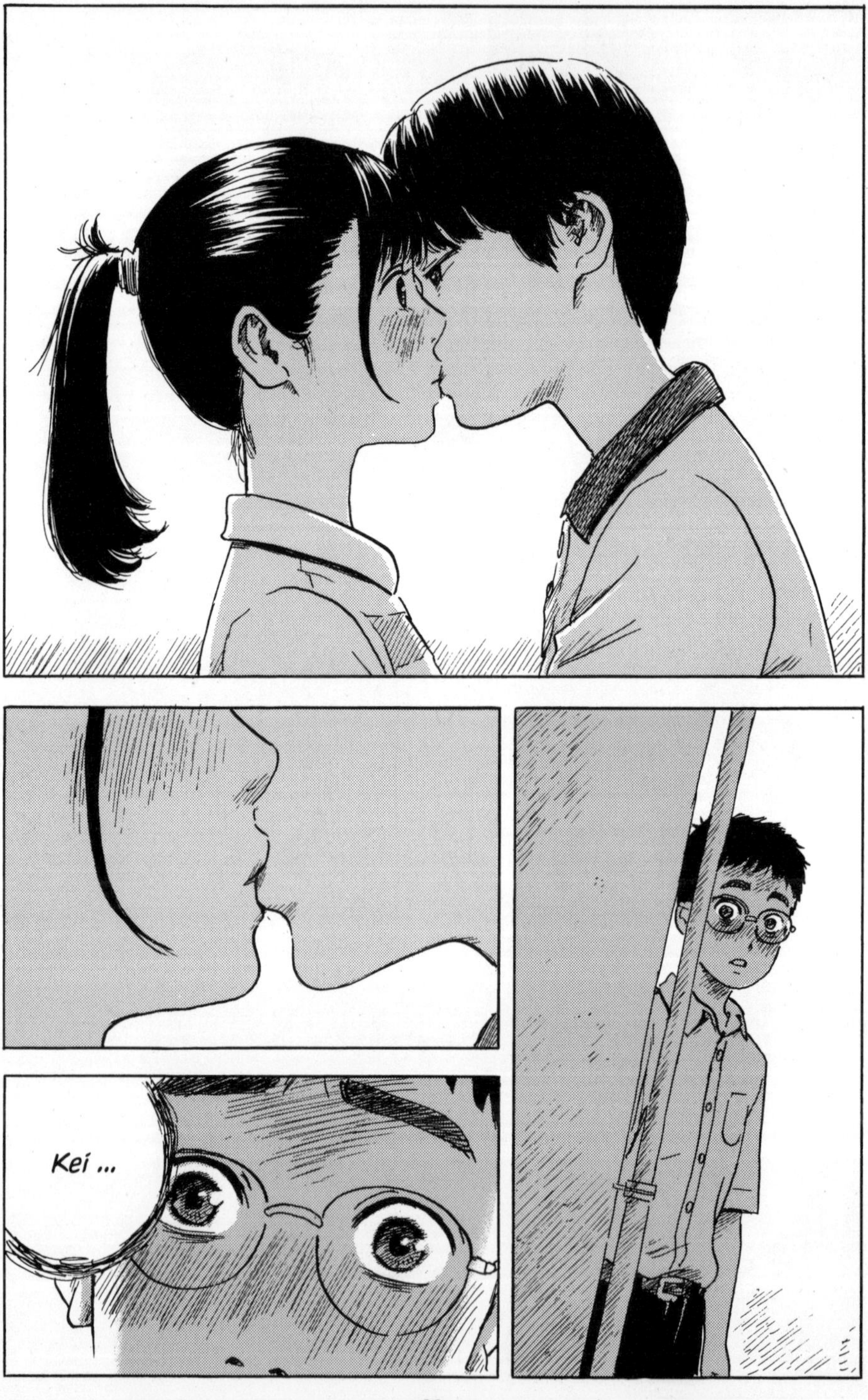
Kei ...

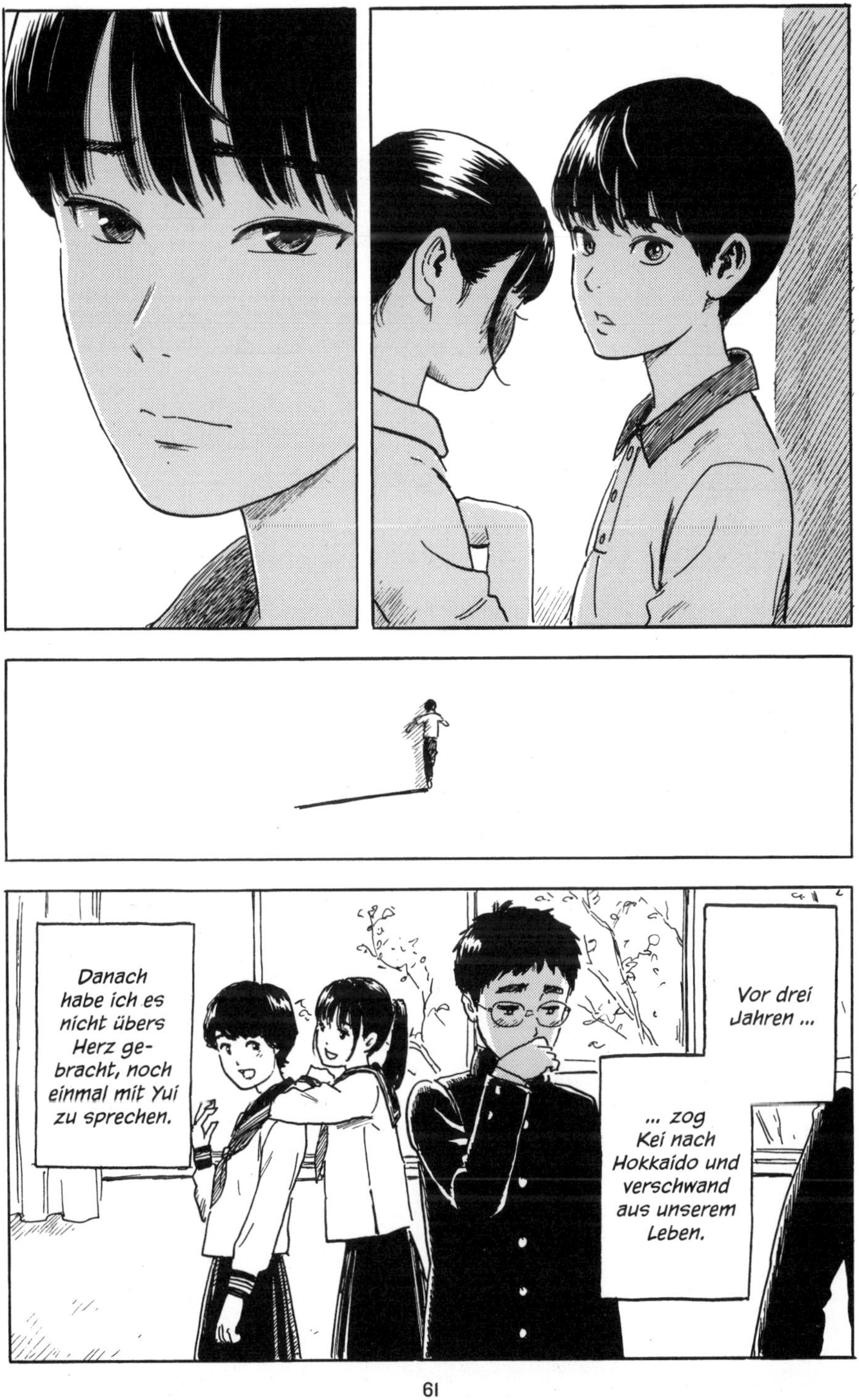
Danach habe ich es nicht übers Herz gebracht, noch einmal mit Yui zu sprechen.
Vor drei Jahren ...
... zog Kei nach Hokkaido und verschwand aus unserem Leben.

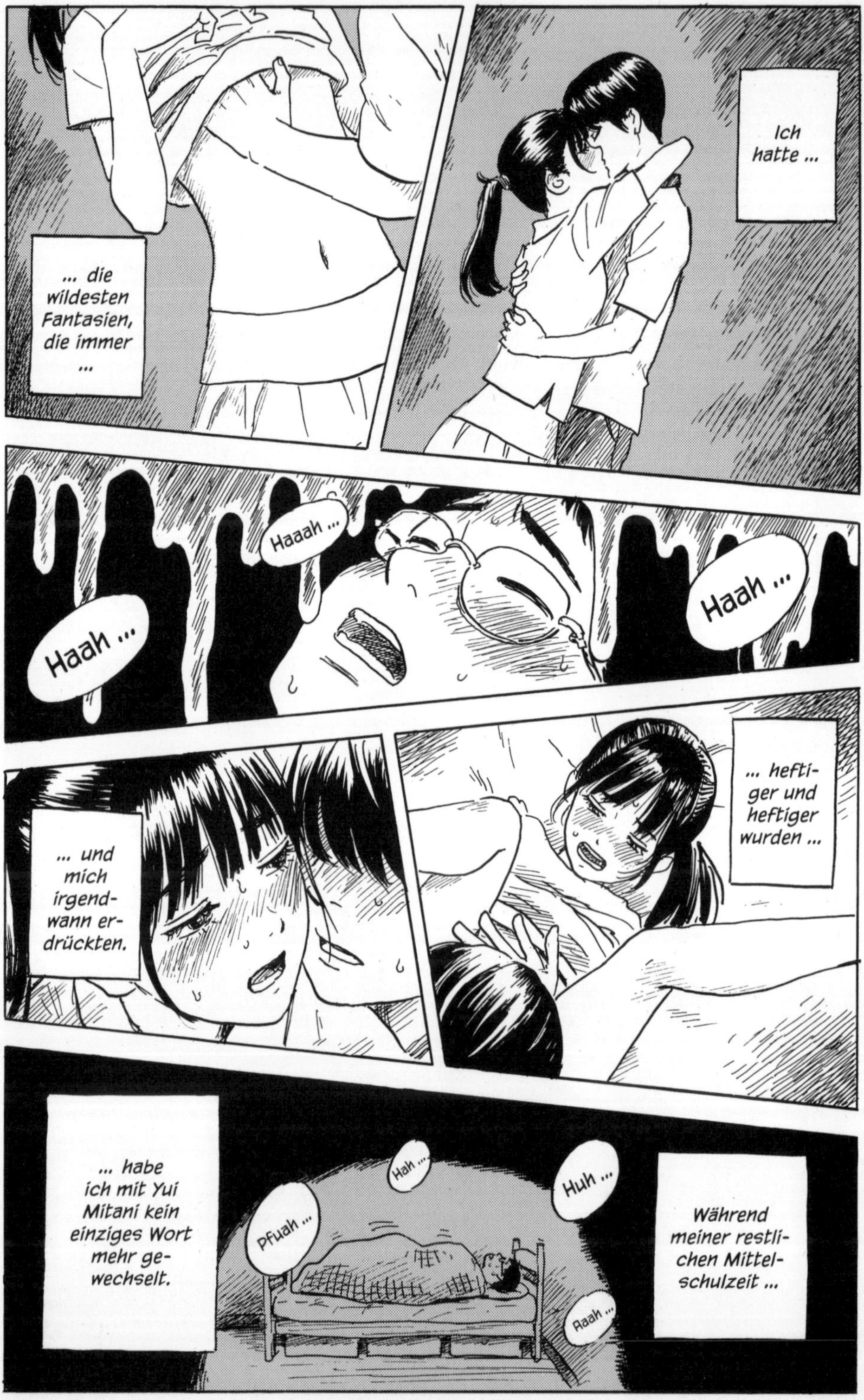

Ich hatte ...
... die wildesten Fantasien, die immer ...
Haah ...
Haaah ...
Haah ...
... heftiger und heftiger wurden ...
... und mich irgendwann erdrückten.
Während meiner restlichen Mittelschulzeit ...
Huh ...
Aaah ...
Hah ...
Pfuah ...
... habe ich mit Yui Mitani kein einziges Wort mehr gewechselt.

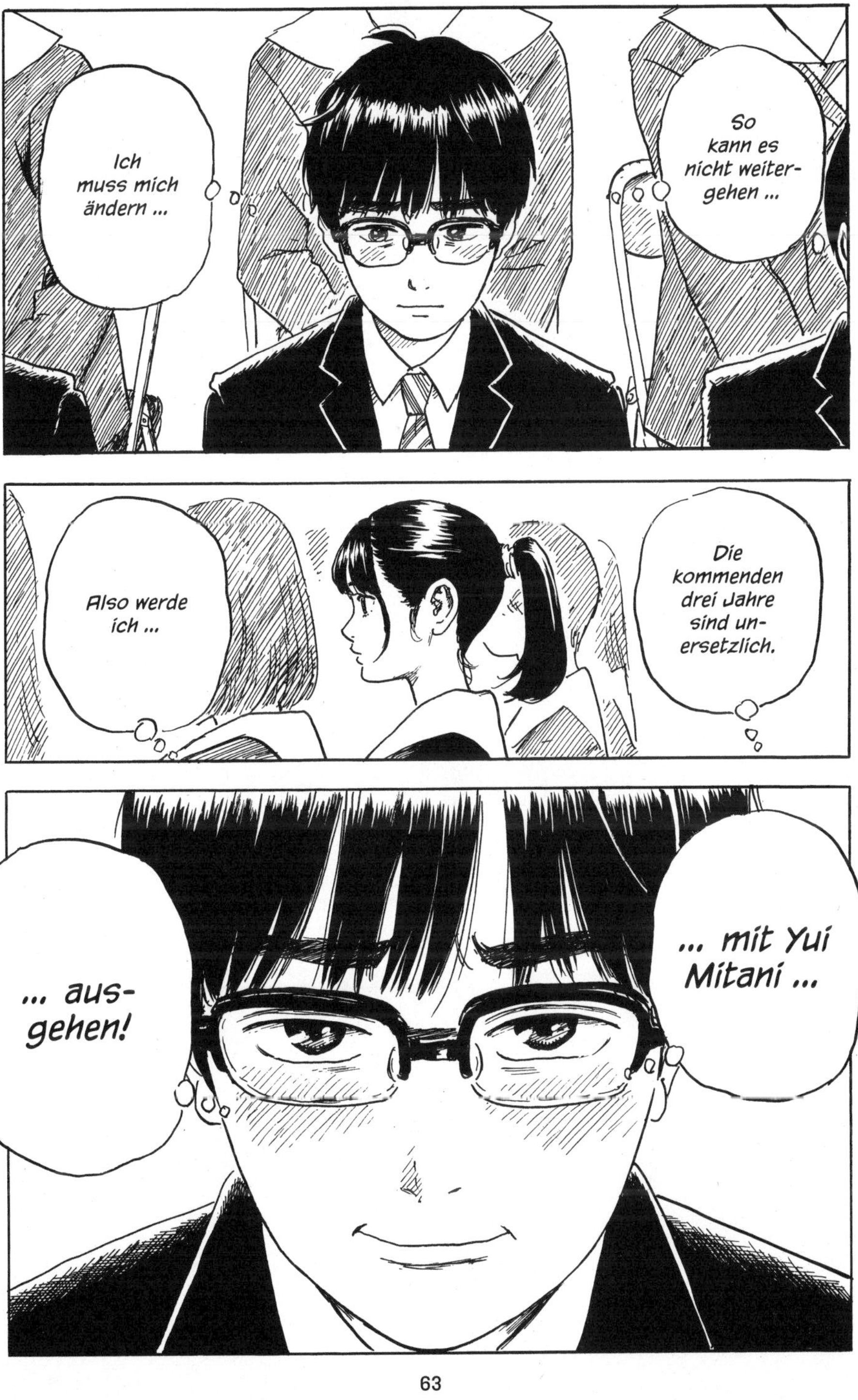
So kann es nicht weiter-gehen ...
Ich muss mich ändern ...
Die kommenden drei Jahre sind un-ersetzlich.
Also werde ich ...
... mit Yui Mitani ...
... aus-gehen!

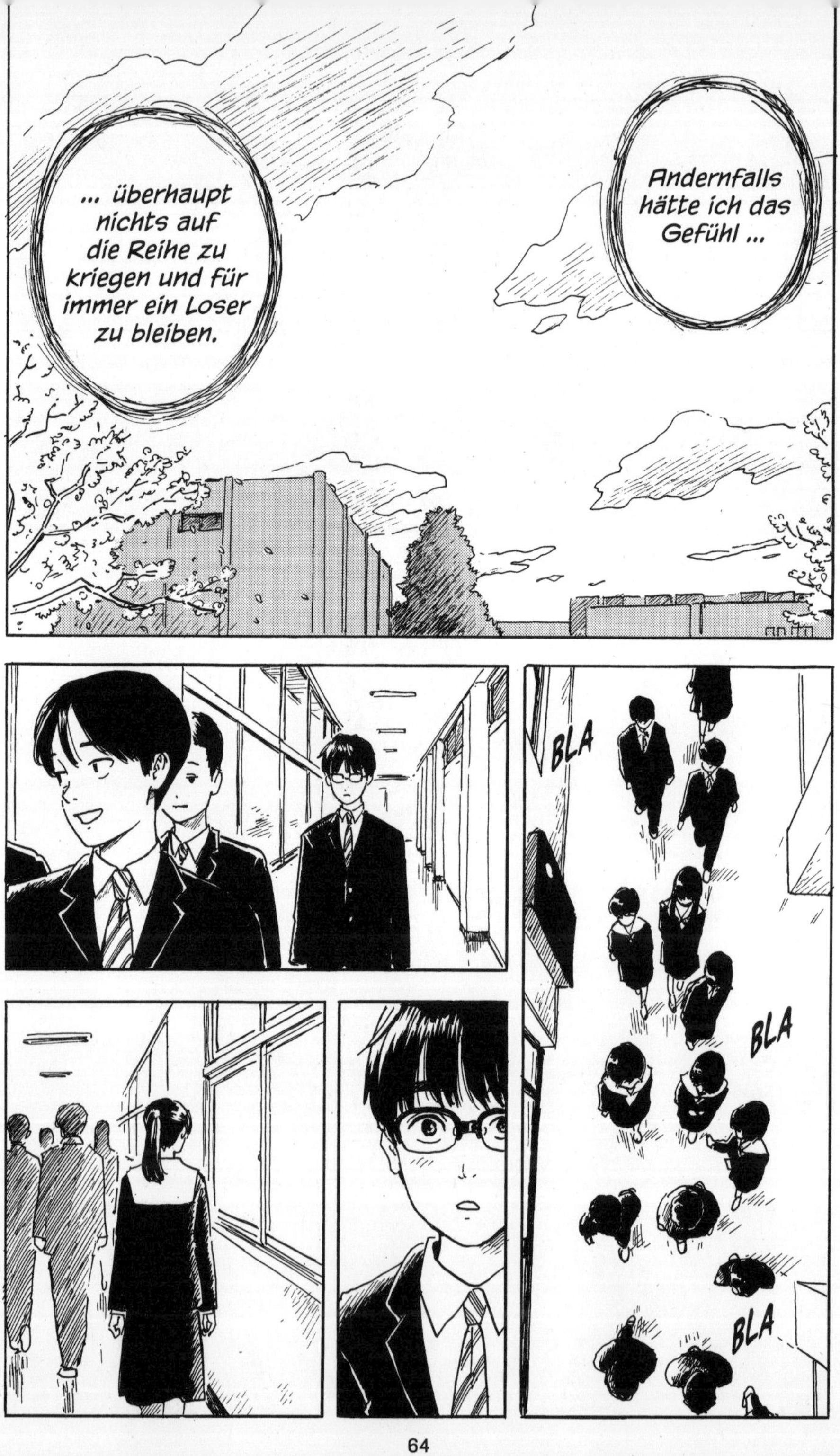
Andernfalls hätte ich das Gefühl ...
... überhaupt nichts auf die Reihe zu kriegen und für immer ein Loser zu bleiben.
BLA
BLA
BLA

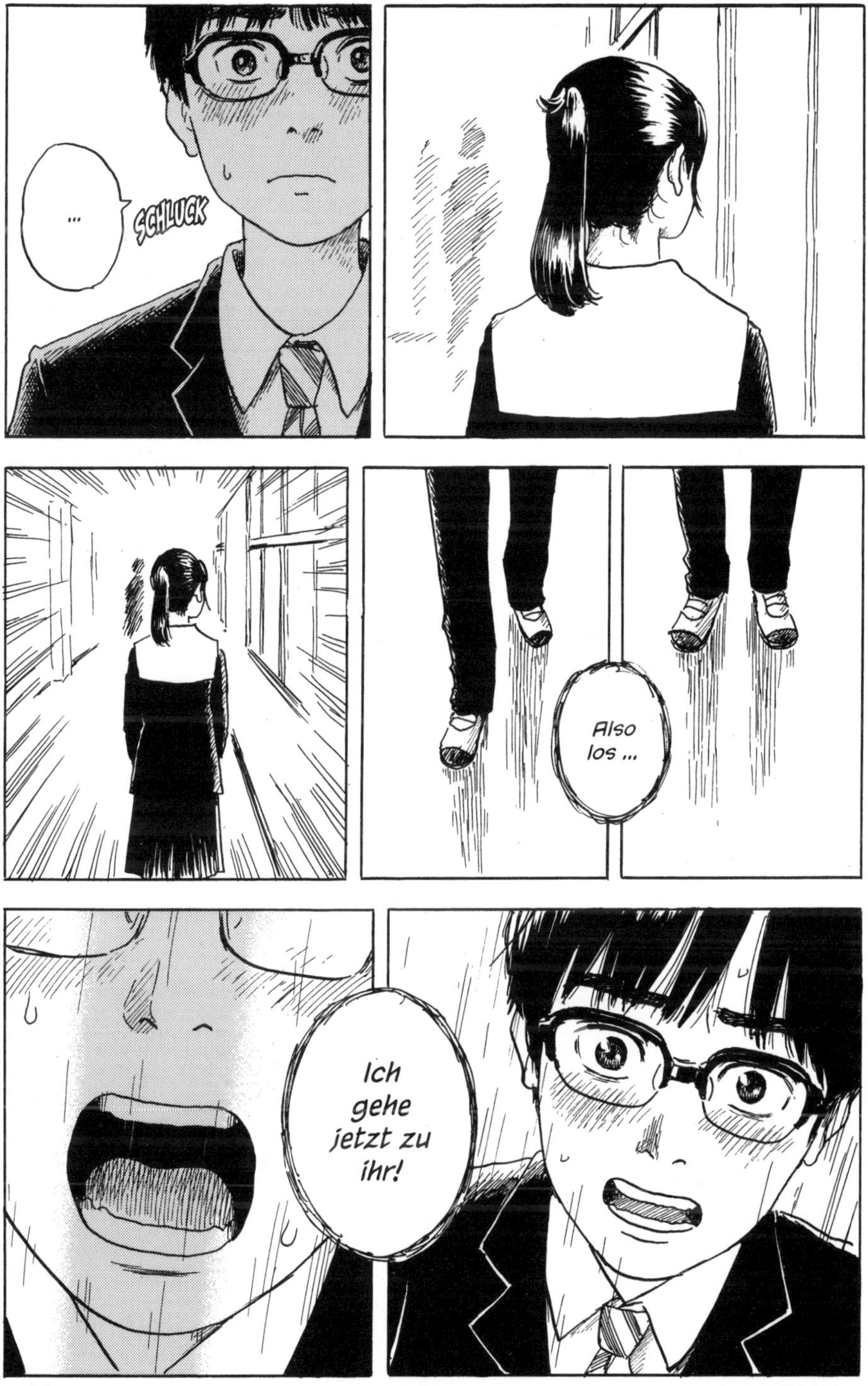
...
SCHLUCK
Also los ...
Ich gehe jetzt zu ihr!

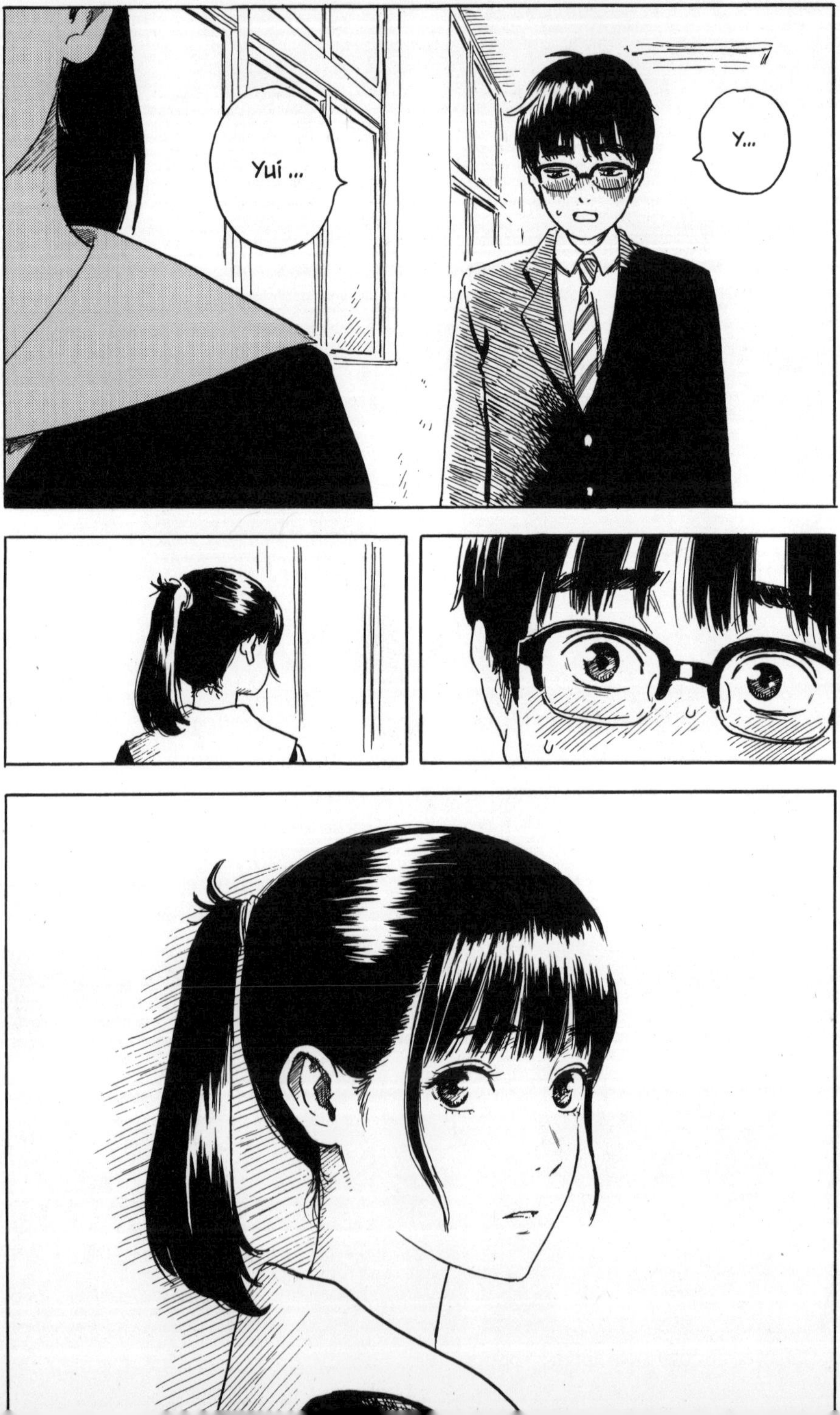
Y...
Yui ...

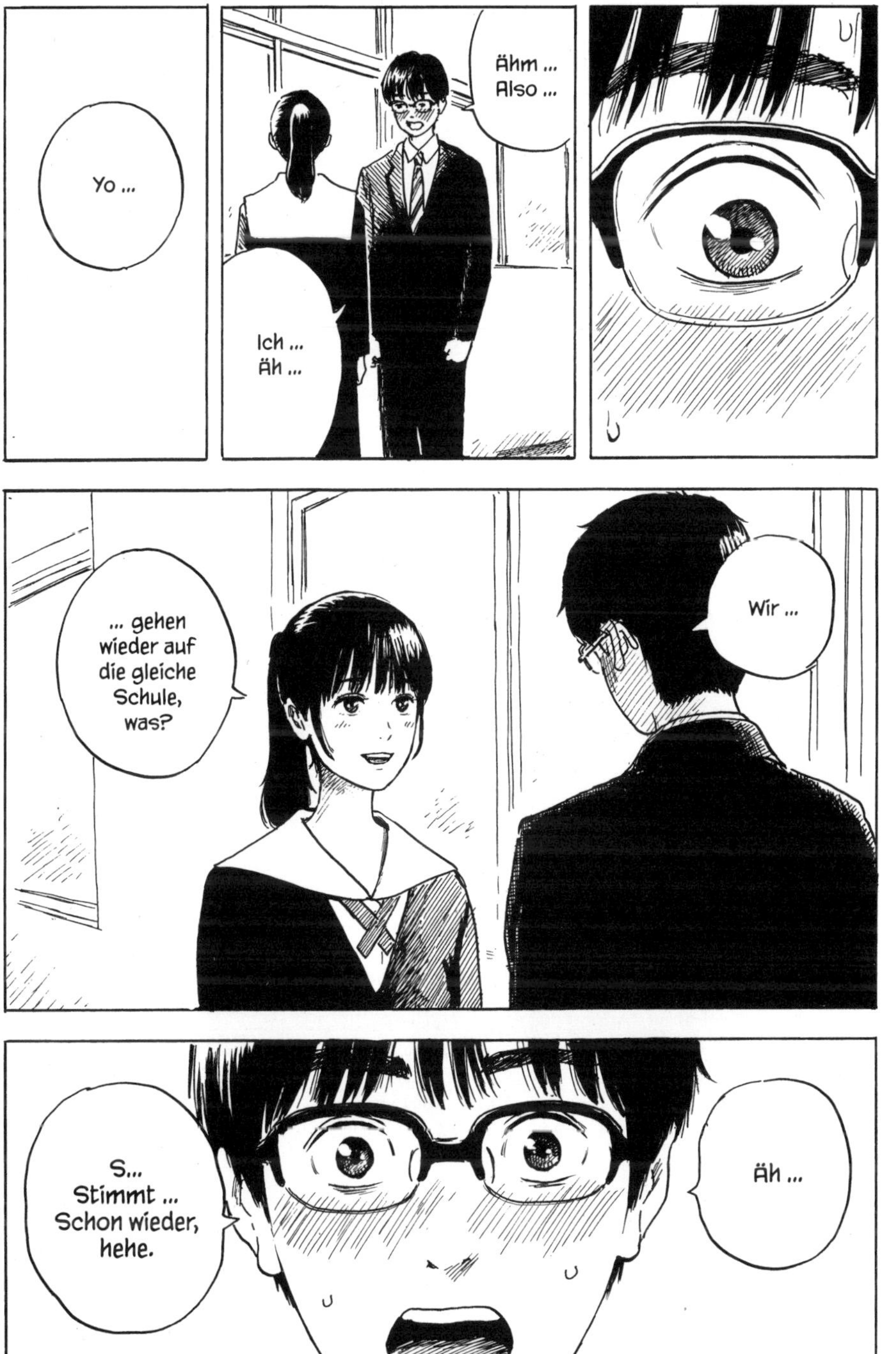
Ähm ... Also ...
Ich ... Äh ...
Yo ...
Wir ...
... gehen wieder auf die gleiche Schule, was?
Äh ...
S... Stimmt ... Schon wieder, hehe.

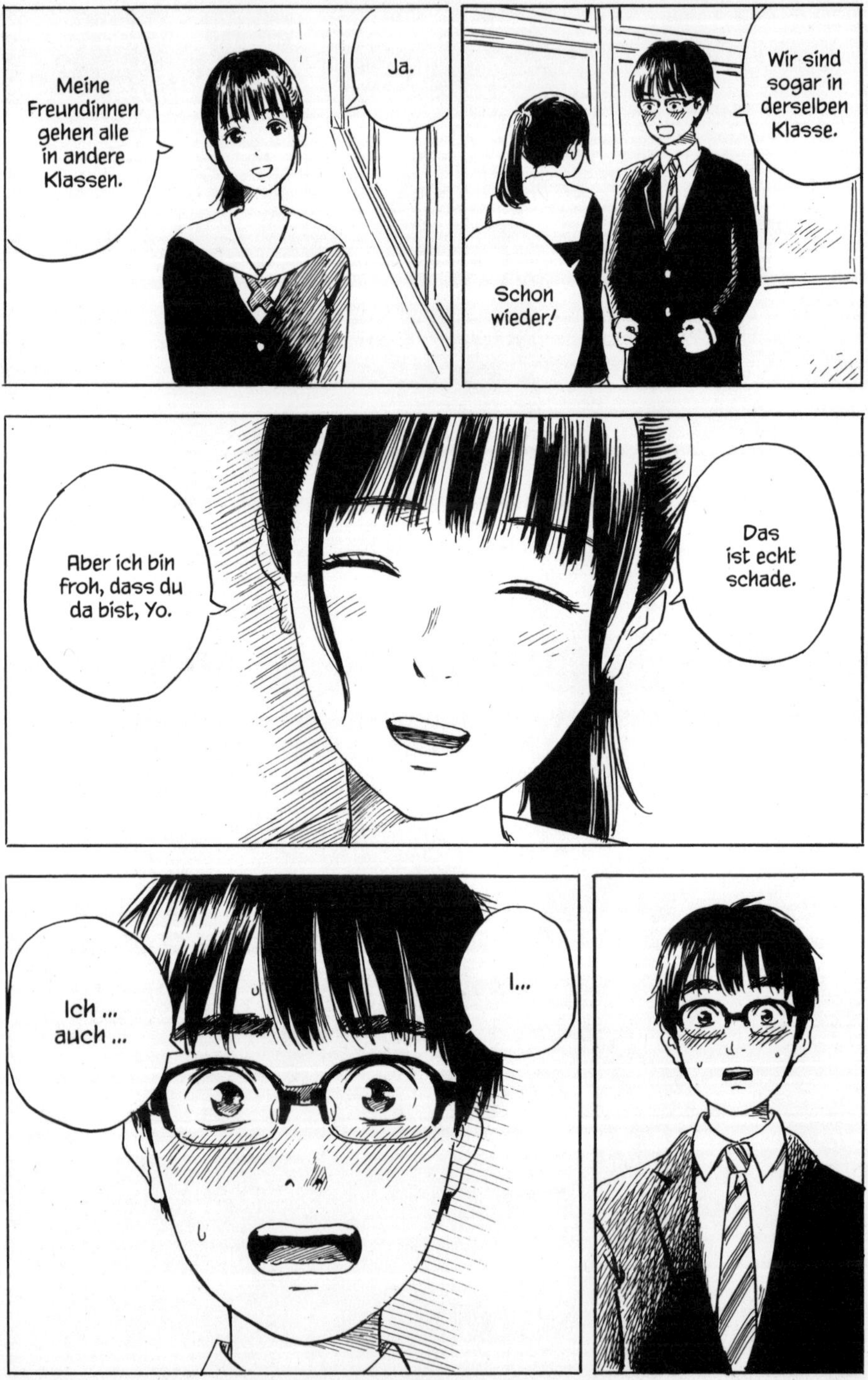
Wir sind sogar in derselben Klasse.
Schon wieder!
Ja.
Meine Freundinnen gehen alle in andere Klassen.
Das ist echt schade.
Aber ich bin froh, dass du da bist, Yo.
I...
Ich ... auch ...

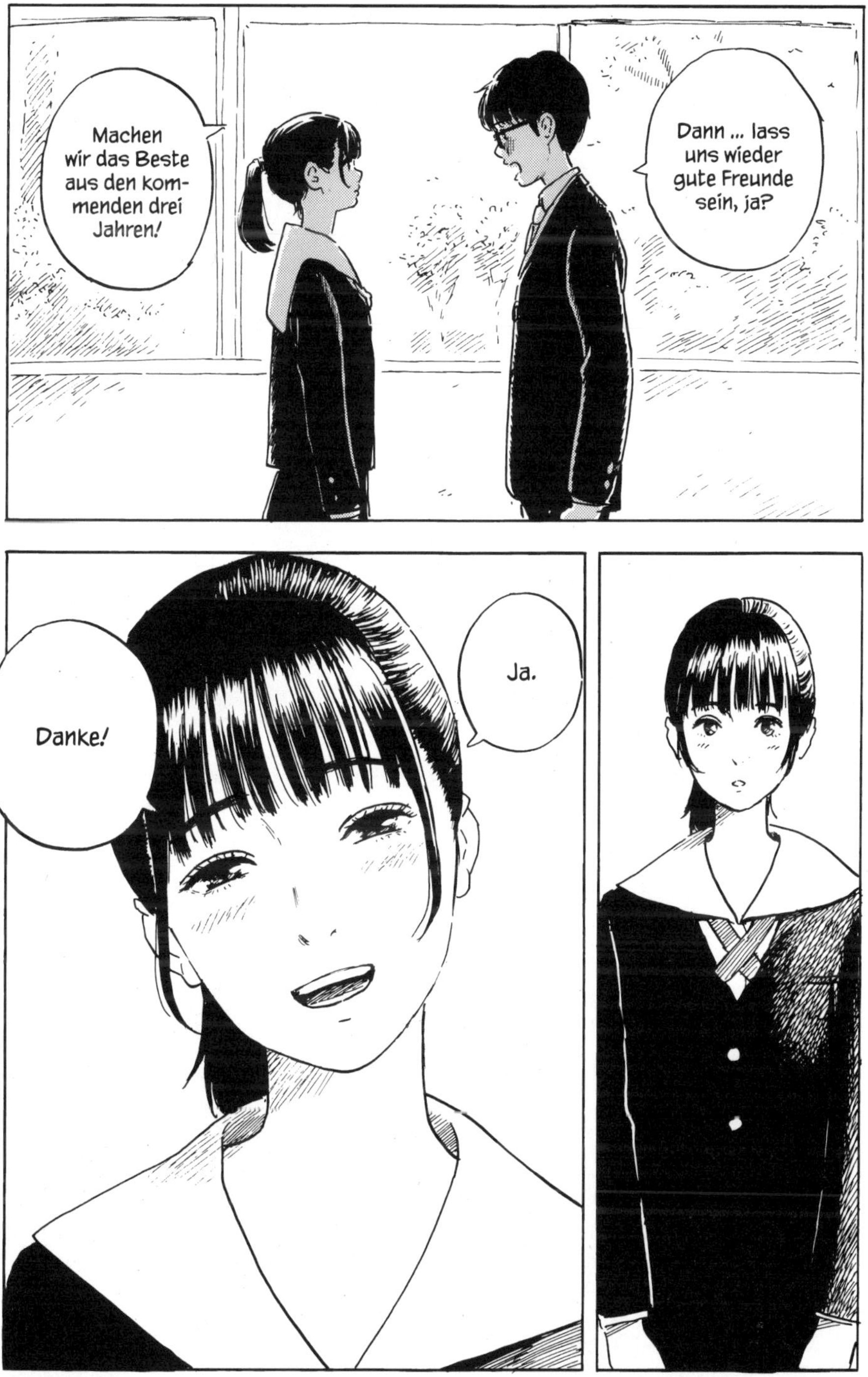
Dann ... lass uns wieder gute Freunde sein, ja?
Machen wir das Beste aus den kommenden drei Jahren!
Ja.
Danke!

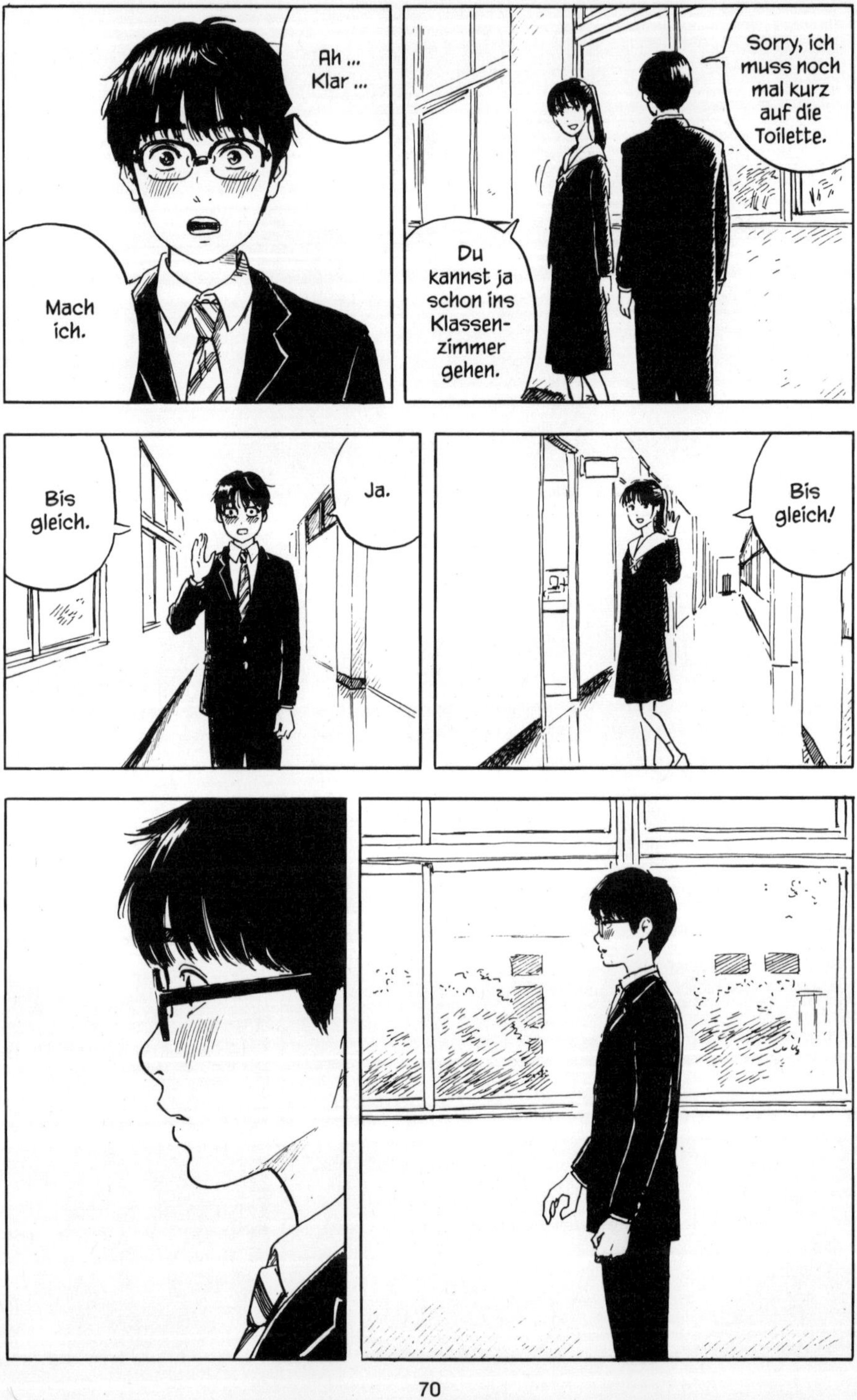

Sorry, ich muss noch mal kurz auf die Toilette.
Du kannst ja schon ins Klassenzimmer gehen.
Ah ... Klar ...
Mach ich.
Bis gleich!
Ja.
Bis gleich.

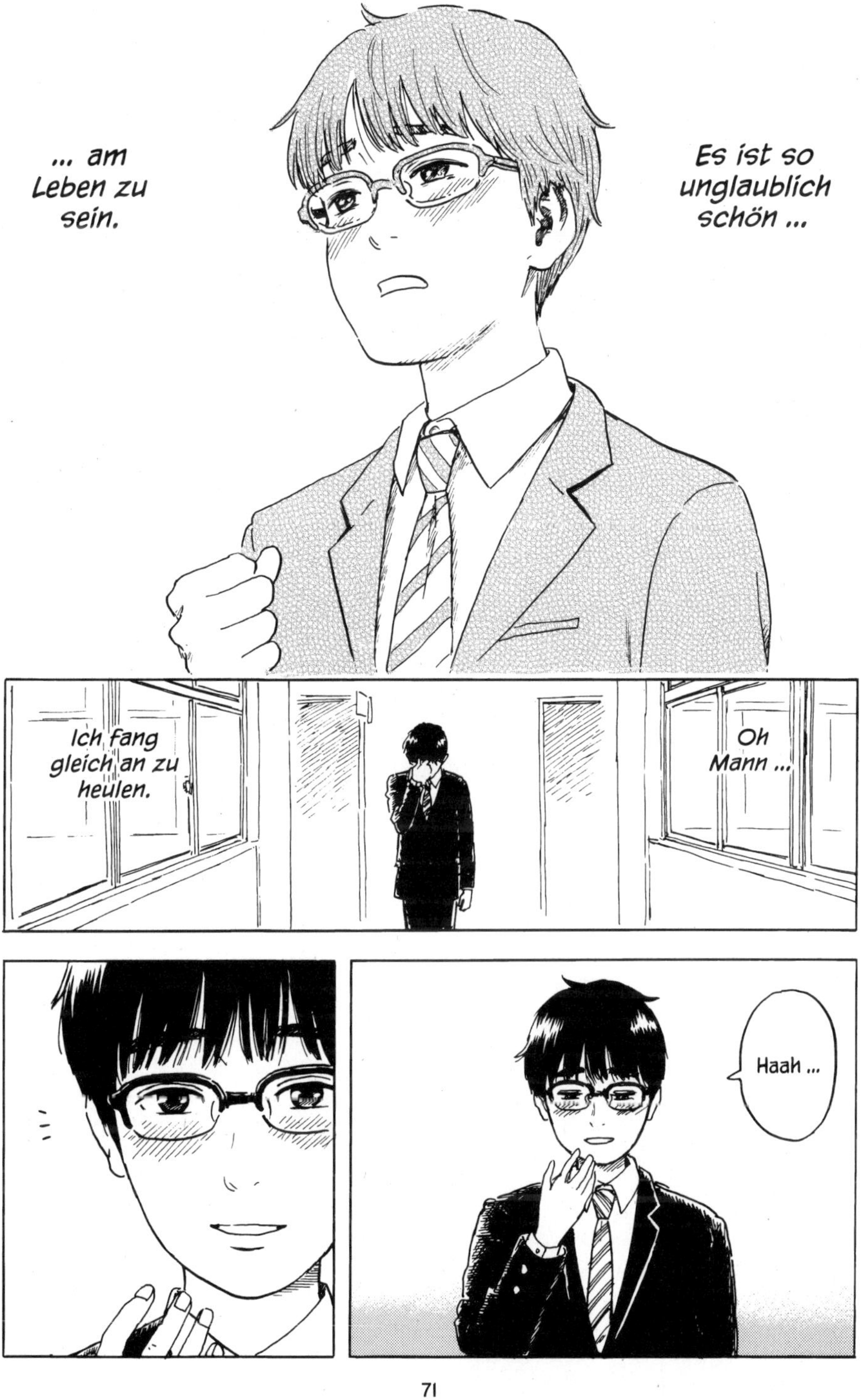
Es ist so unglaublich schön ...
... am Leben zu sein.
Oh Mann ...
Ich fang gleich an zu heulen.
Haah ...

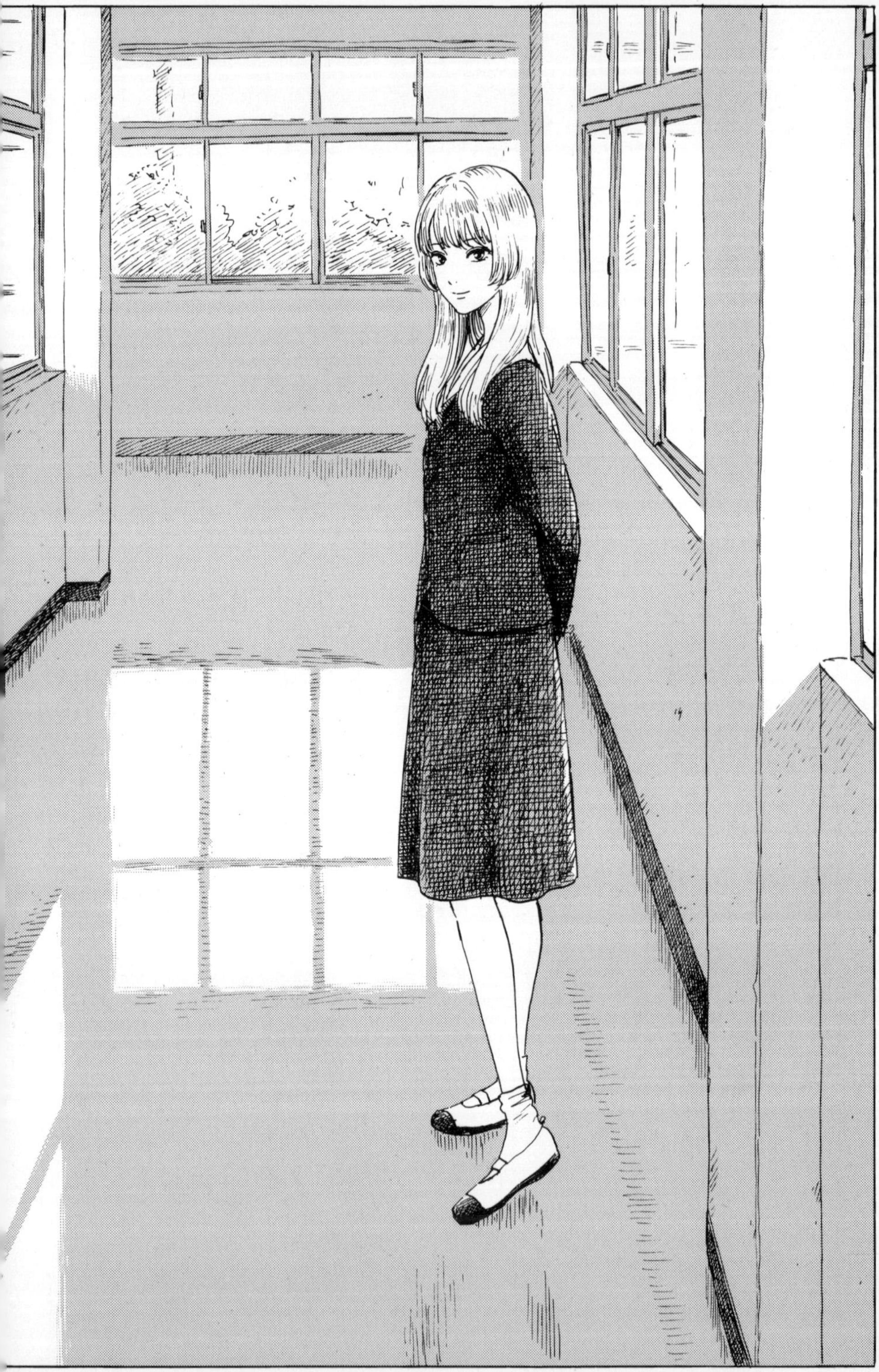

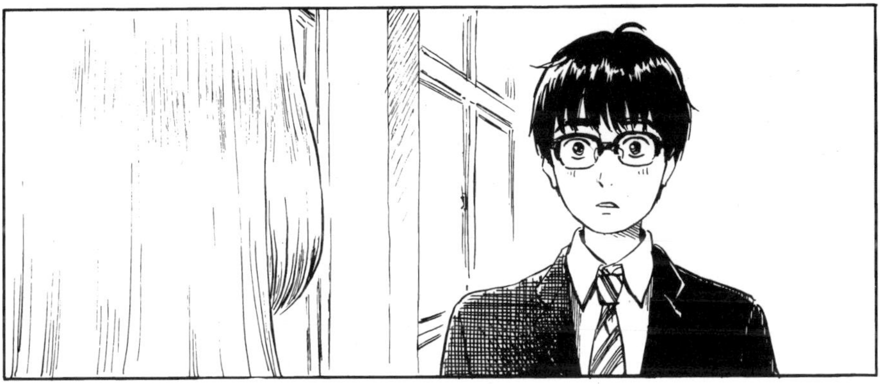

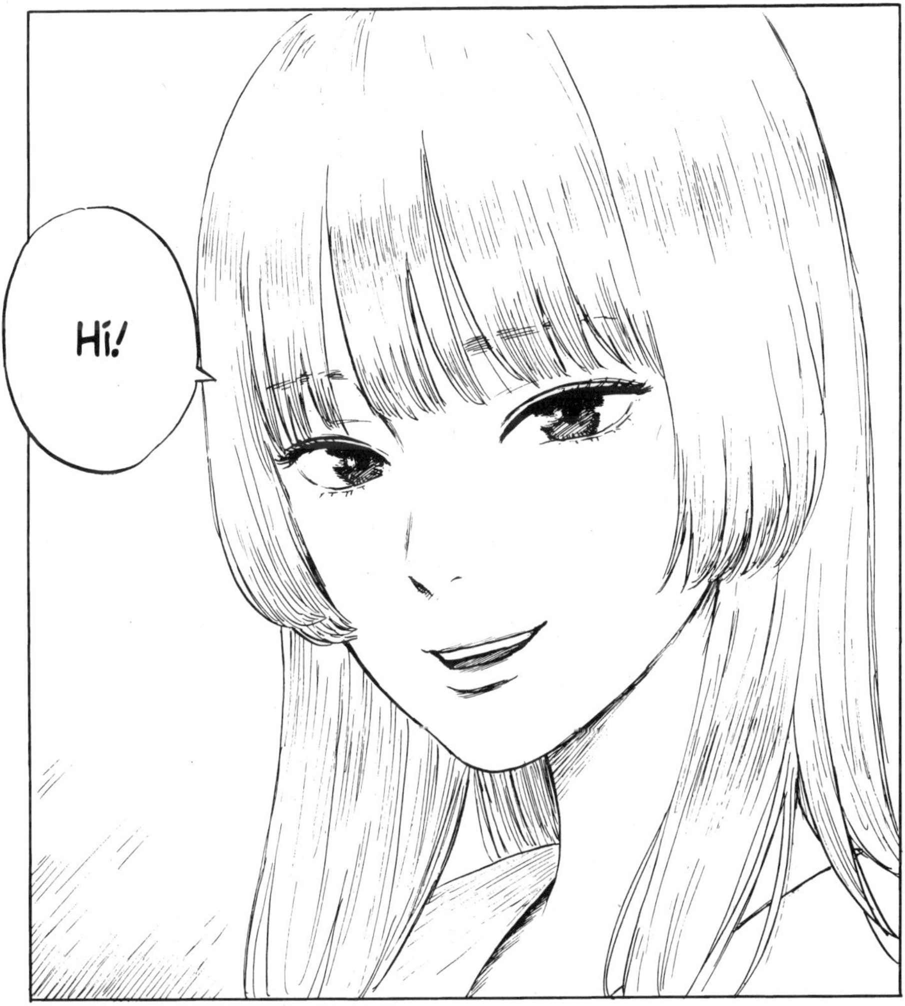
Hi!

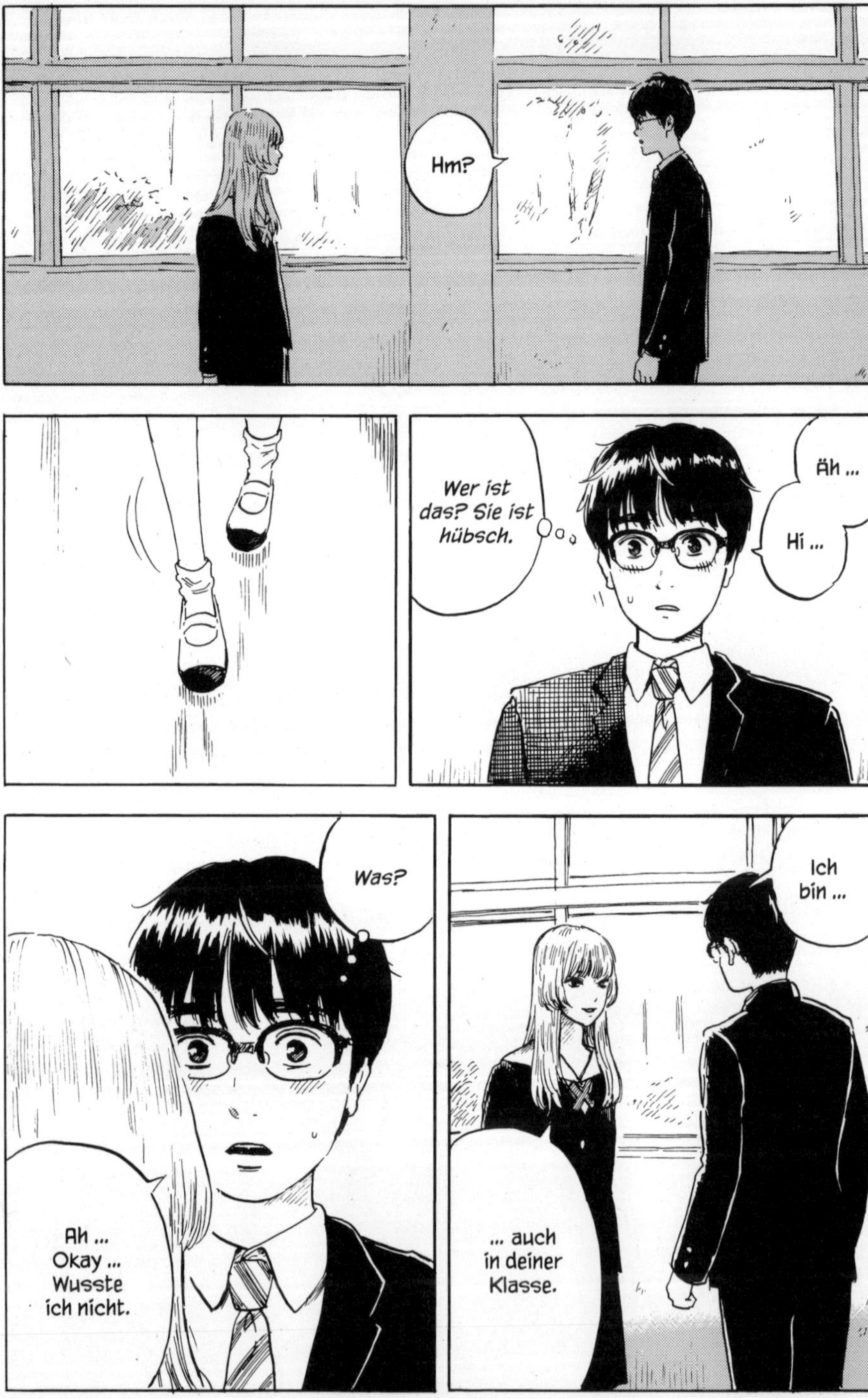
Hm?
Äh ...
Hi ...
Wer ist das? Sie ist hübsch.
Ich bin ...
... auch in deiner Klasse.
Was?
Ah ... Okay ... Wusste ich nicht.

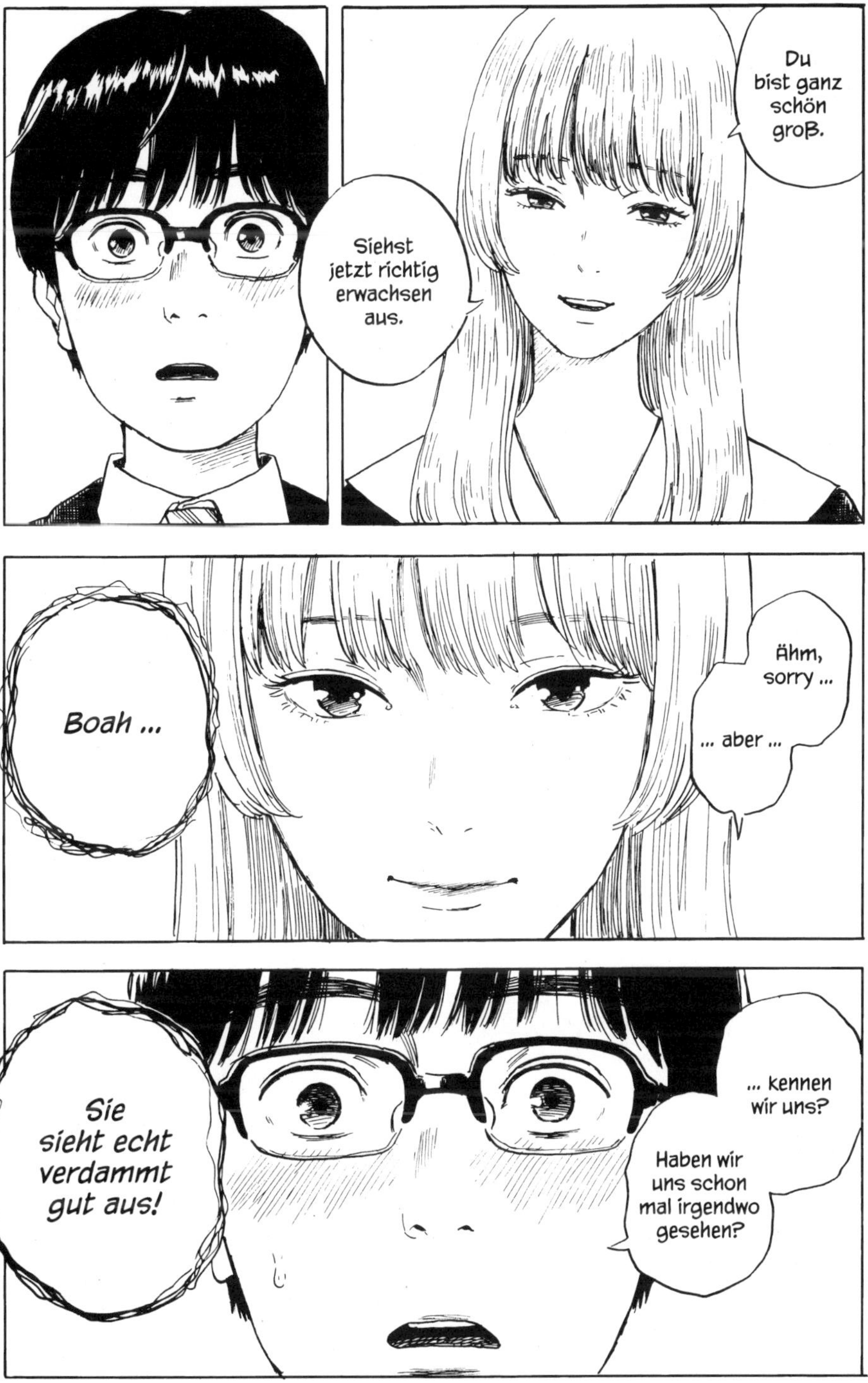
Du bist ganz schön groß.
Siehst jetzt richtig erwachsen aus.
Ähm, sorry ...
... aber ...
Boah ...
... kennen wir uns?
Haben wir uns schon mal irgendwo gesehen?
Sie sieht echt verdammt gut aus!

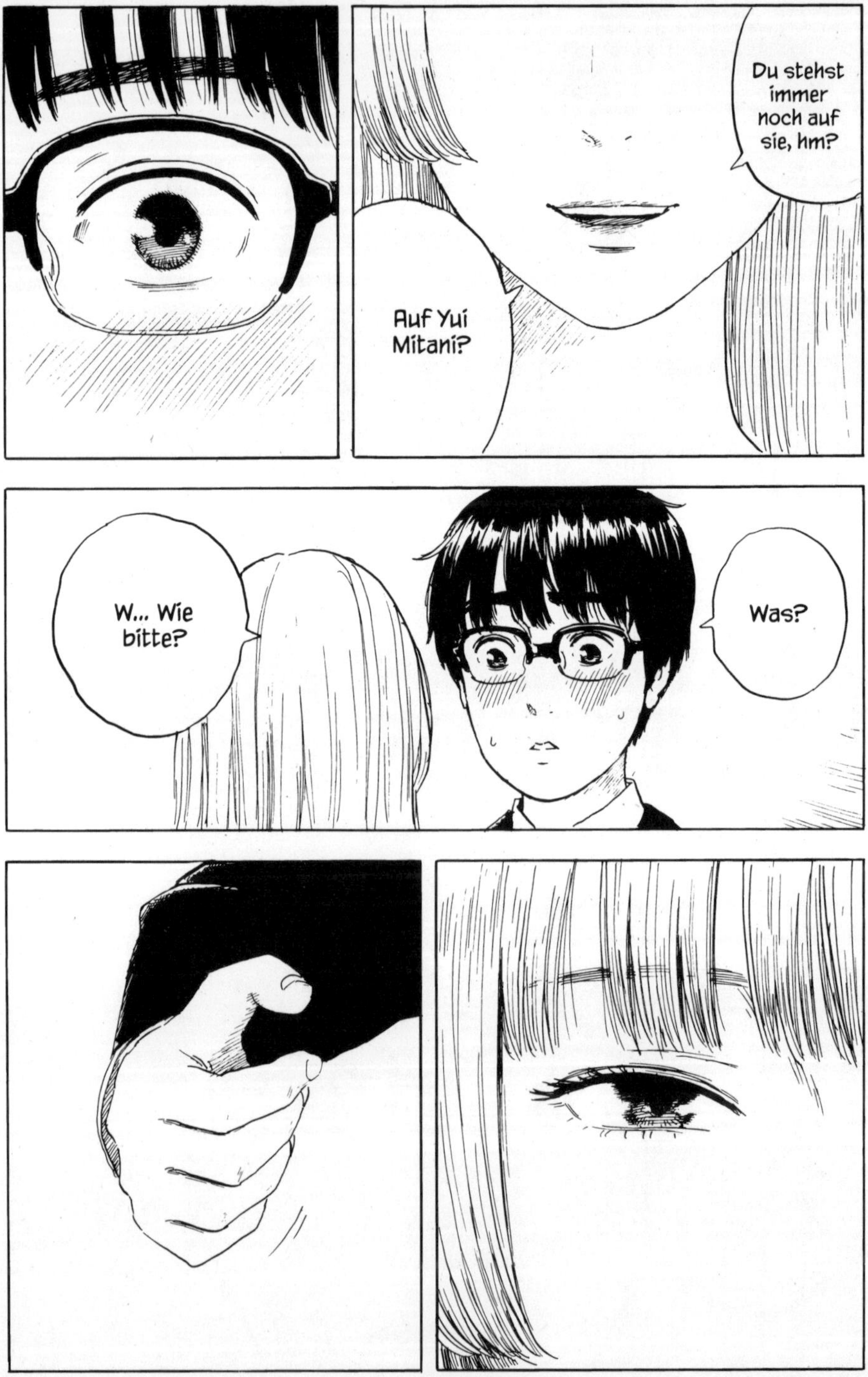
Du stehst immer noch auf sie, hm?
Auf Yui Mitani?
Was?
W... Wie bitte?

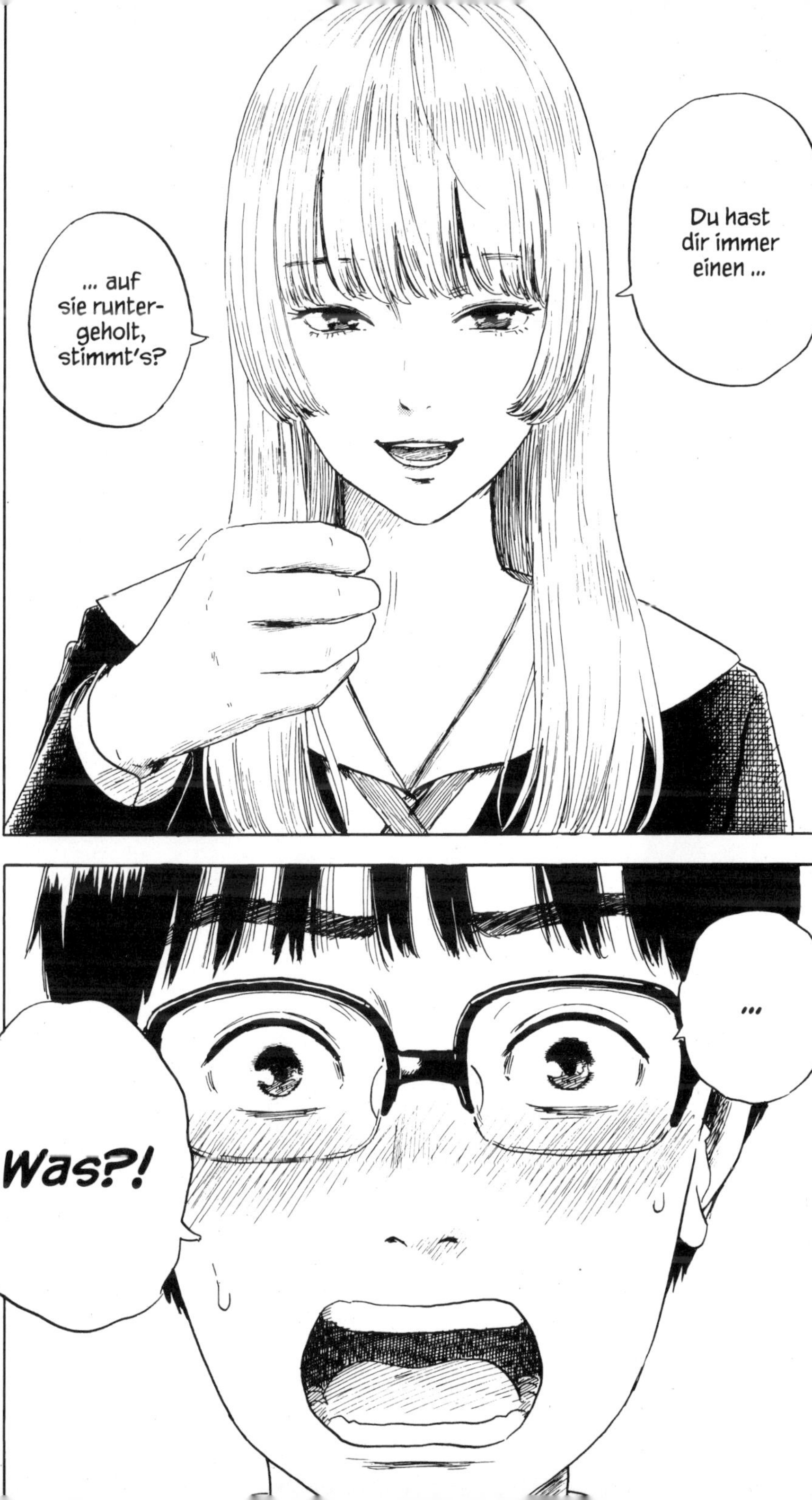
Du hast dir immer einen ...
... auf sie runter-geholt, stimmt's?
...
Was?!

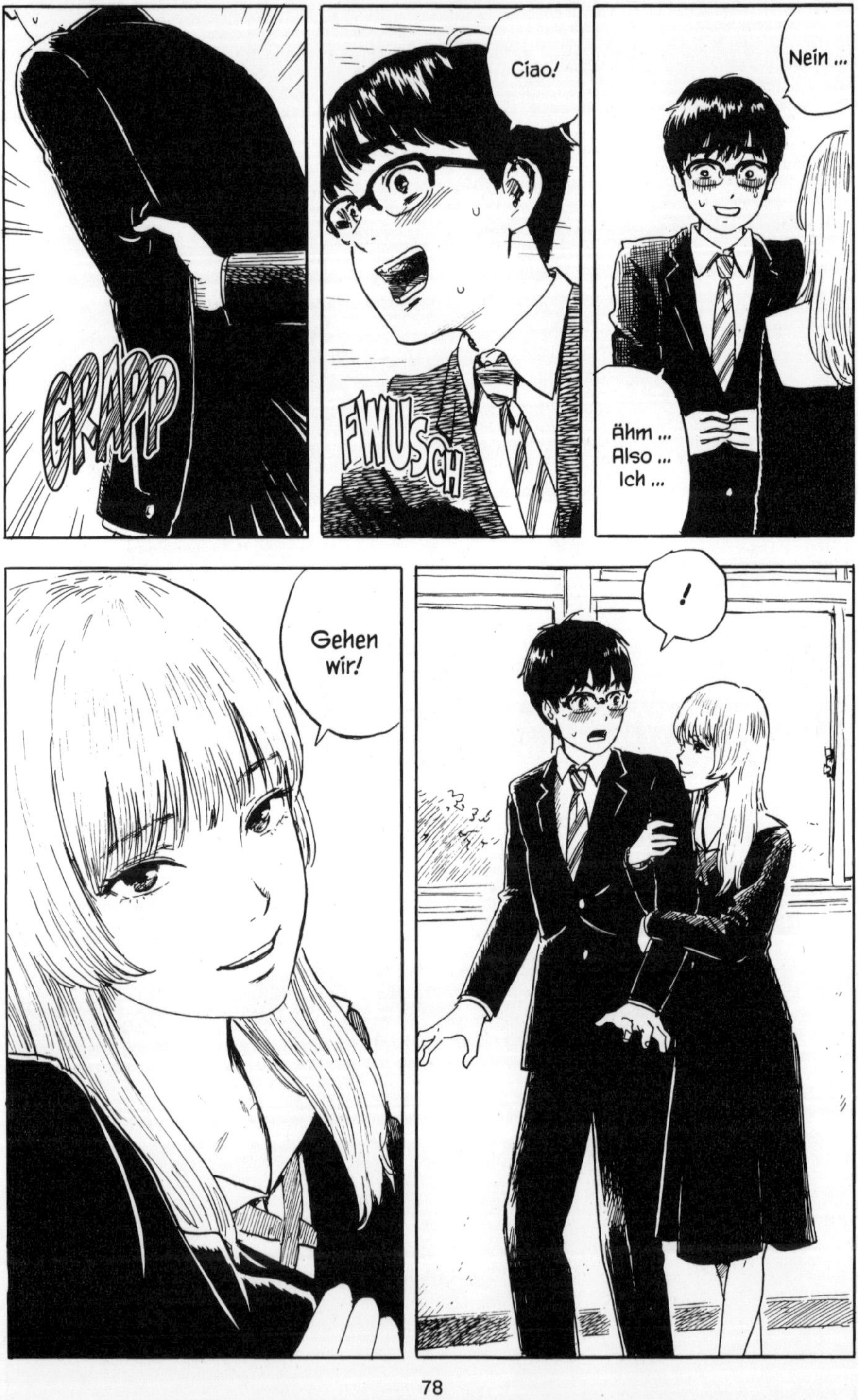
GRAPP
Ciao!
FWUSCH
Nein ...
Ähm ... Also ... Ich ...
Gehen wir!
!

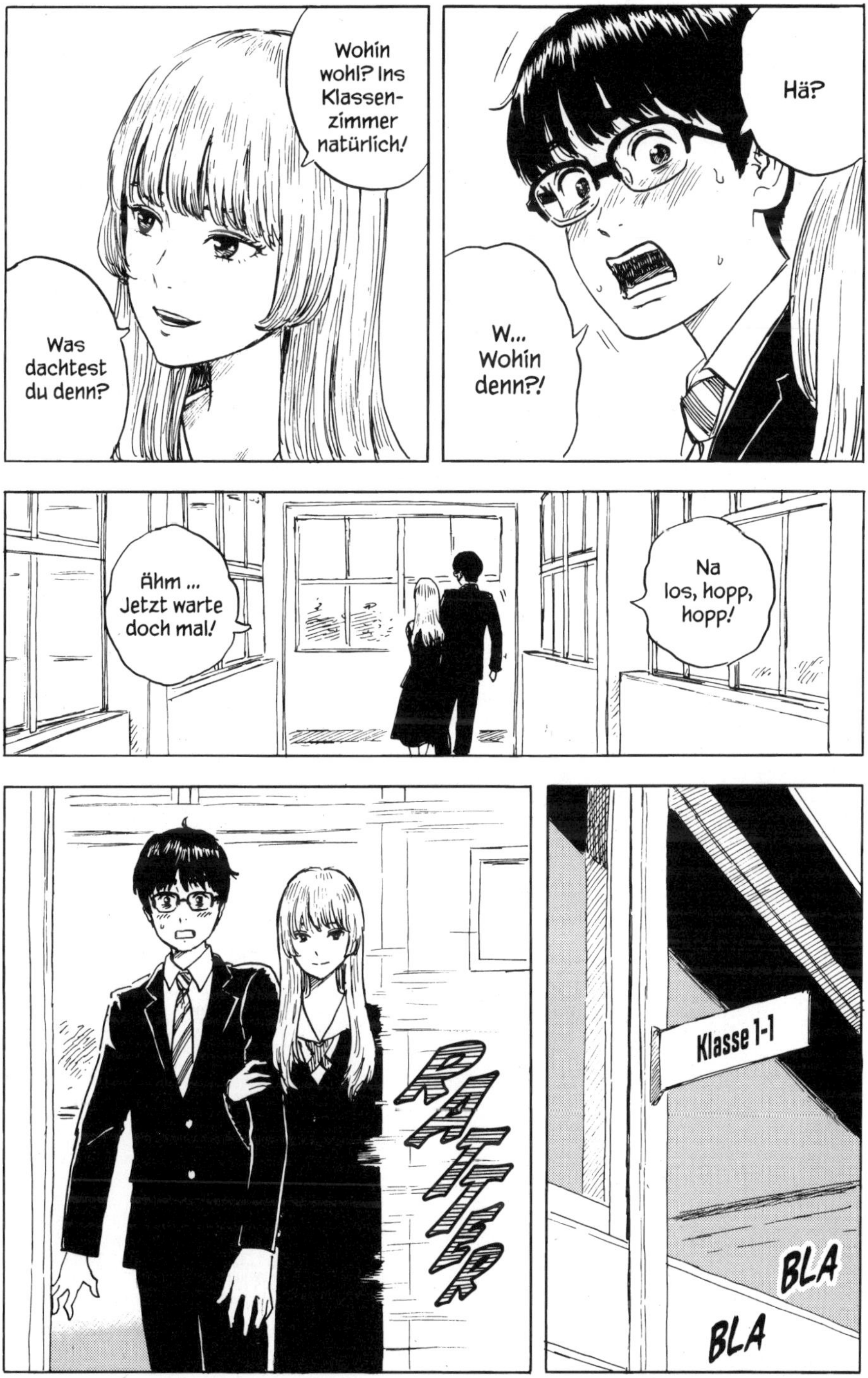
Hä?
W... Wohin denn?!
Wohin wohl? Ins Klassen-zimmer natürlich!
Was dachtest du denn?
Na los, hopp, hopp!
Ähm ... Jetzt warte doch mal!
Klasse 1-1
BLA
BLA
RATTER

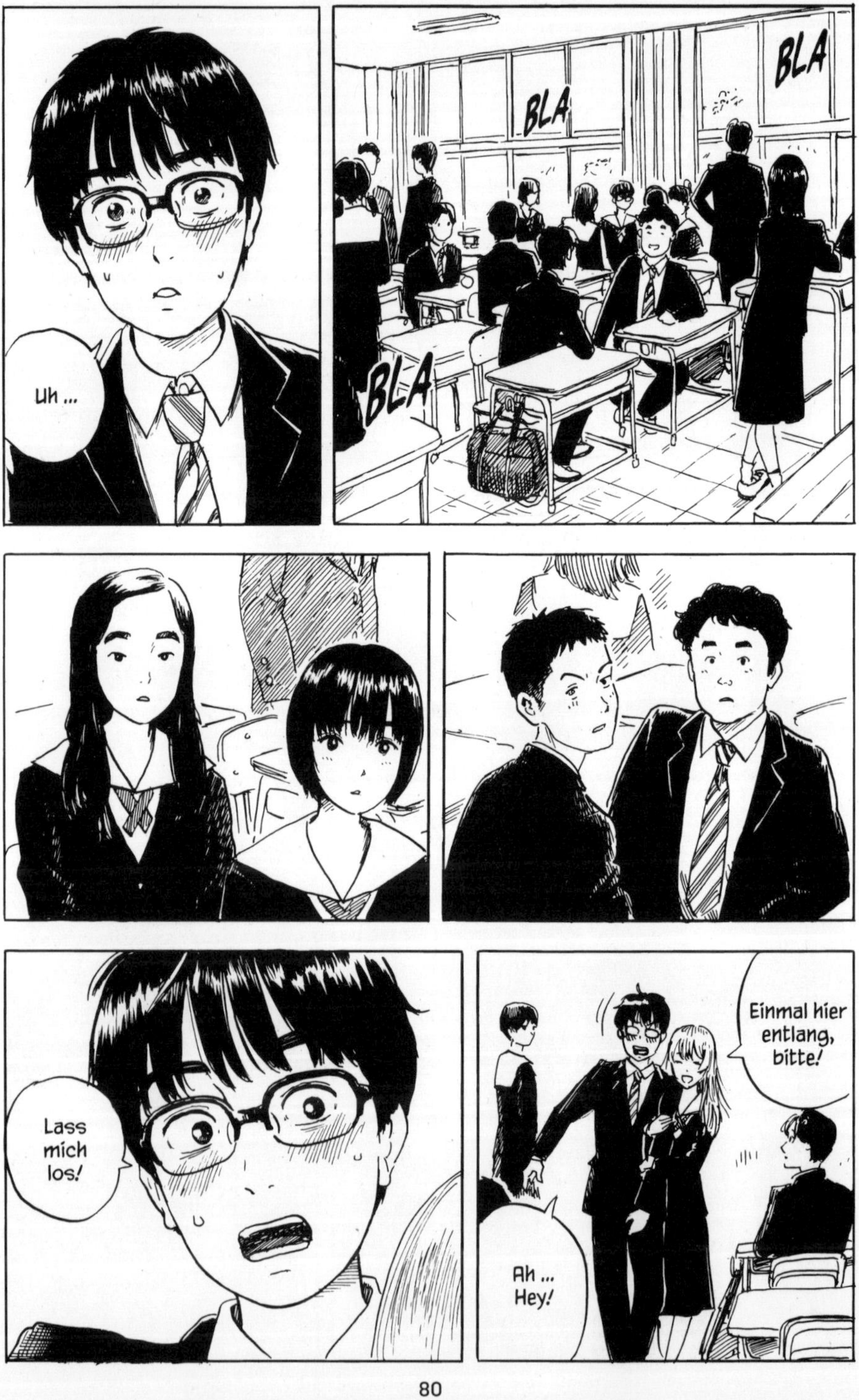
BLA
BLA
BLA
Uh ...
Einmal hier entlang, bitte!
Ah ... Hey!
Lass mich los!

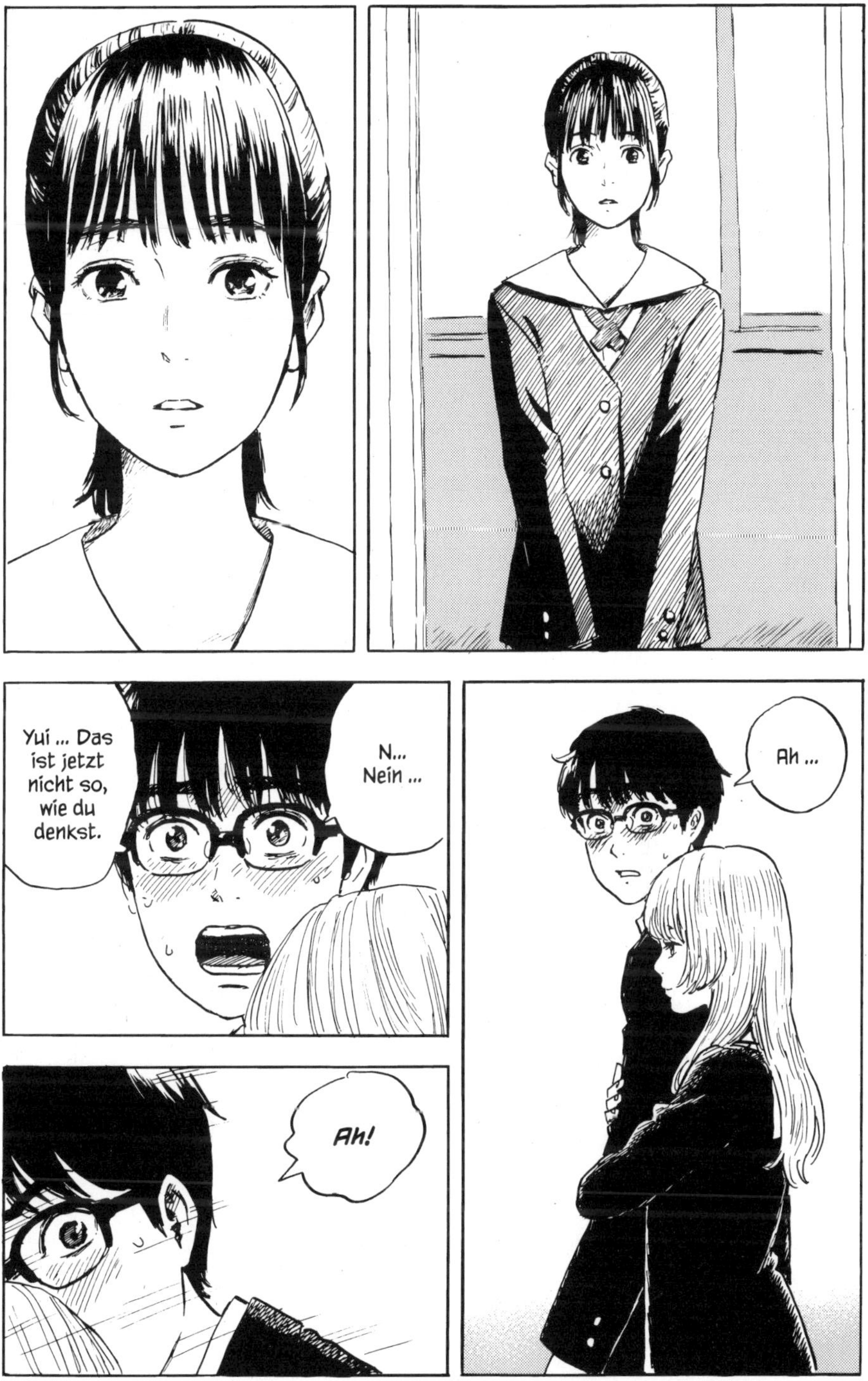
Ah ...
N... Nein ...
Yui ... Das ist jetzt nicht so, wie du denkst.
Ah!

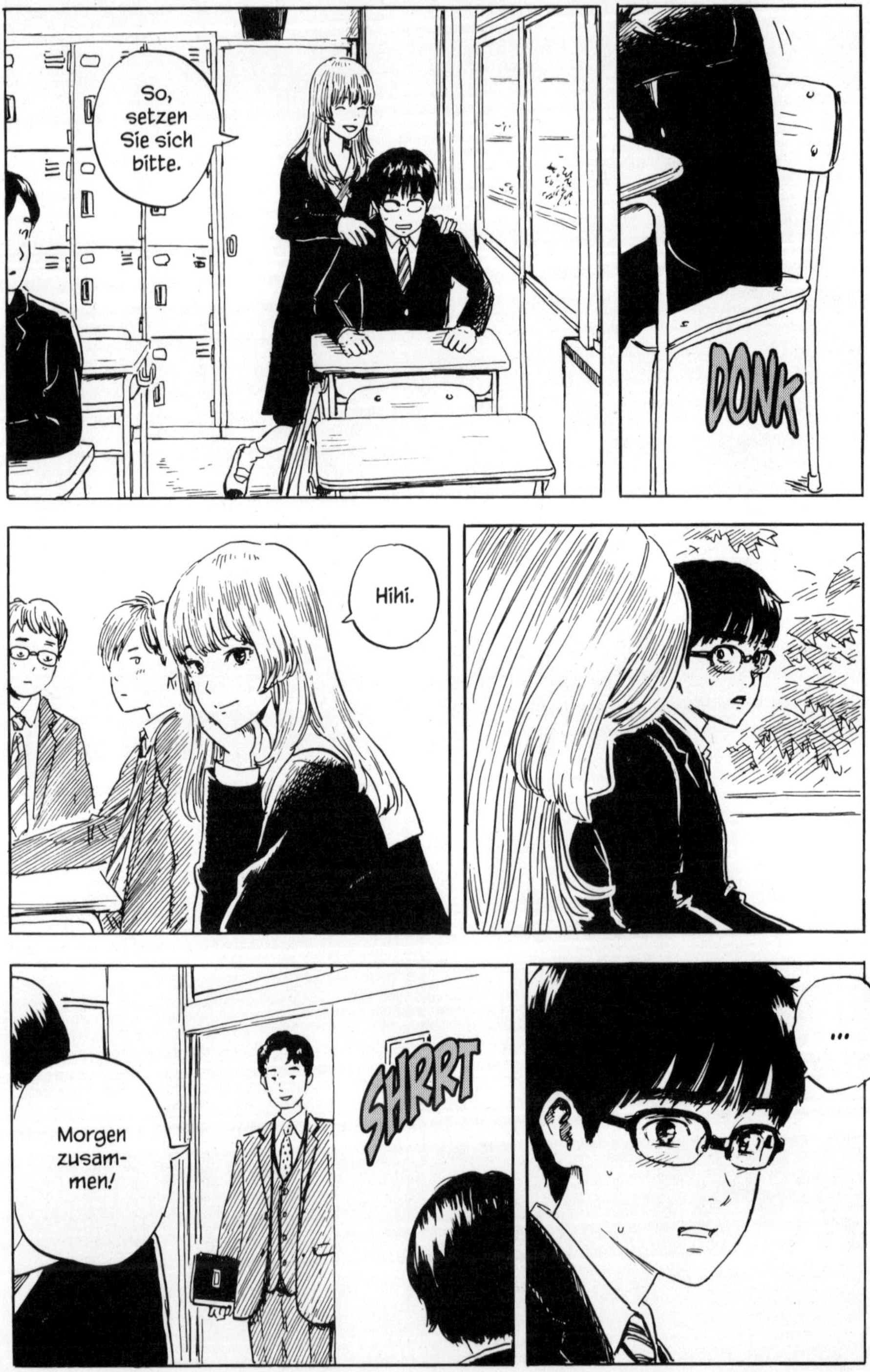
DONK
So, setzen Sie sich bitte.
Hihi.
...
SHRRT
Morgen zusammen!

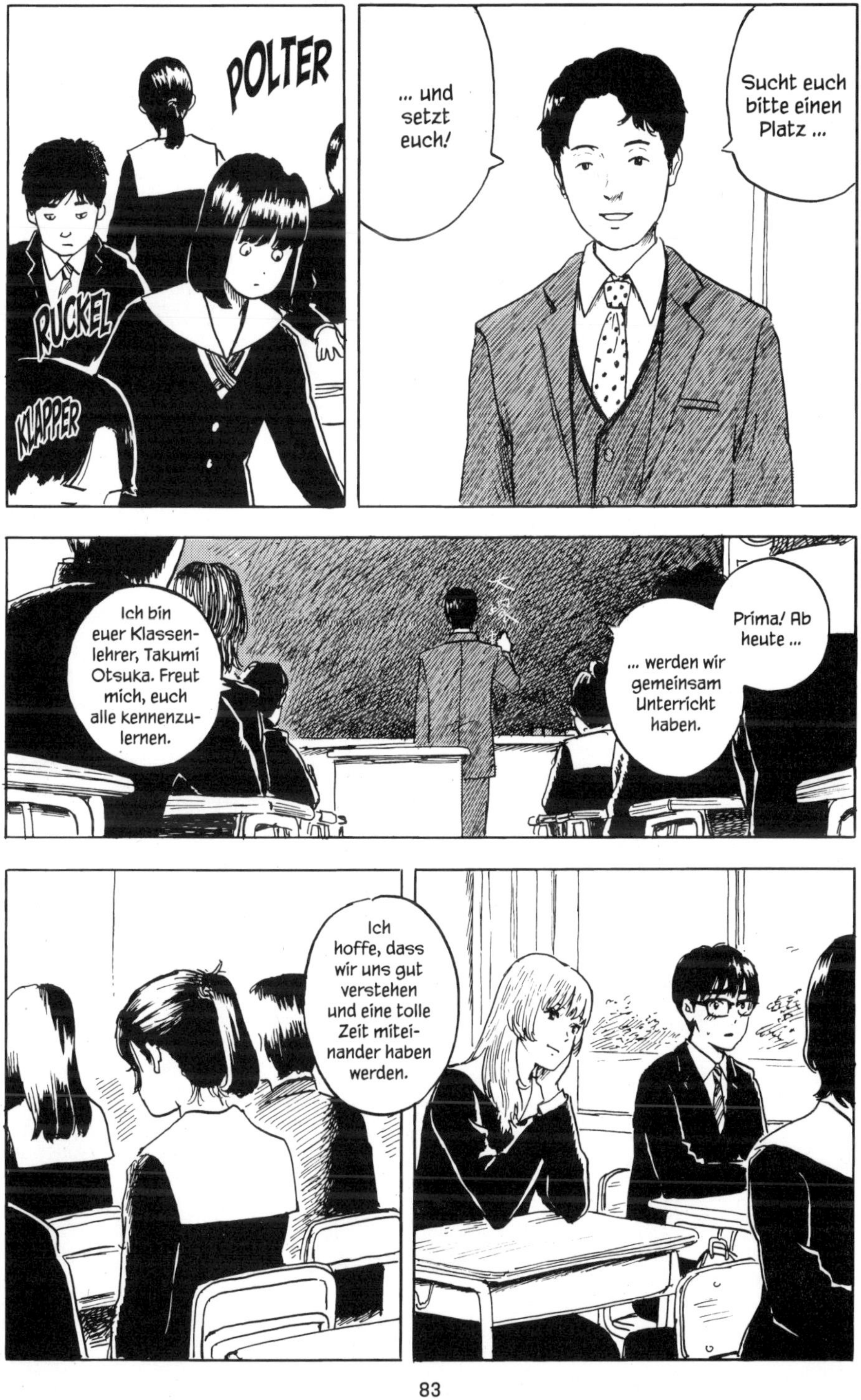
Sucht euch bitte einen Platz ...
... und setzt euch!
POLTER
RUCKEL
KLAPPER
Prima! Ab heute ...
... werden wir gemeinsam Unterricht haben.
Ich bin euer Klassenlehrer, Takumi Otsuka. Freut mich, euch alle kennenzulernen.
Ich hoffe, dass wir uns gut verstehen und eine tolle Zeit miteinander haben werden.

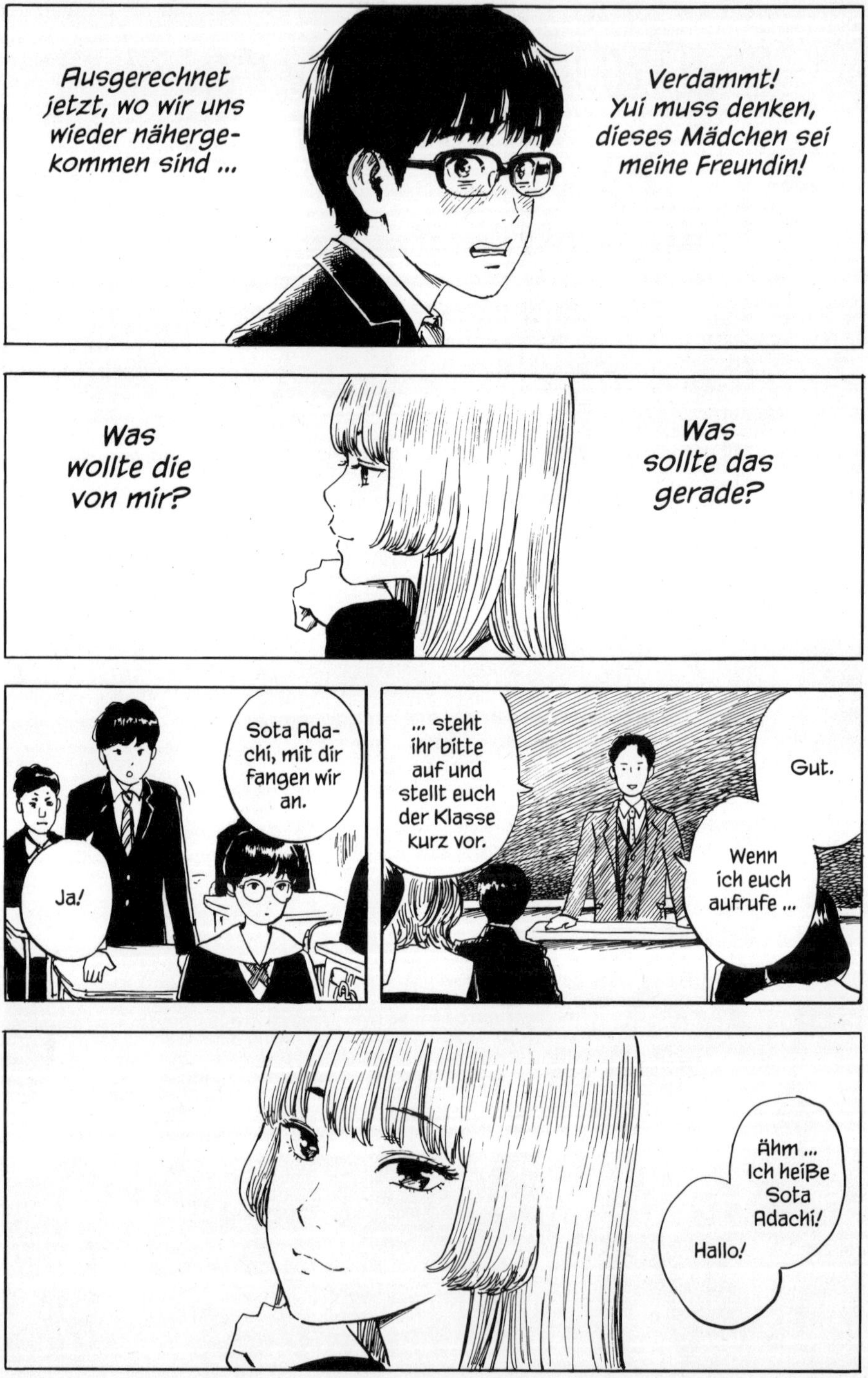

Verdammt! Yui muss denken, dieses Mädchen sei meine Freundin!
Ausgerechnet jetzt, wo wir uns wieder nähergekommen sind ...
Was sollte das gerade?
Was wollte die von mir?
Gut.
Wenn ich euch aufrufe ...
... steht ihr bitte auf und stellt euch der Klasse kurz vor.
Sota Adachi, mit dir fangen wir an.
Ja!
Ähm ... Ich heiße Sota Adachi!
Hallo!

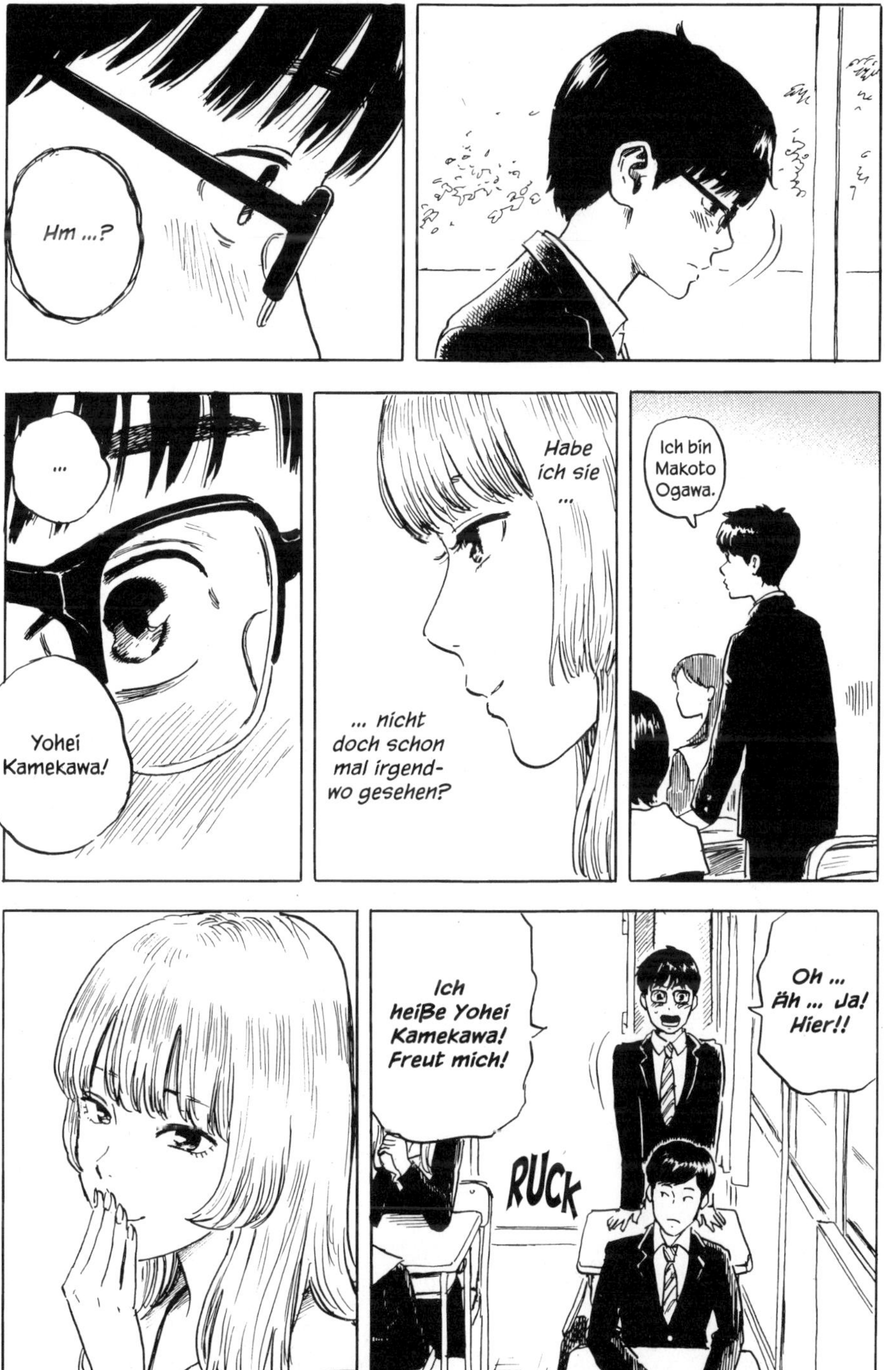
Hm ...?
Ich bin Makoto Ogawa.
Habe ich sie ...
... nicht doch schon mal irgend-wo gesehen?
...
Yohei Kamekawa!
Oh ... Äh ... Ja! Hier!!
Ich heiße Yohei Kamekawa! Freut mich!
RUCK

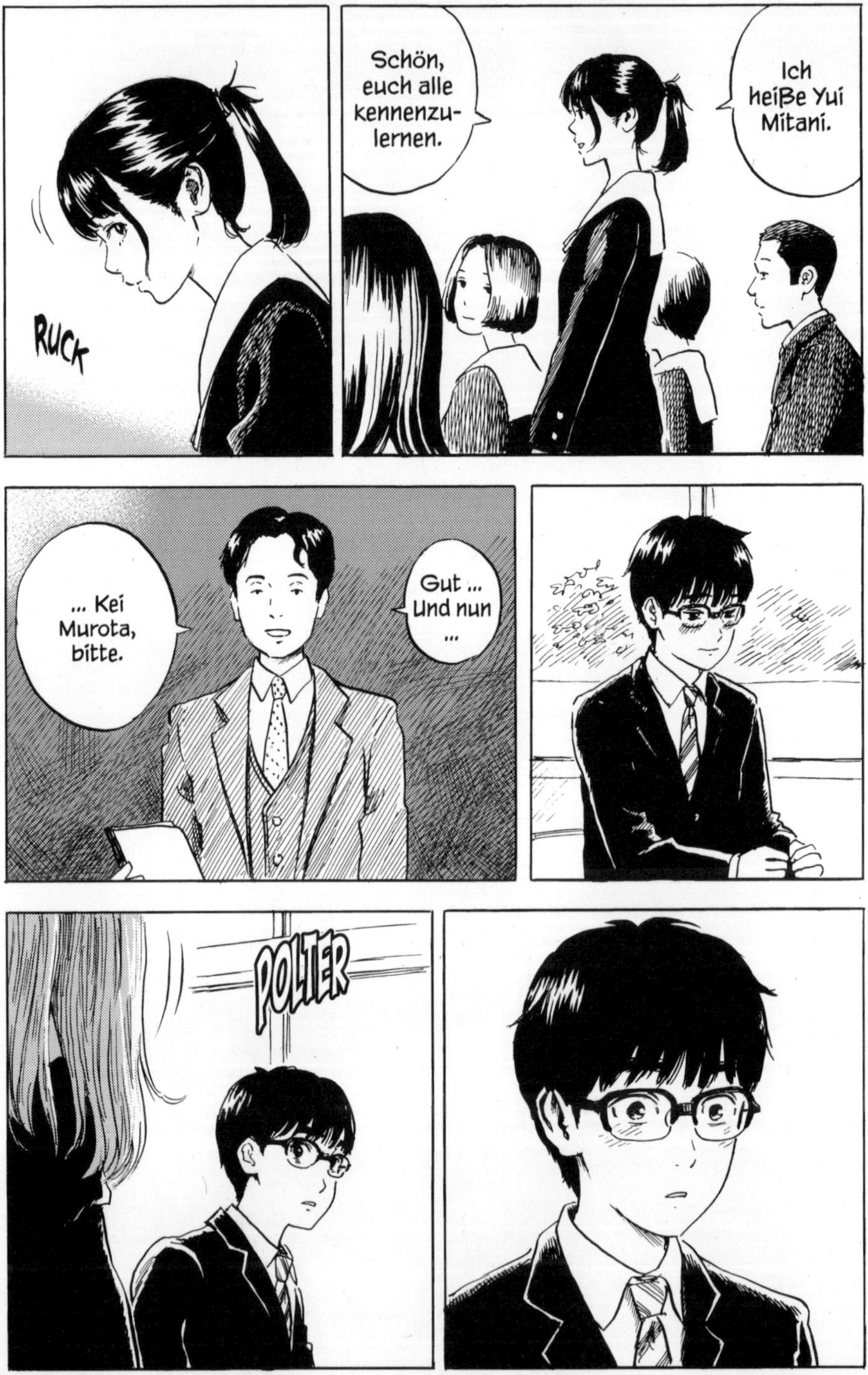
Ich heiße Yui Mitani.
Schön, euch alle kennenzulernen.
RUCK
Gut ... Und nun ...
... Kei Murota, bitte.
POLTER

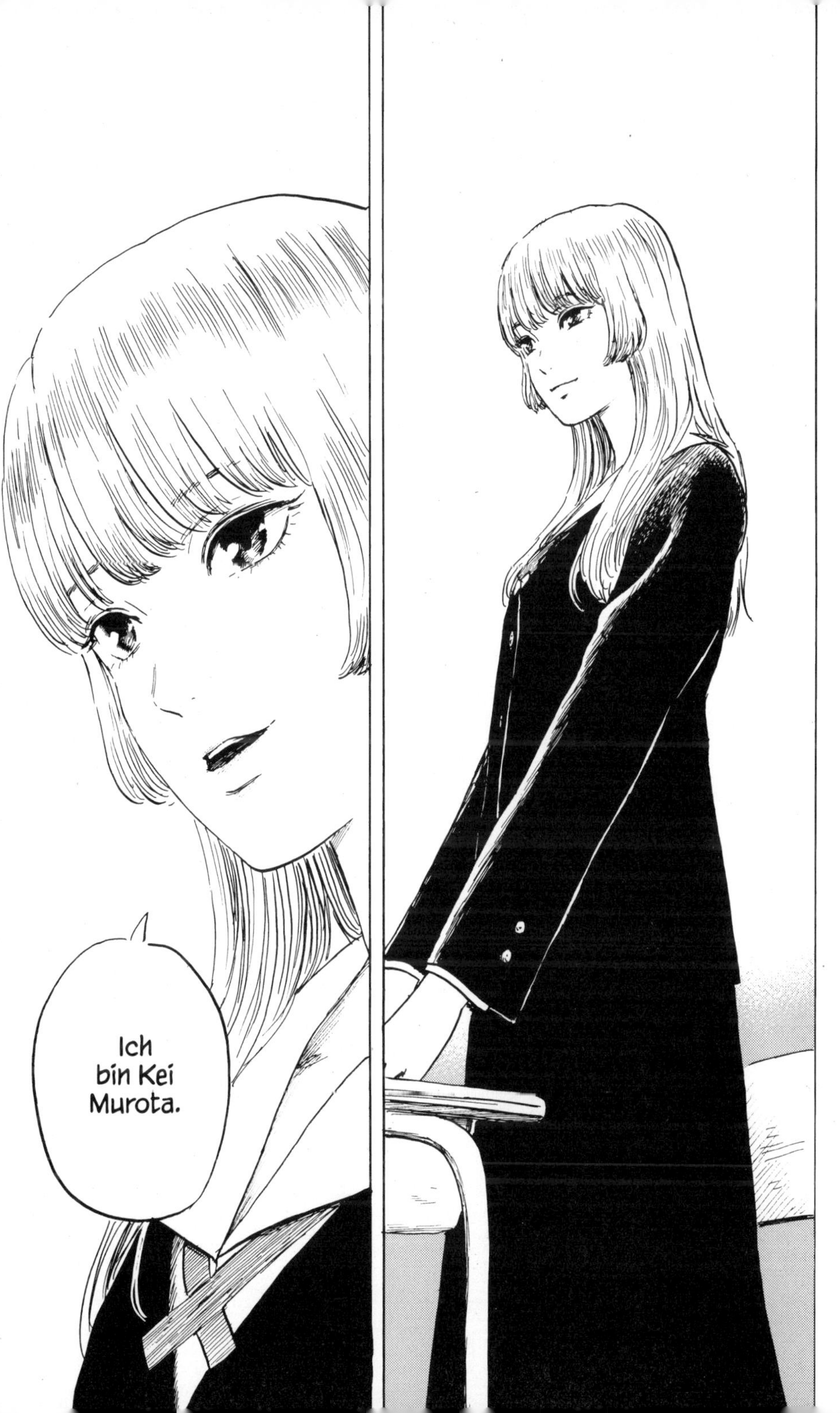
Ich bin Kei Murota.

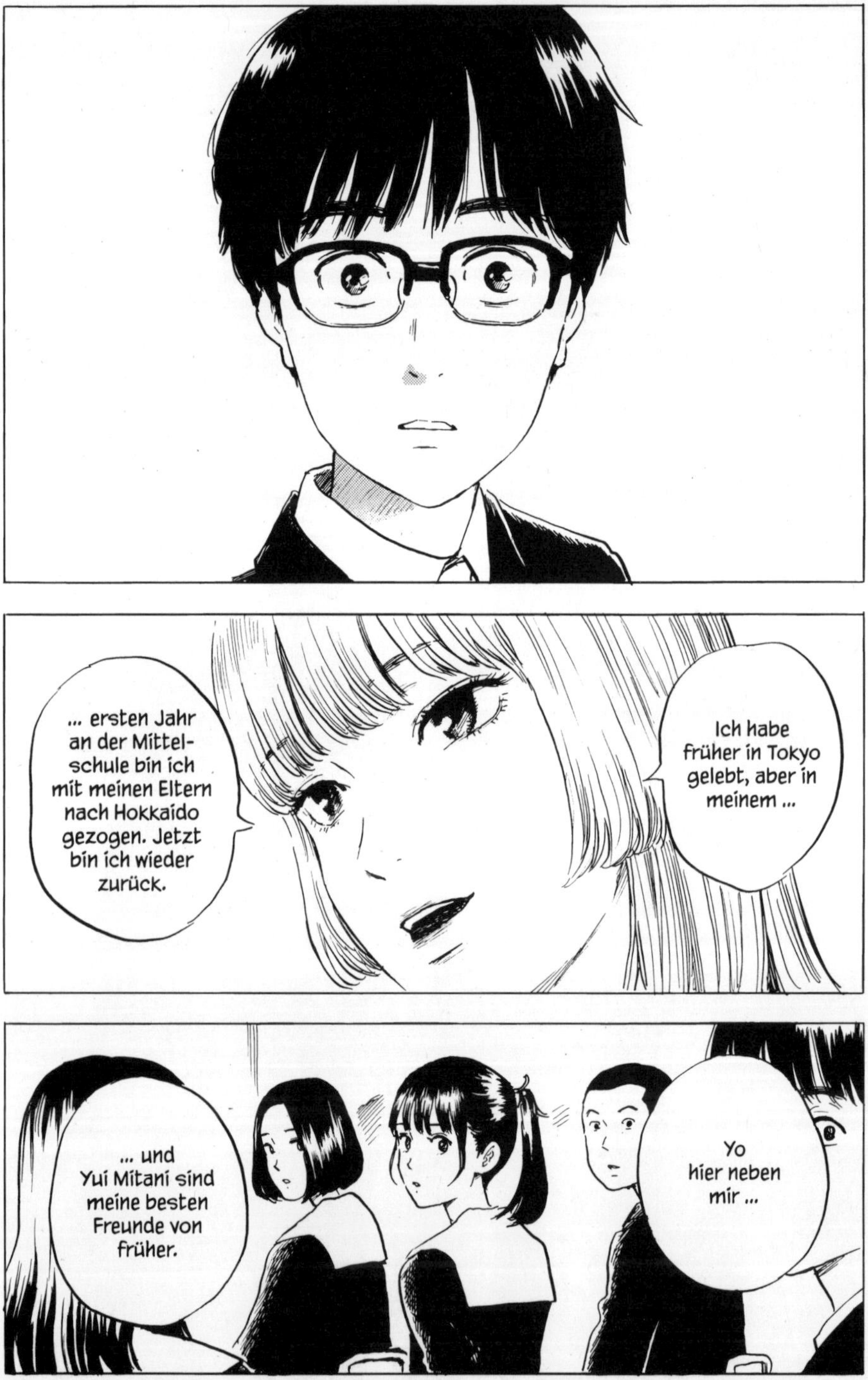
Ich habe früher in Tokyo gelebt, aber in meinem ...
... ersten Jahr an der Mittelschule bin ich mit meinen Eltern nach Hokkaido gezogen. Jetzt bin ich wieder zurück.
Yo hier neben mir ...
... und Yui Mitani sind meine besten Freunde von früher.

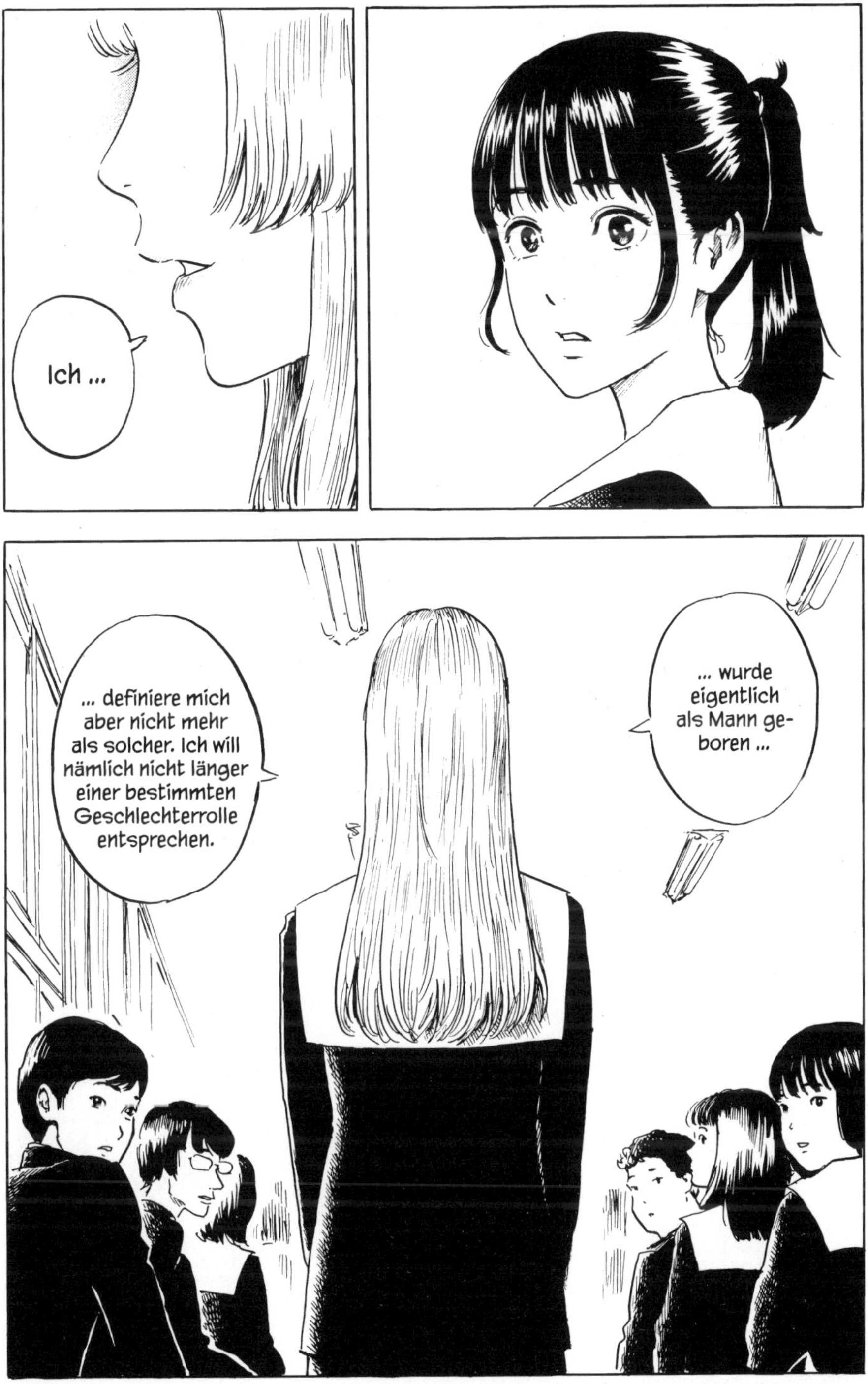
Ich ...
... wurde eigentlich als Mann geboren ...
... definiere mich aber nicht mehr als solcher. Ich will nämlich nicht länger einer bestimmten Geschlechterrolle entsprechen.

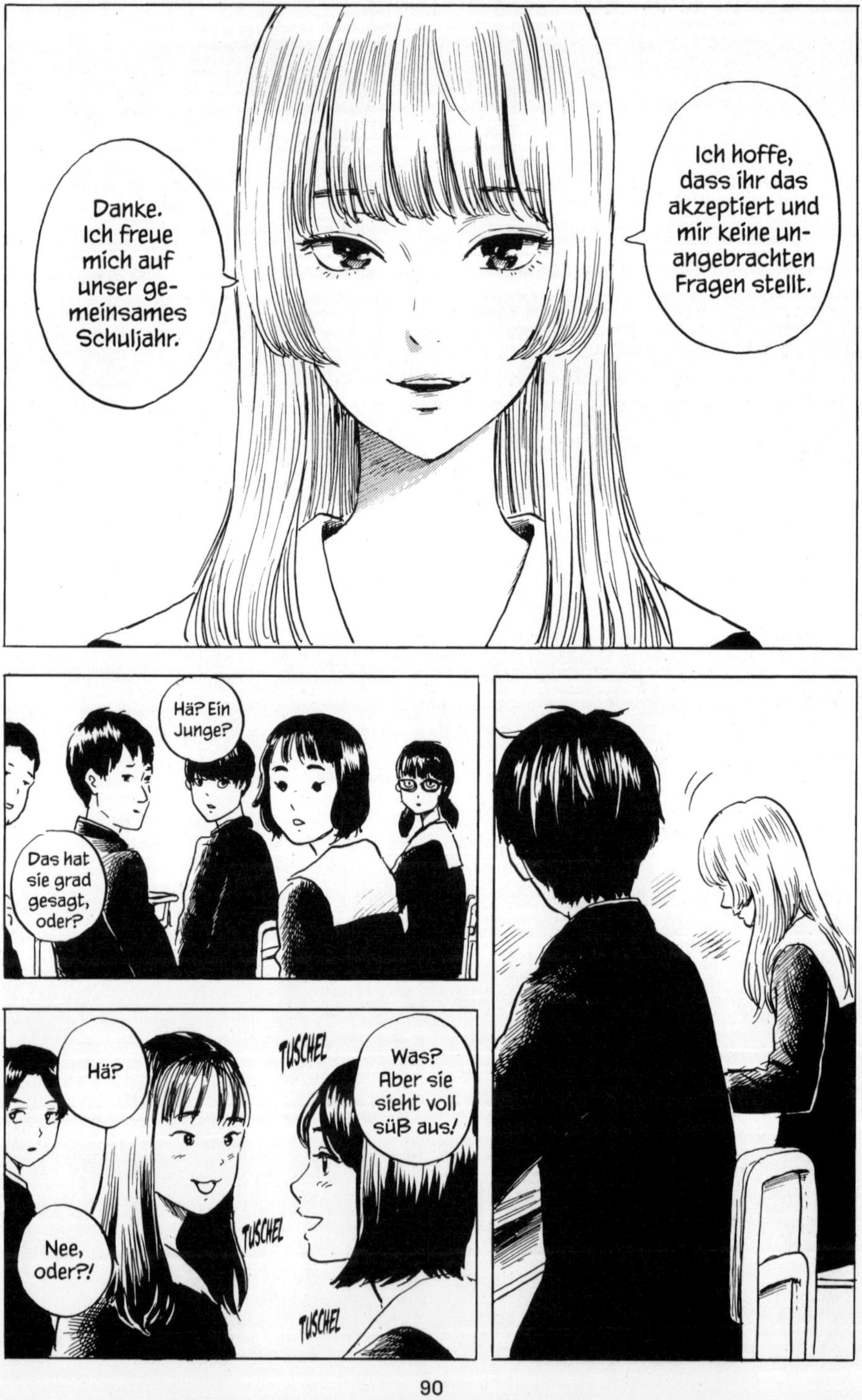
Ich hoffe, dass ihr das akzeptiert und mir keine unangebrachten Fragen stellt.
Danke. Ich freue mich auf unser gemeinsames Schuljahr.
Hä? Ein Junge?
Das hat sie grad gesagt, oder?
Was? Aber sie sieht voll süß aus!
TUSCHEL
Hä?
TUSCHEL
Nee, oder?!
TUSCHEL

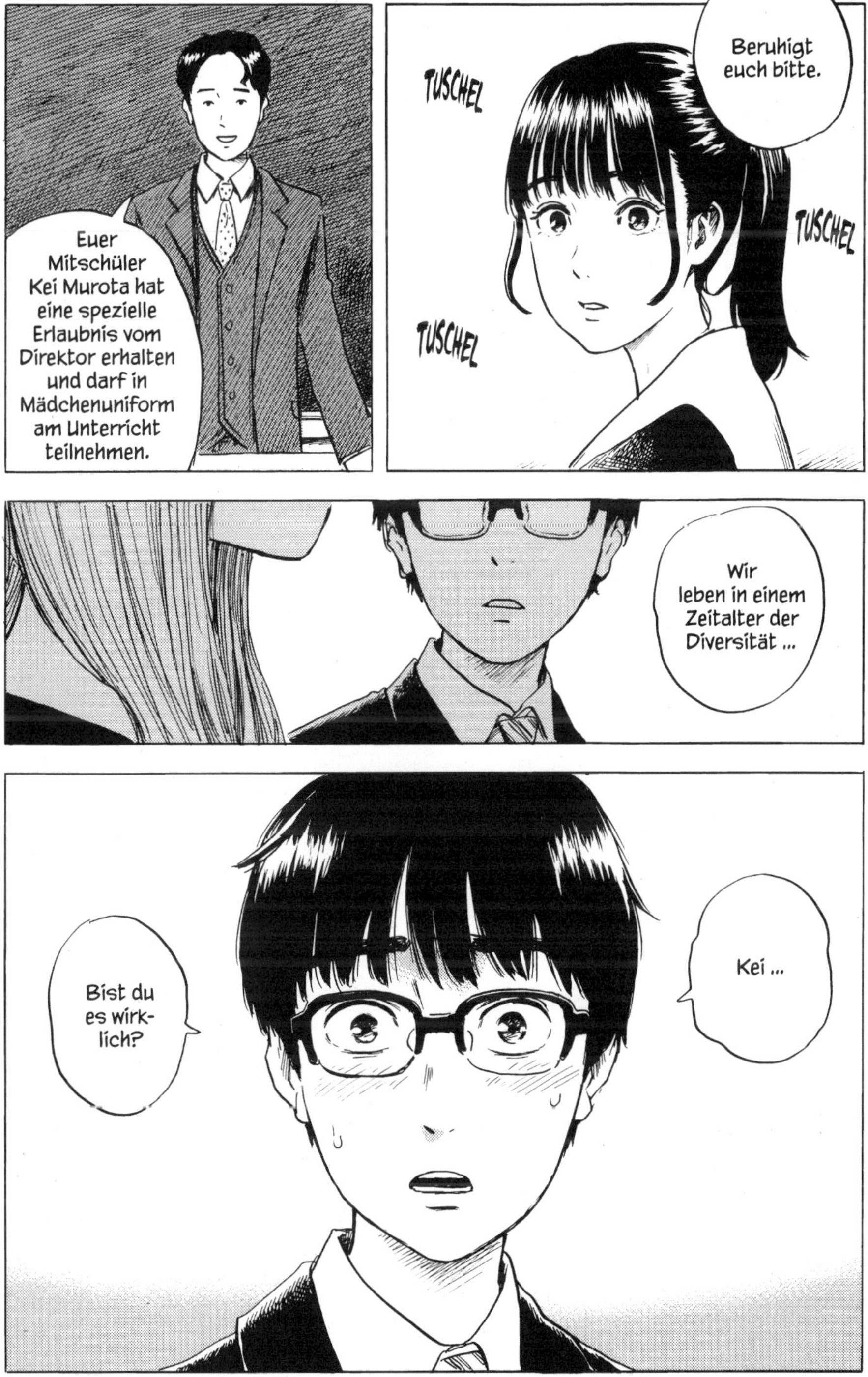
Beruhigt euch bitte.
TUSCHEL
TUSCHEL
TUSCHEL
Euer Mitschüler Kei Murota hat eine spezielle Erlaubnis vom Direktor erhalten und darf in Mädchenuniform am Unterricht teilnehmen.
Wir leben in einem Zeitalter der Diversität ...
Kei ...
Bist du es wirk-lich?

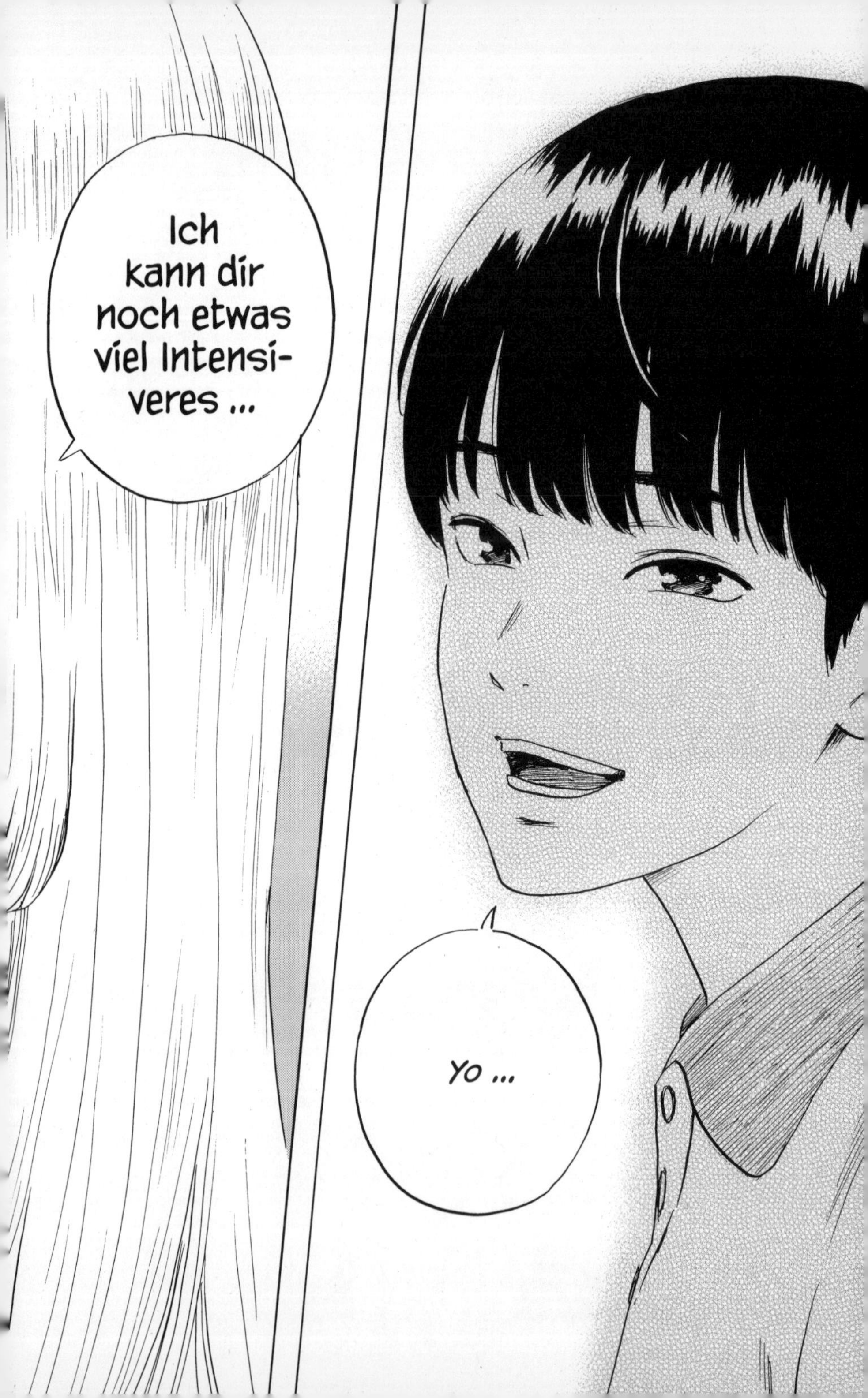
Yo ...
Ich kann dir noch etwas viel Intensiveres ...

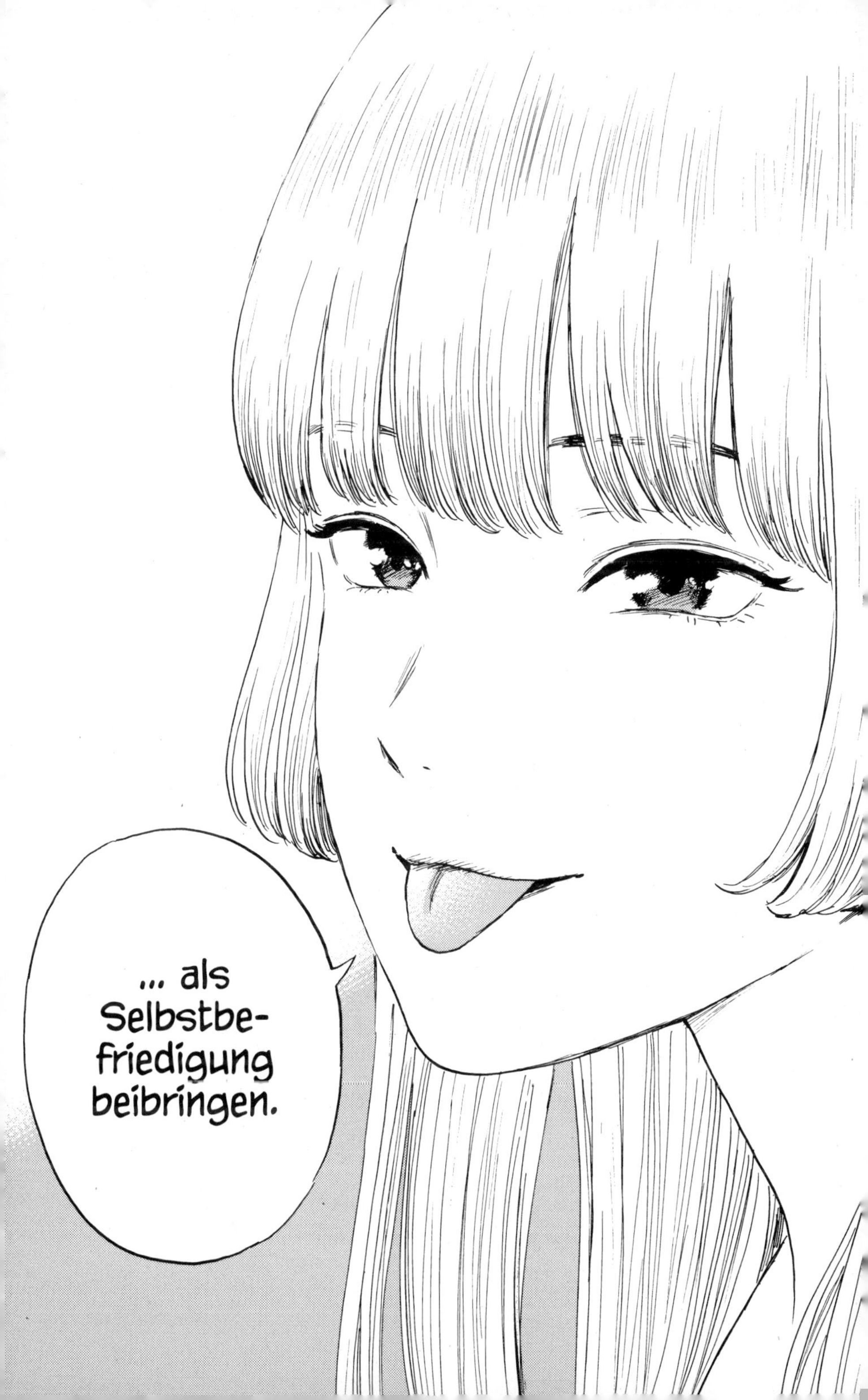
... als Selbstbe- friedigung beibringen.

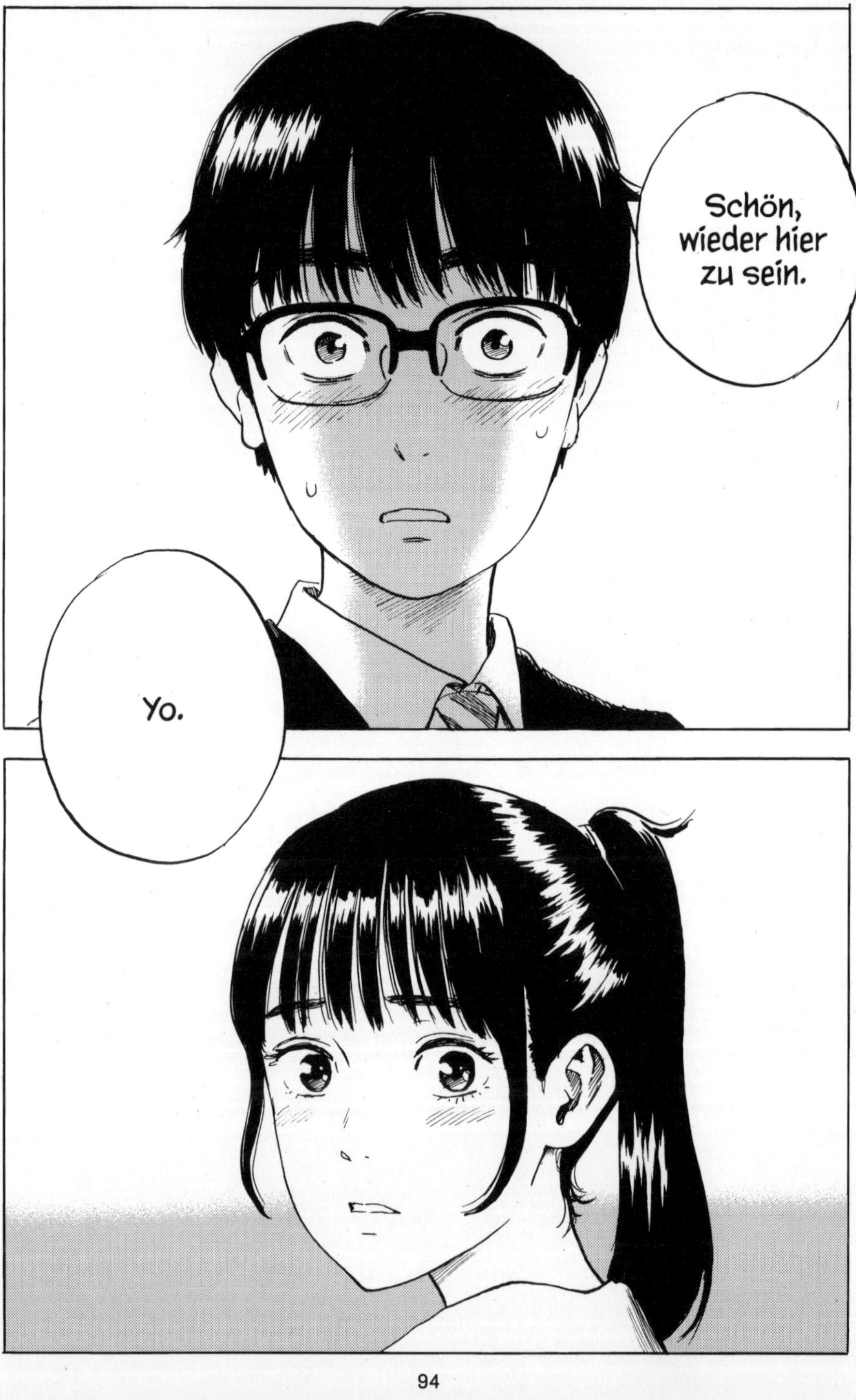
Schön, wieder hier zu sein.
Yo.

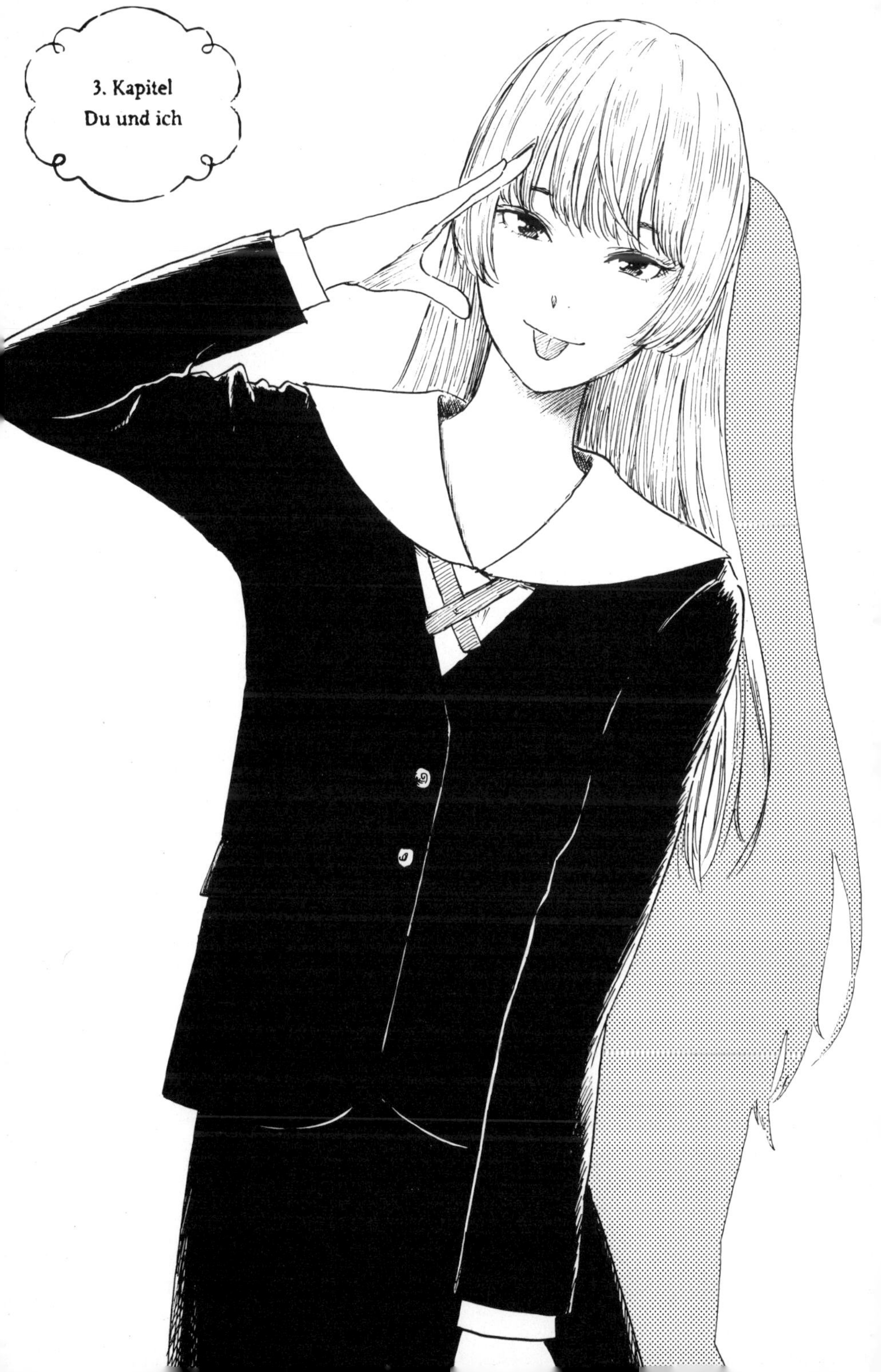
3. Kapitel
Du und ich

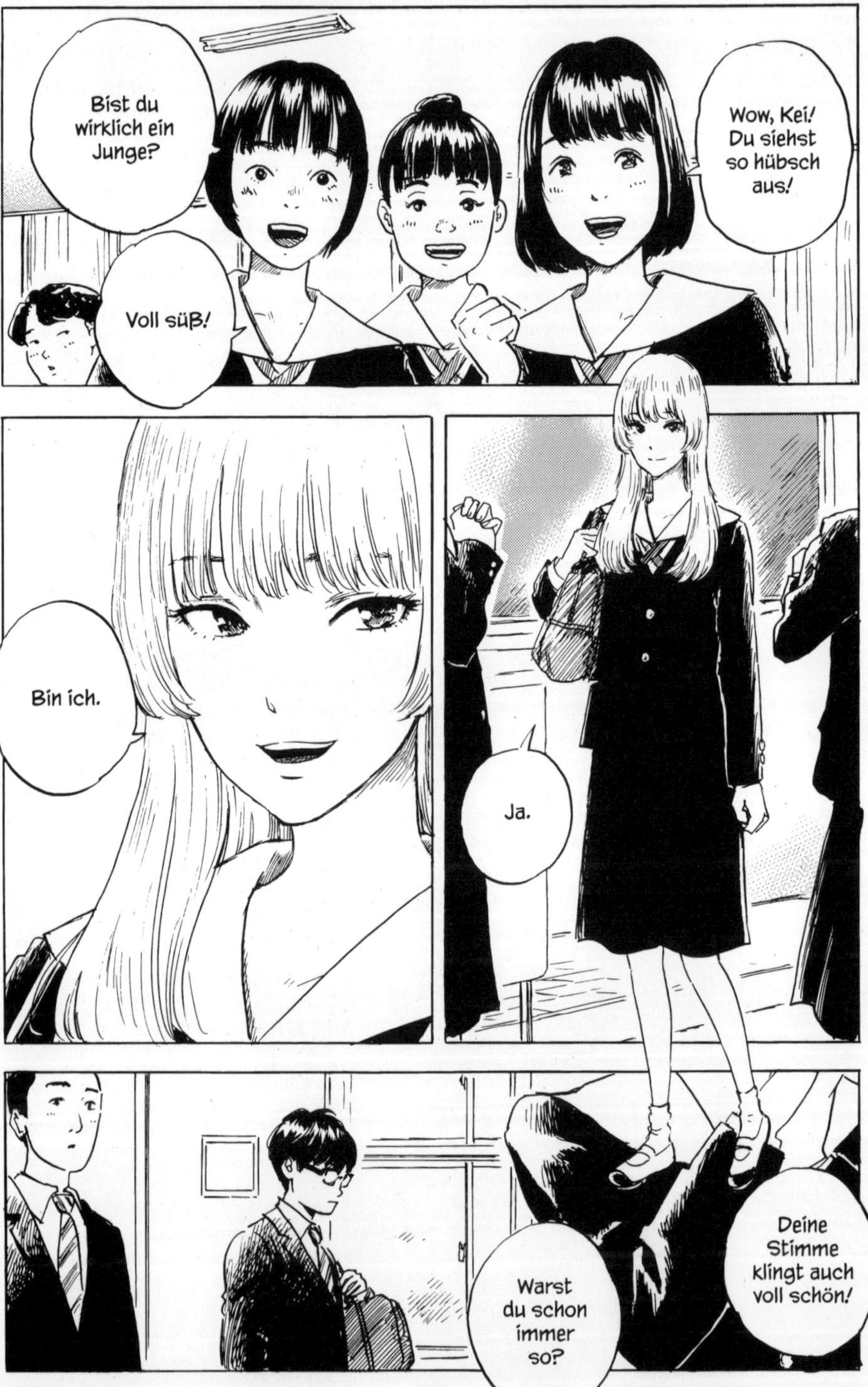
Wow, Kei! Du siehst so hübsch aus!
Bist du wirklich ein Junge?
Voll süß!
Ja.
Bin ich.
Deine Stimme klingt auch voll schön!
Warst du schon immer so?

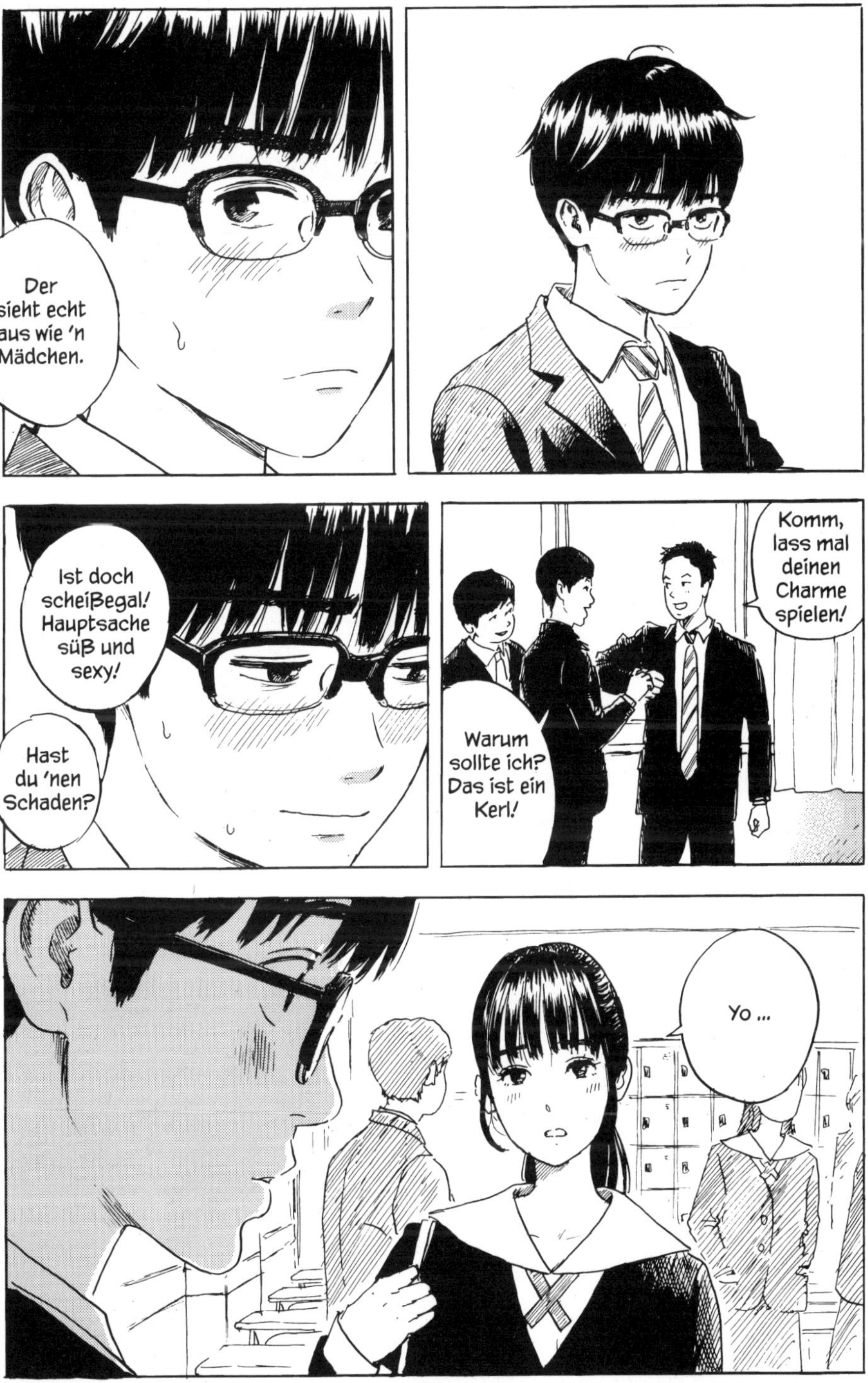
Der sieht echt aus wie 'n Mädchen.
Komm, lass mal deinen Charme spielen!
Warum sollte ich? Das ist ein Kerl!
Ist doch scheißegal! Hauptsache süß und sexy!
Hast du 'nen Schaden?
Yo ...

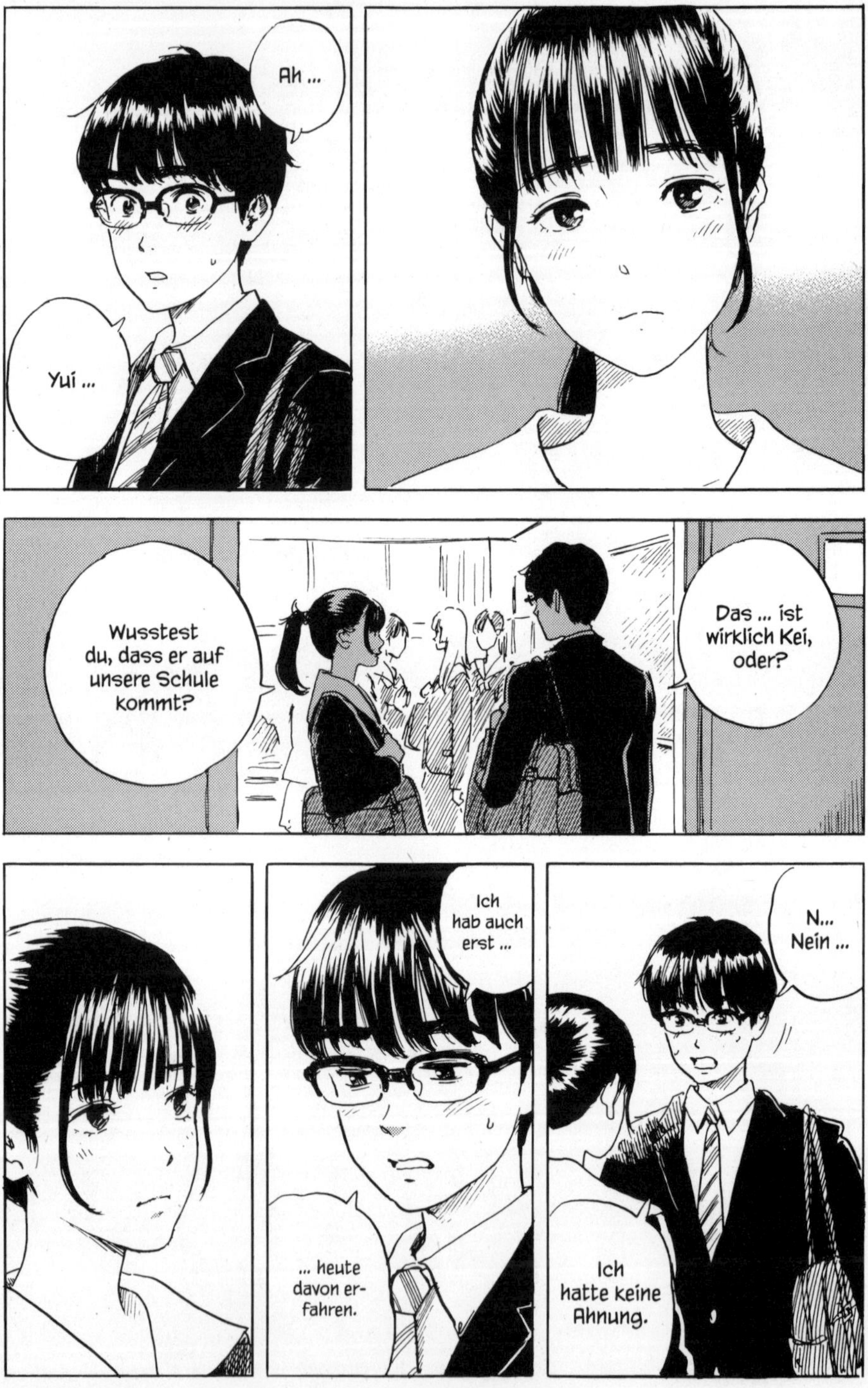
Ah ...
Yui ...
Das ... ist wirklich Kei, oder?
Wusstest du, dass er auf unsere Schule kommt?
N... Nein ...
Ich hatte keine Ahnung.
Ich hab auch erst ...
... heute davon erfahren.

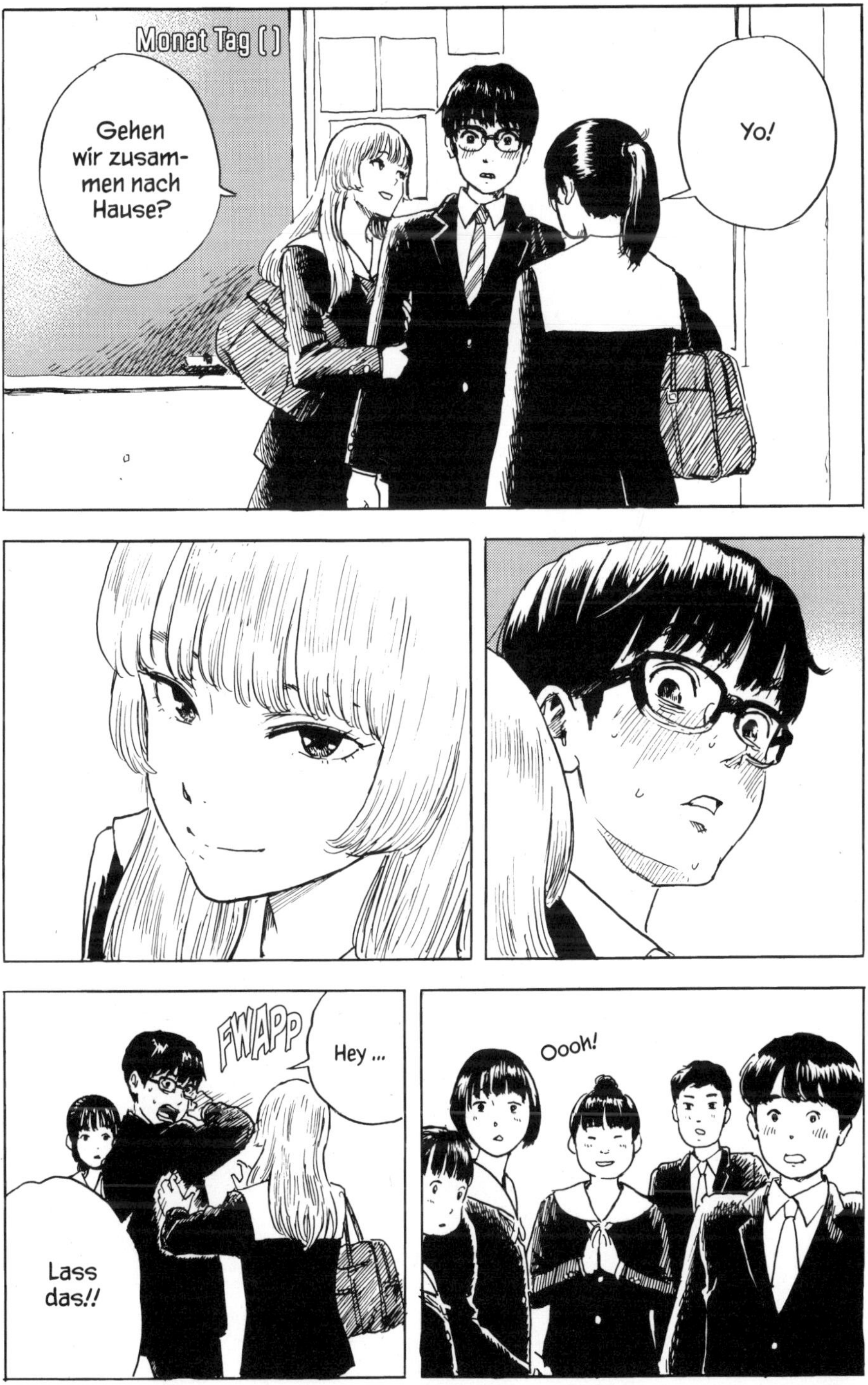
Monat Tag ( )
Yo!
Gehen wir zusammen nach Hause?
Oooh!
Hey ...
FWAPP
Lass das!!

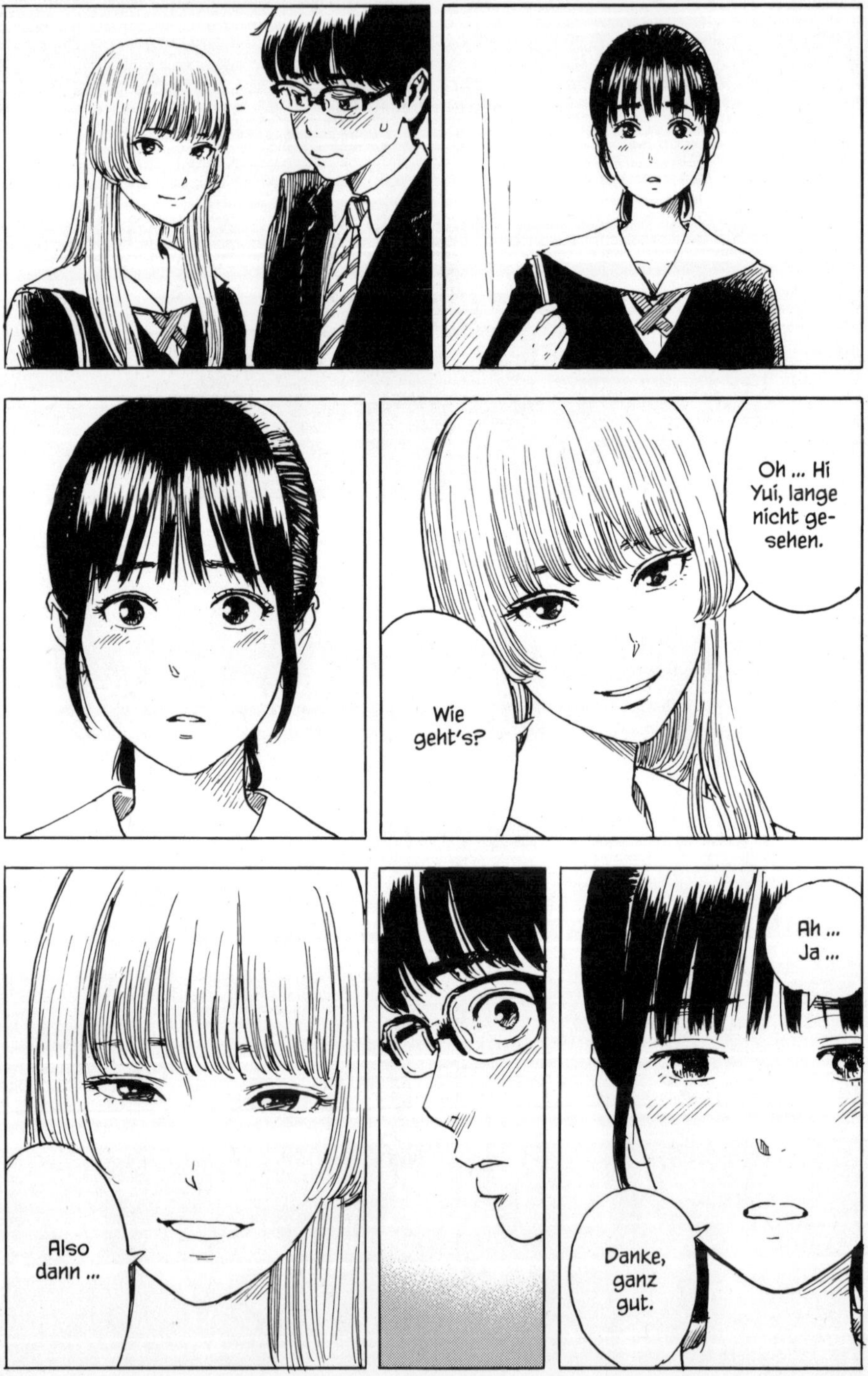
Oh ... Hi Yui, lange nicht ge-sehen.
Wie geht's?
Ah ... Ja ...
Danke, ganz gut.
Also dann ...

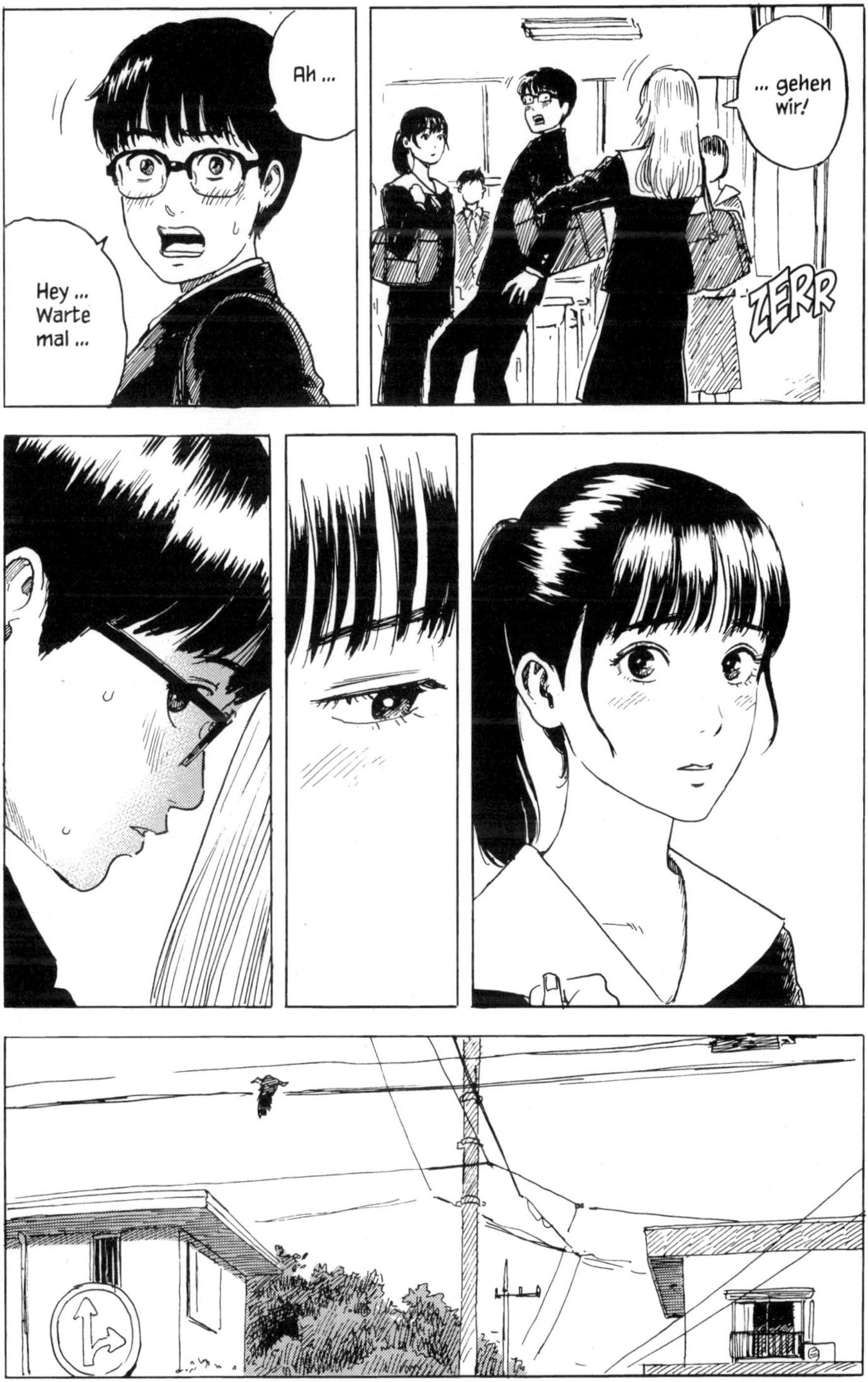
... gehen wir!
ZERR
Ah ...
Hey ... Warte mal ...

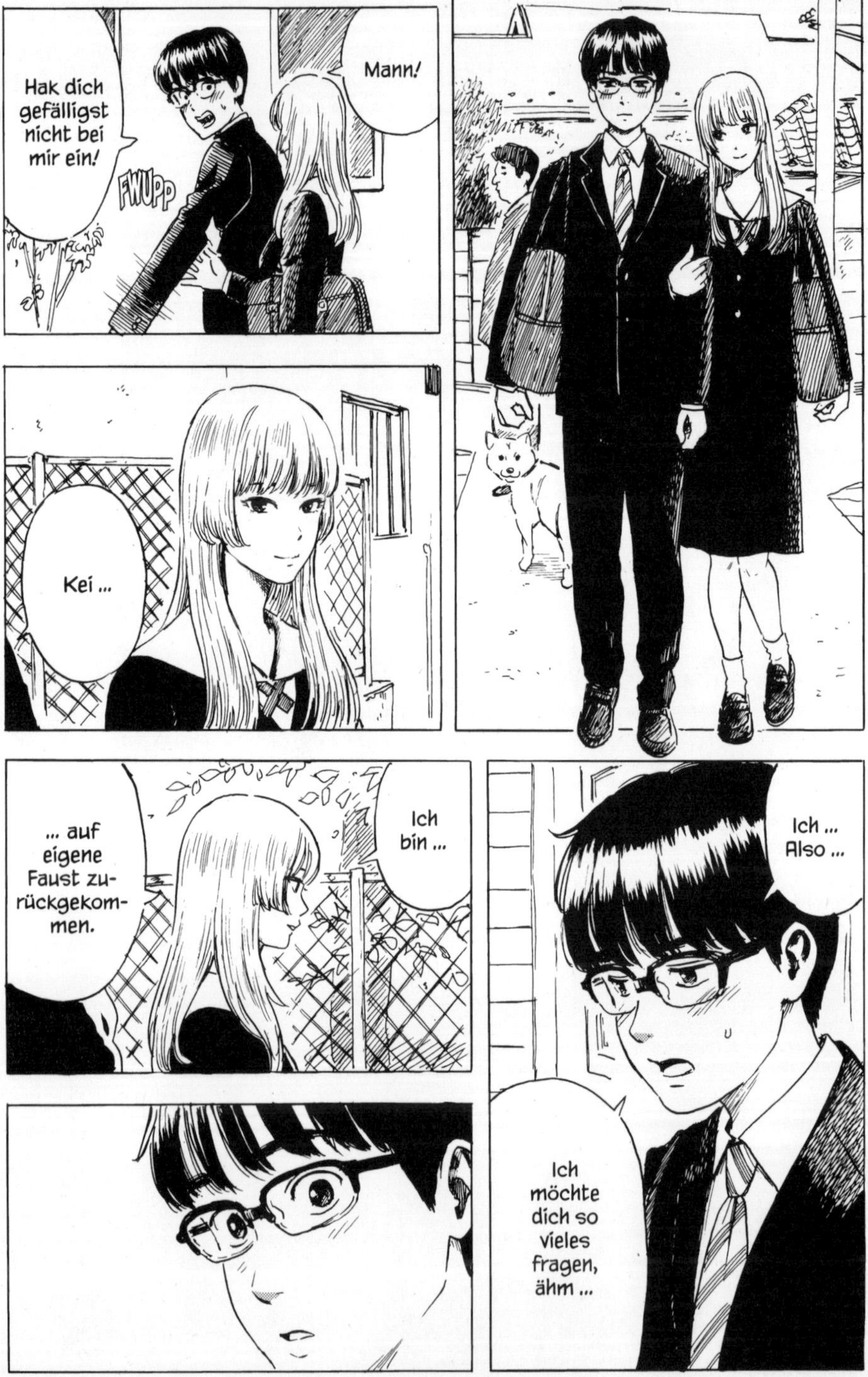
Mann!
Hak dich gefälligst nicht bei mir ein!
FWUPP
Kei ...
Ich ... Also ...
Ich möchte dich so vieles fragen, ähm ...
Ich bin ...
... auf eigene Faust zurückgekommen.

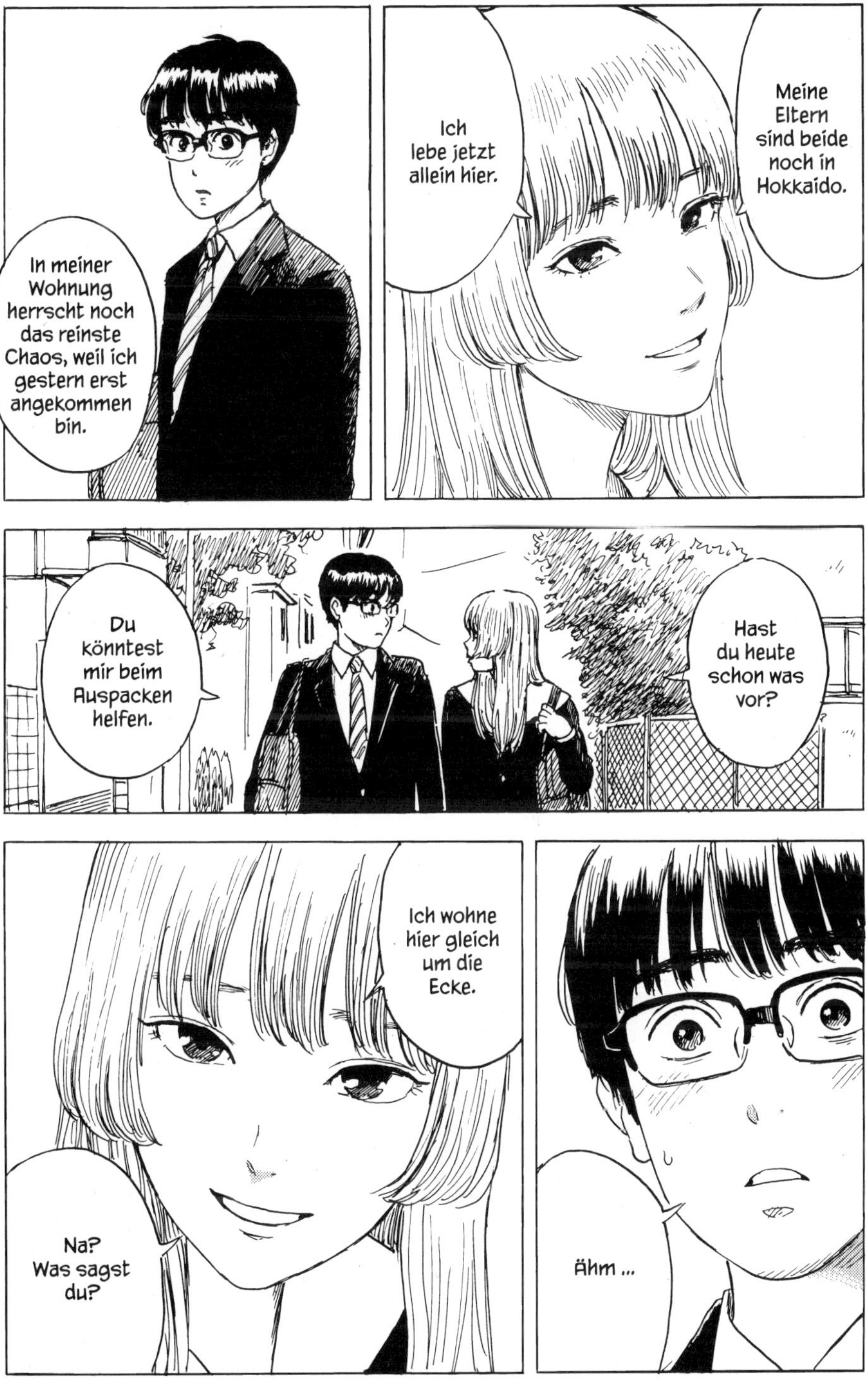
Meine Eltern sind beide noch in Hokkaido.
Ich lebe jetzt allein hier.
In meiner Wohnung herrscht noch das reinste Chaos, weil ich gestern erst angekommen bin.
Hast du heute schon was vor?
Du könntest mir beim Auspacken helfen.
Ähm ...
Ich wohne hier gleich um die Ecke.
Na? Was sagst du?

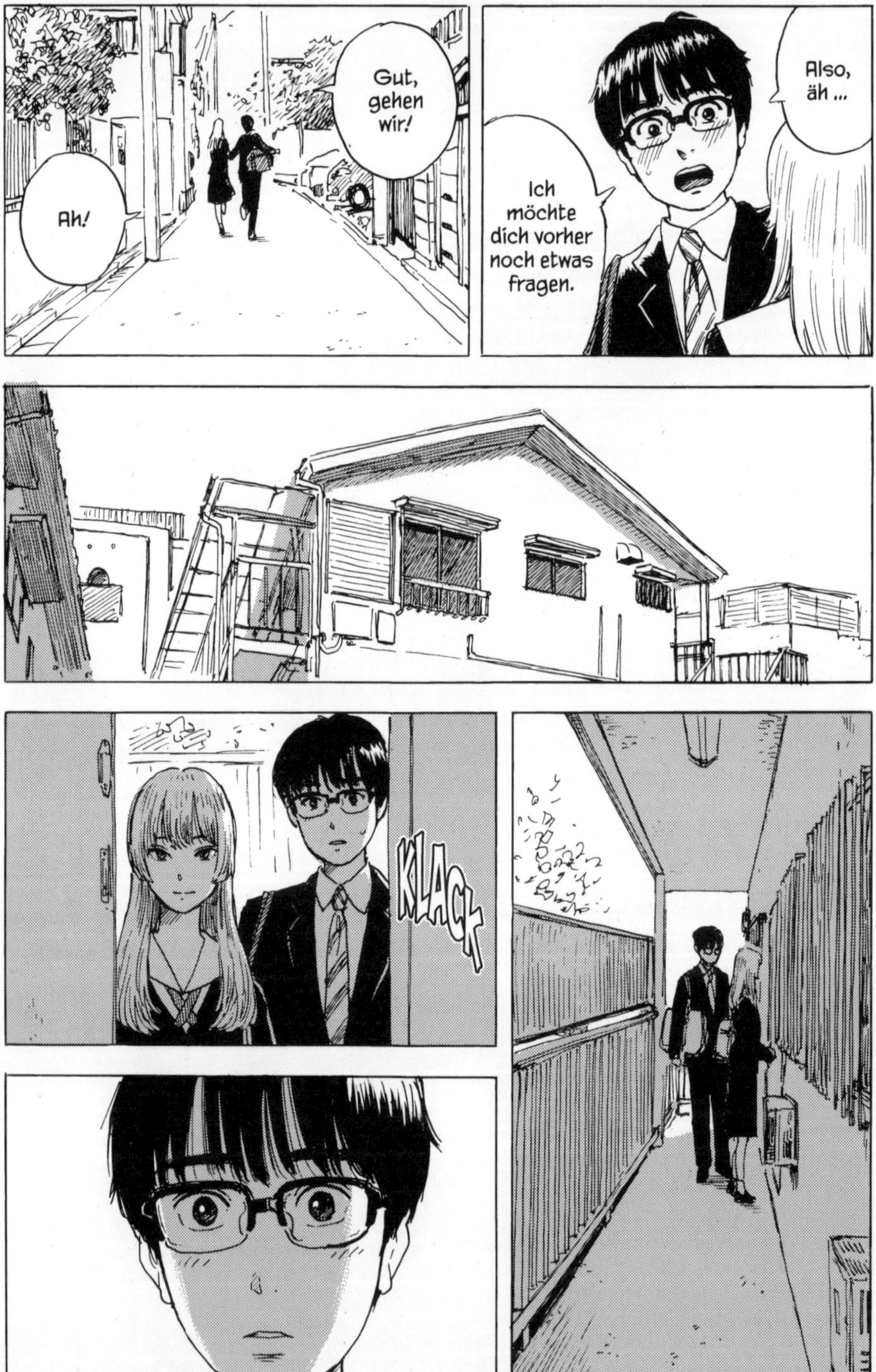
Gut, gehen wir!
Ah!
Also, äh ...
Ich möchte dich vorher noch etwas fragen.
KLACK

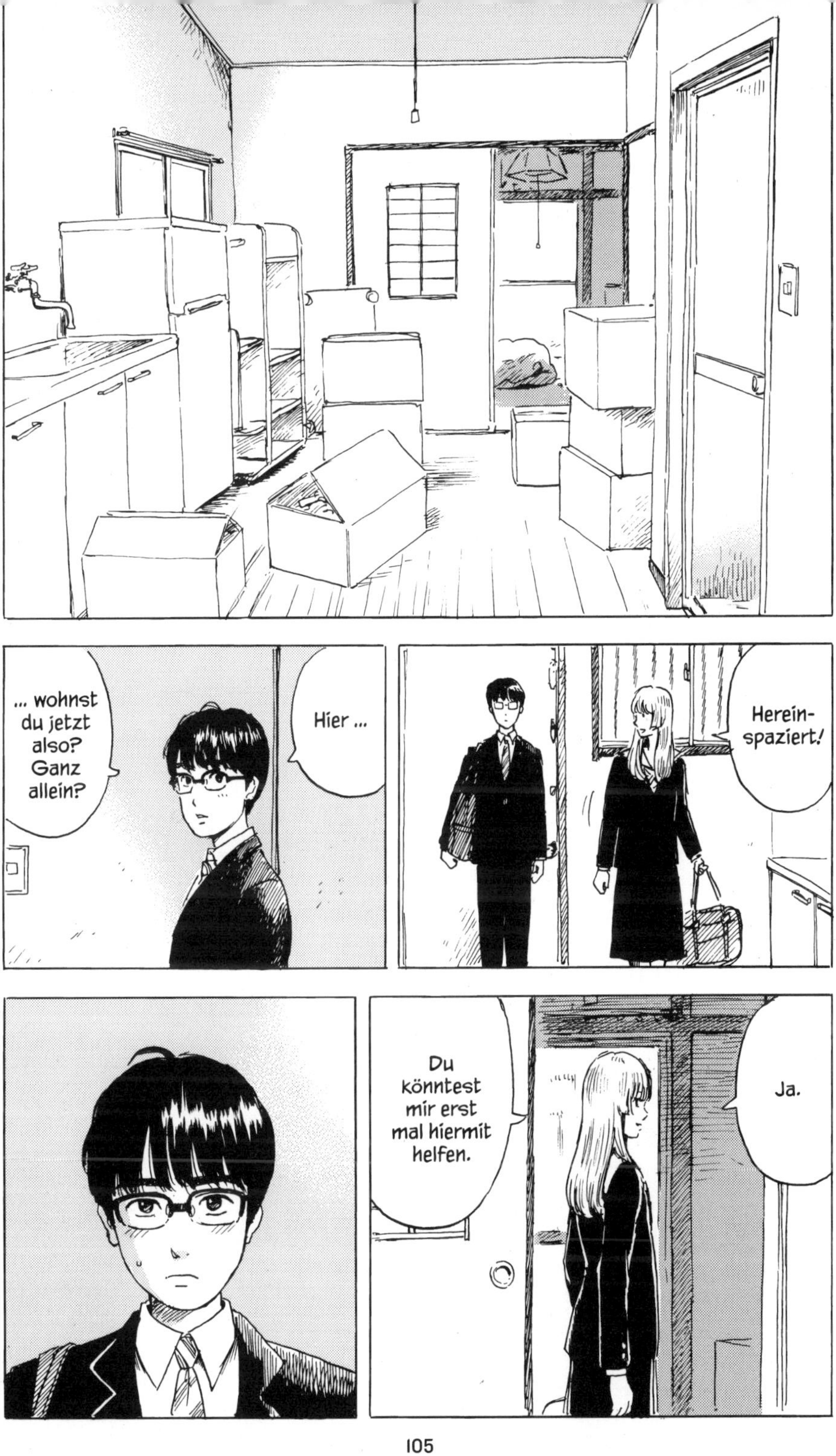
Herein-
spaziert!
Hier ...
... wohnst du jetzt also? Ganz allein?
Ja.
Du könntest mir erst mal hiermit helfen.

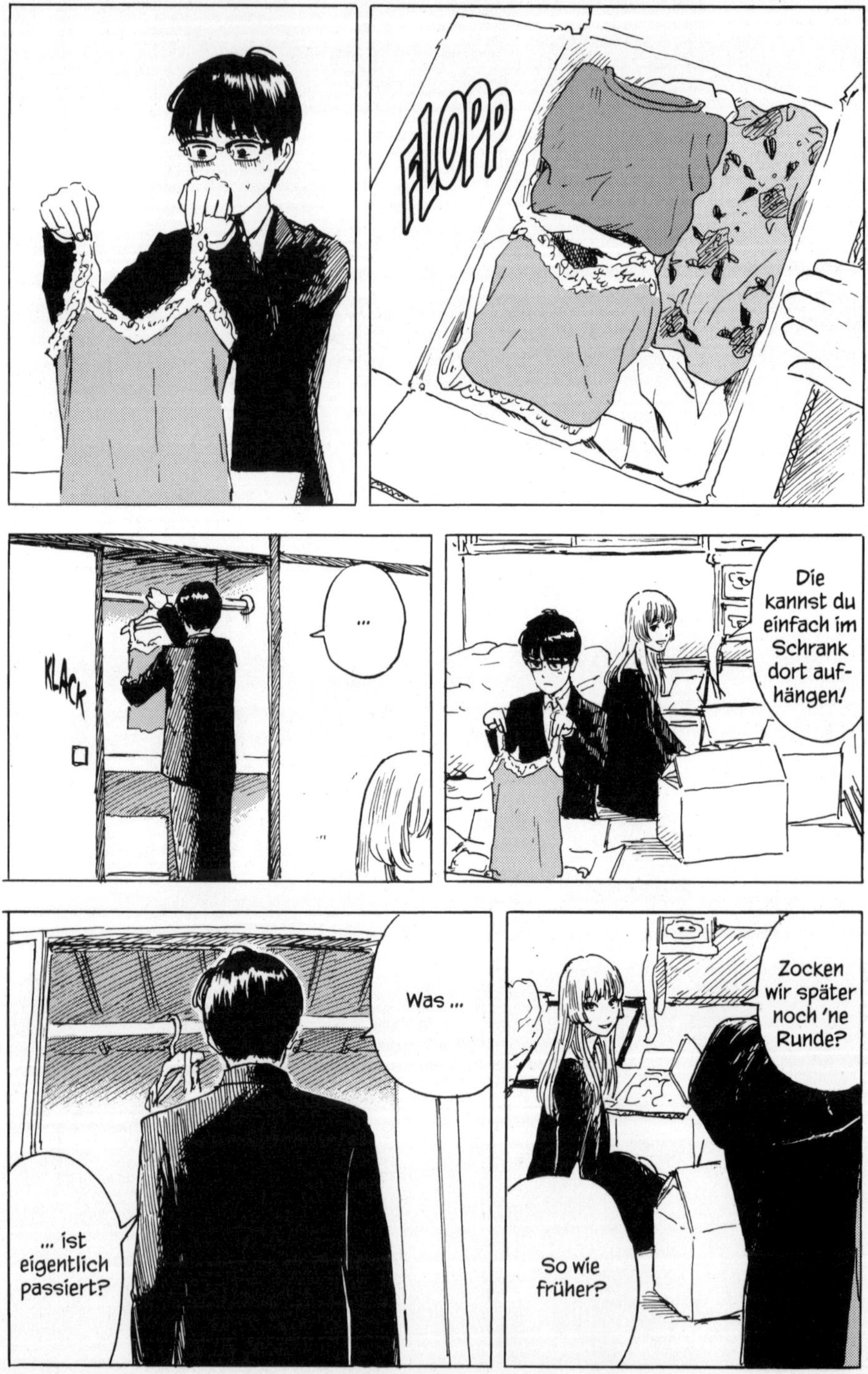
FLOPP
Die kannst du einfach im Schrank dort aufhängen!
KLACK
...
Zocken wir später noch 'ne Runde?
So wie früher?
Was ...
... ist eigentlich passiert?

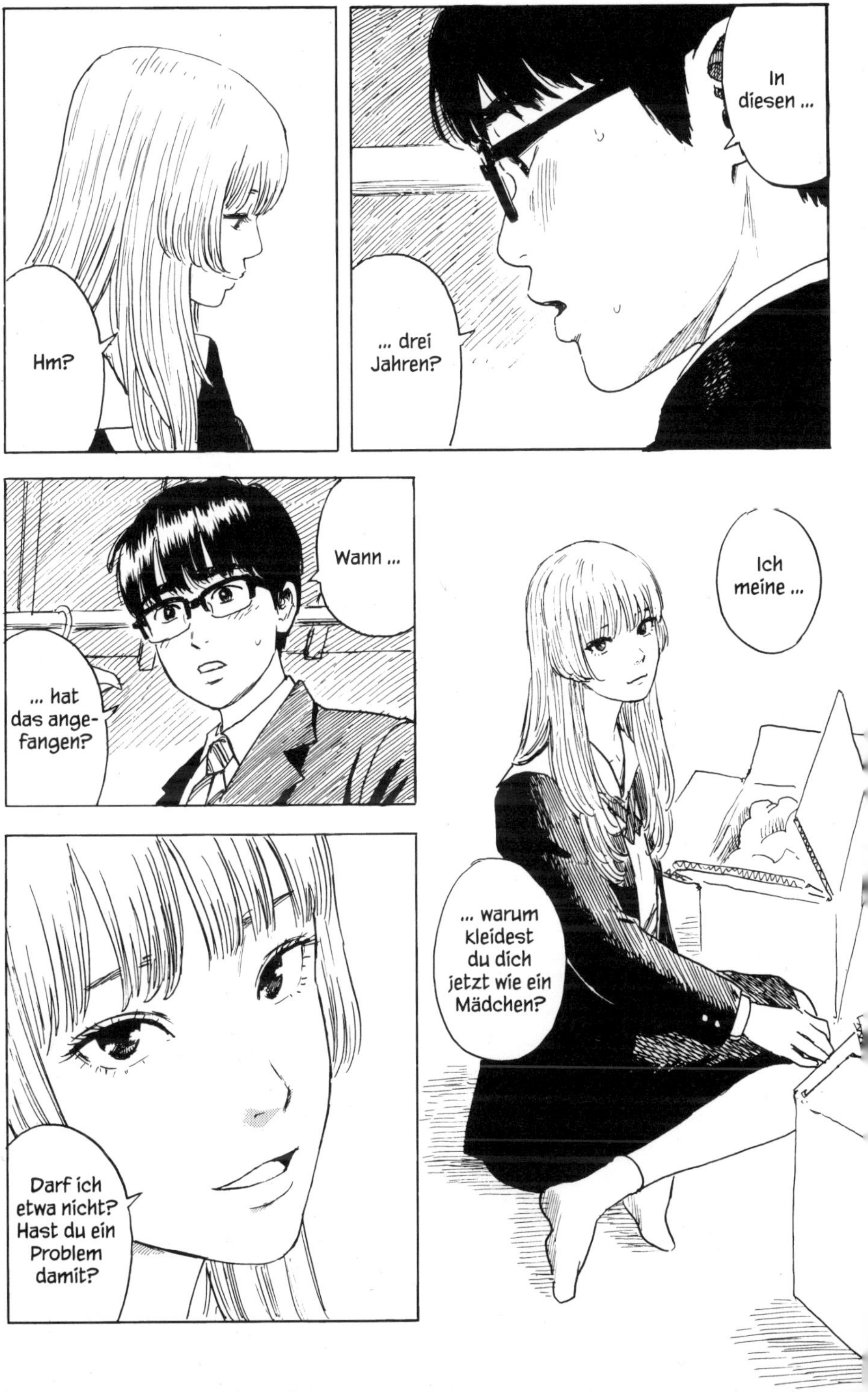
In diesen ...
... drei Jahren?
Hm?
Ich meine ...
... warum kleidest du dich jetzt wie ein Mädchen?
Wann ...
... hat das angefangen?
Darf ich etwa nicht? Hast du ein Problem damit?

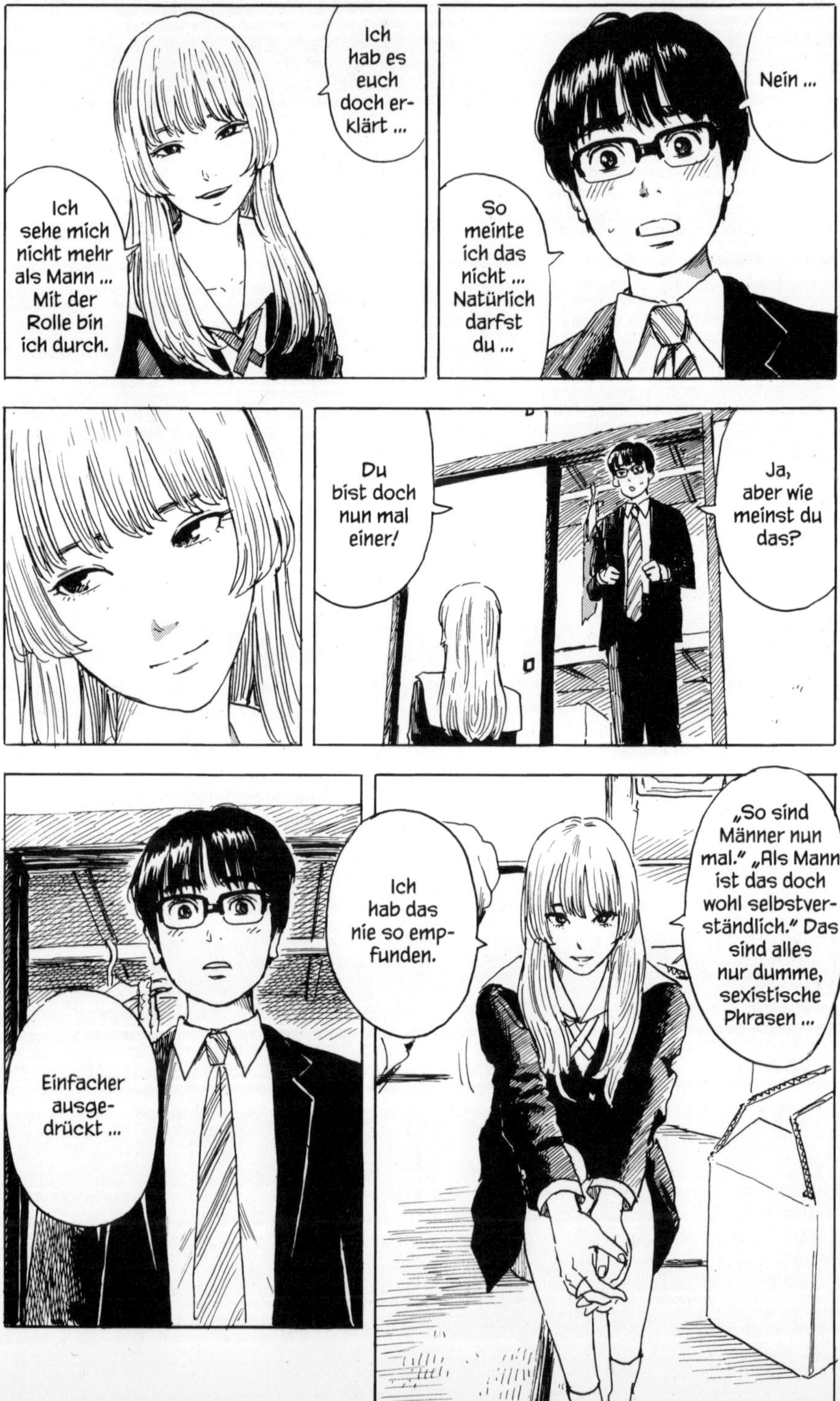
Nein ...
So meinte ich das nicht ... Natürlich darfst du ...
Ich hab es euch doch erklärt ...
Ich sehe mich nicht mehr als Mann ... Mit der Rolle bin ich durch.
Ja, aber wie meinst du das?
Du bist doch nun mal einer!
„So sind Männer nun mal." „Als Mann ist das doch wohl selbstverständlich." Das sind alles nur dumme, sexistische Phrasen ...
Ich hab das nie so empfunden.
Einfacher ausgedrückt ...

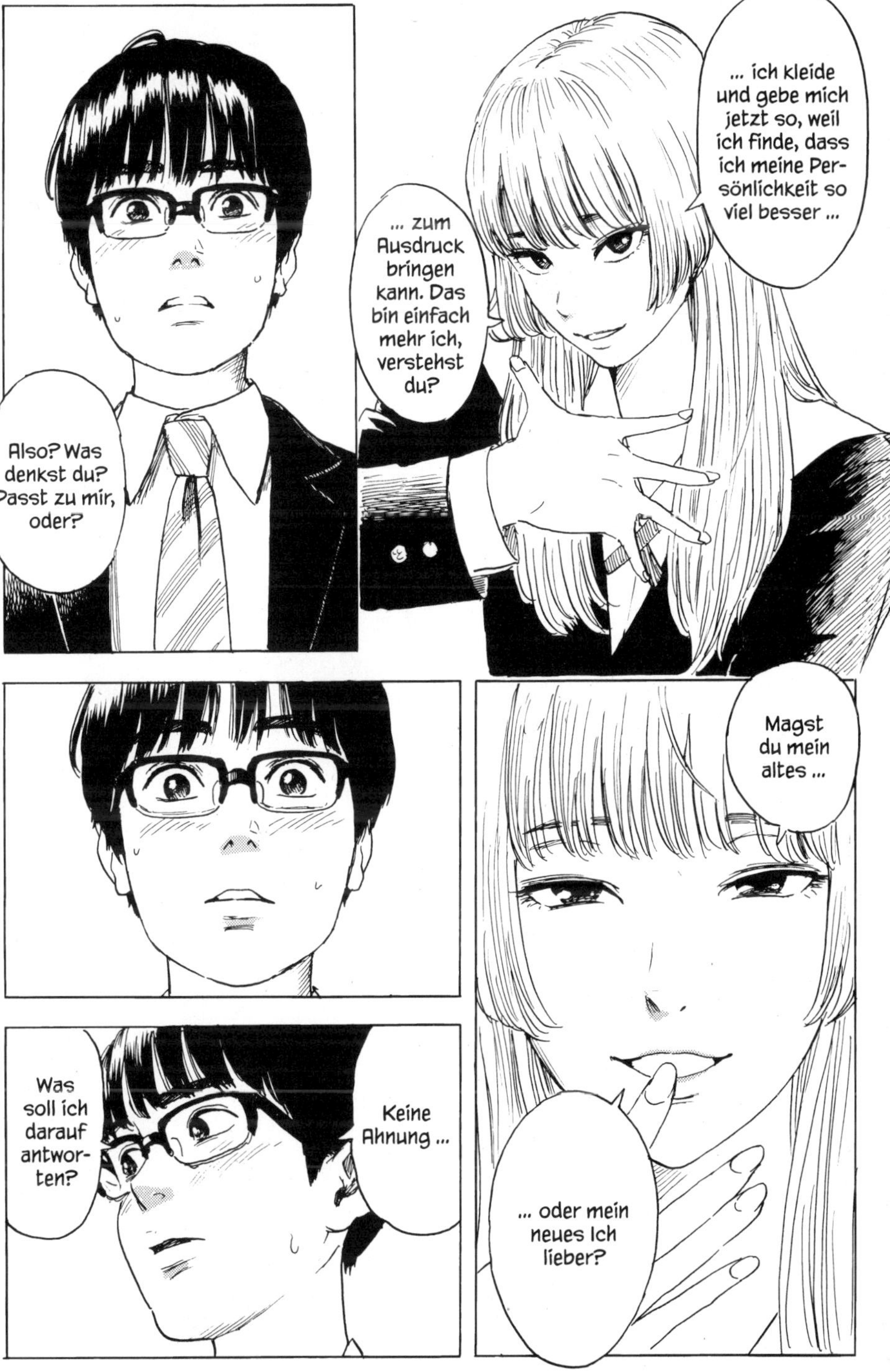
... ich kleide und gebe mich jetzt so, weil ich finde, dass ich meine Persönlichkeit so viel besser ...
... zum Ausdruck bringen kann. Das bin einfach mehr ich, verstehst du?
Also? Was denkst du? Passt zu mir, oder?
Magst du mein altes ...
... oder mein neues Ich lieber?
Keine Ahnung ...
Was soll ich darauf antworten?

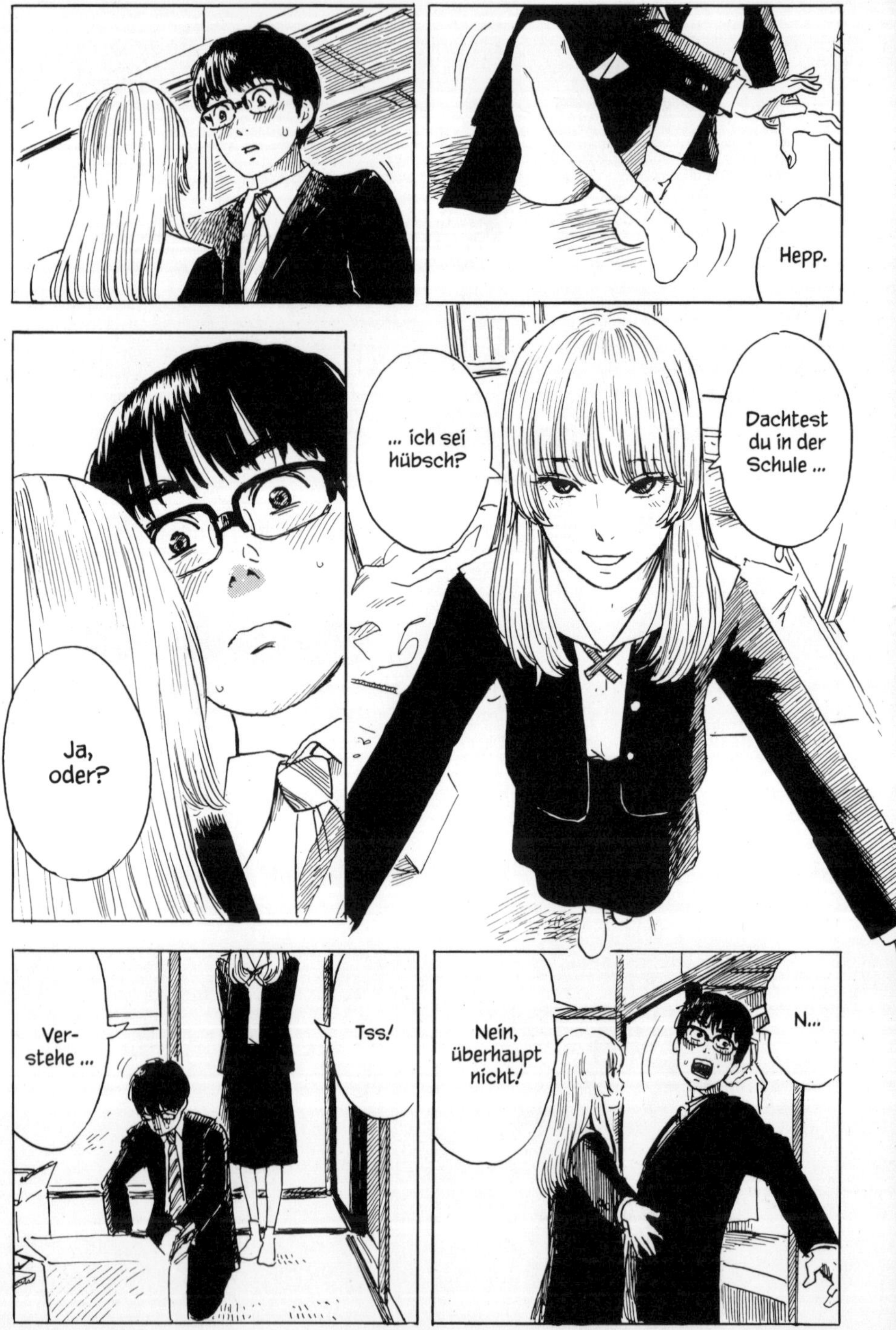
Hepp.
Dachtest du in der Schule ...
... ich sei hübsch?
Ja, oder?
N...
Nein, überhaupt nicht!
Tss!
Ver-stehe ...

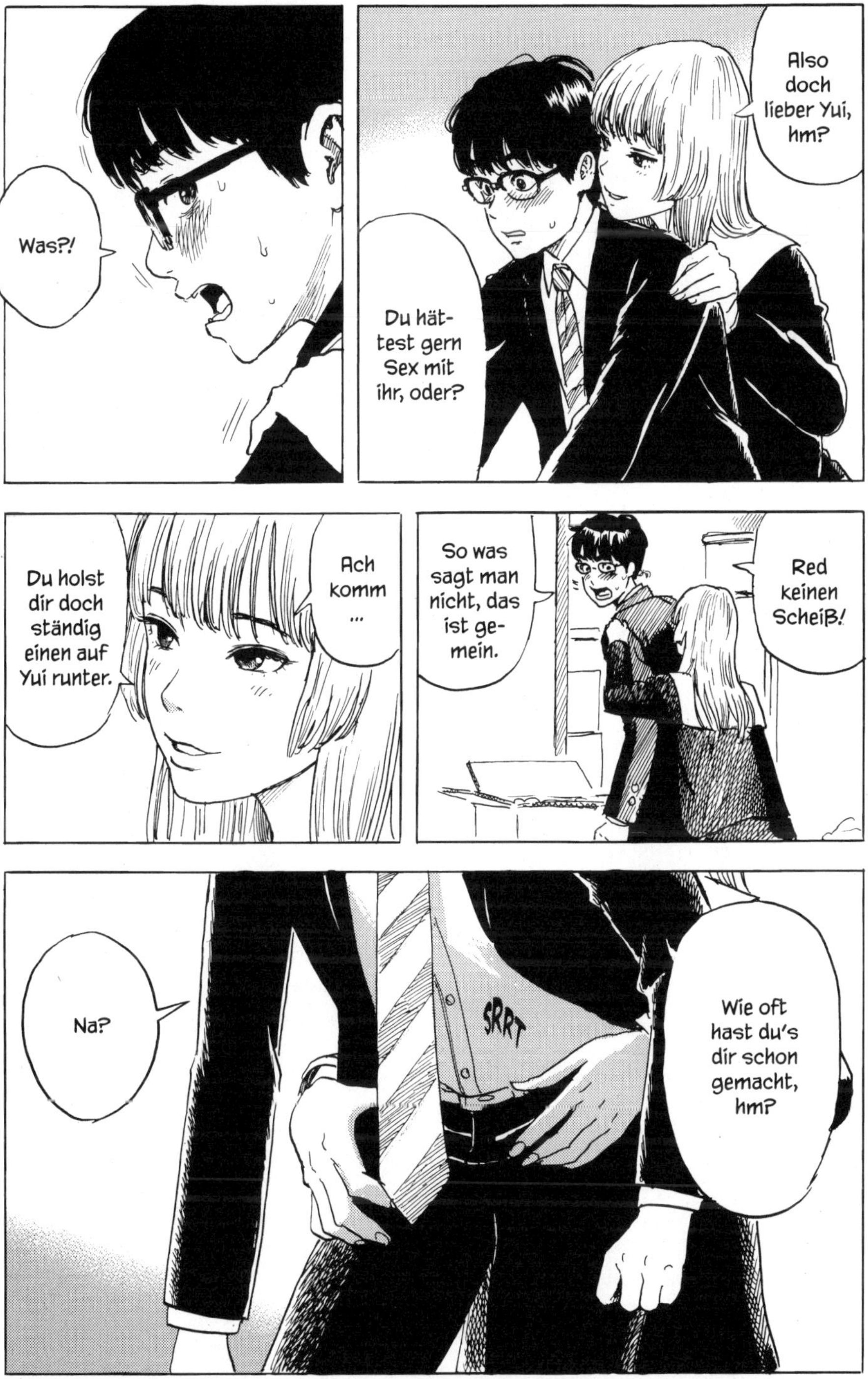
Also doch lieber Yui, hm?
Du hät-test gern Sex mit ihr, oder?
Was?!
Red keinen Scheiß!
So was sagt man nicht, das ist ge-mein.
Ach komm ...
Du holst dir doch ständig einen auf Yui runter.
Wie oft hast du's dir schon gemacht, hm?
SRRT
Na?

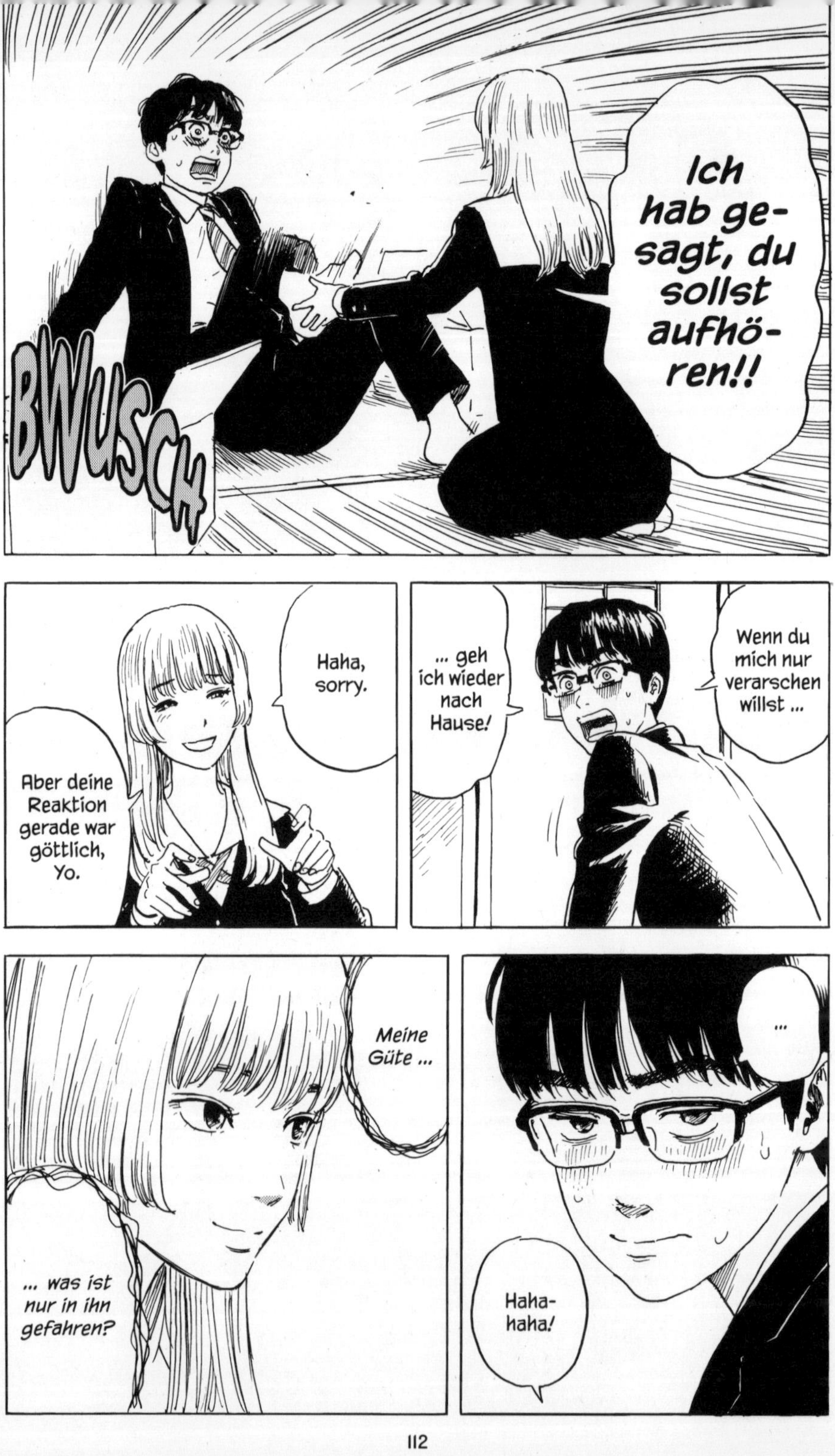
Ich hab gesagt, du sollst aufhören!!
BWUSCH
Wenn du mich nur verarschen willst ...
... geh ich wieder nach Hause!
Haha, sorry.
Aber deine Reaktion gerade war göttlich, Yo.
...
Hahahaha!
Meine Güte ...
... was ist nur in ihn gefahren?

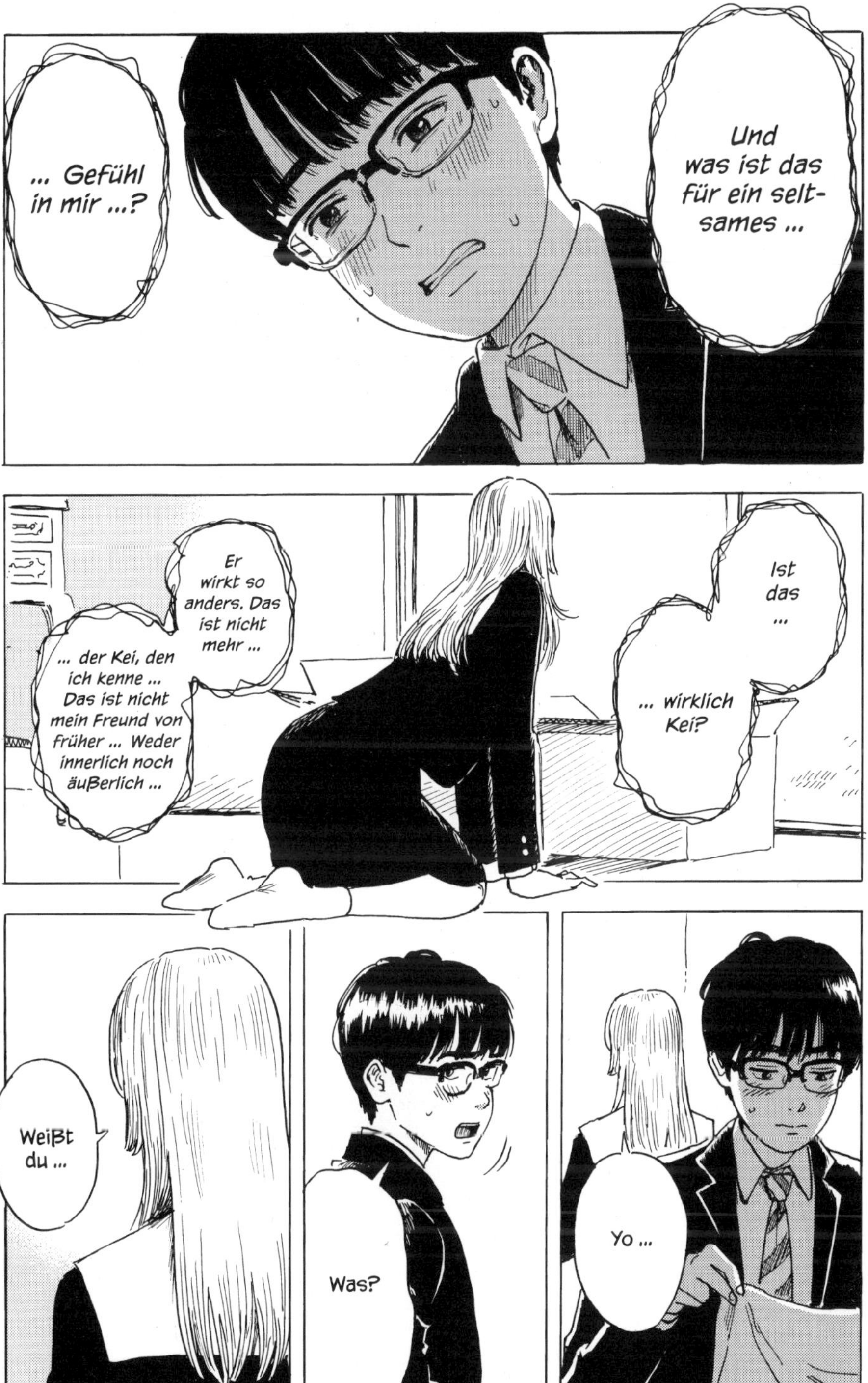
Und was ist das für ein selt- sames ...
... Gefühl in mir ...?
Ist das ...
... wirklich Kei?
Er wirkt so anders. Das ist nicht mehr ...
... der Kei, den ich kenne ... Das ist nicht mein Freund von früher ... Weder innerlich noch äußerlich ...
Yo ...
Was?
Weißt du ...

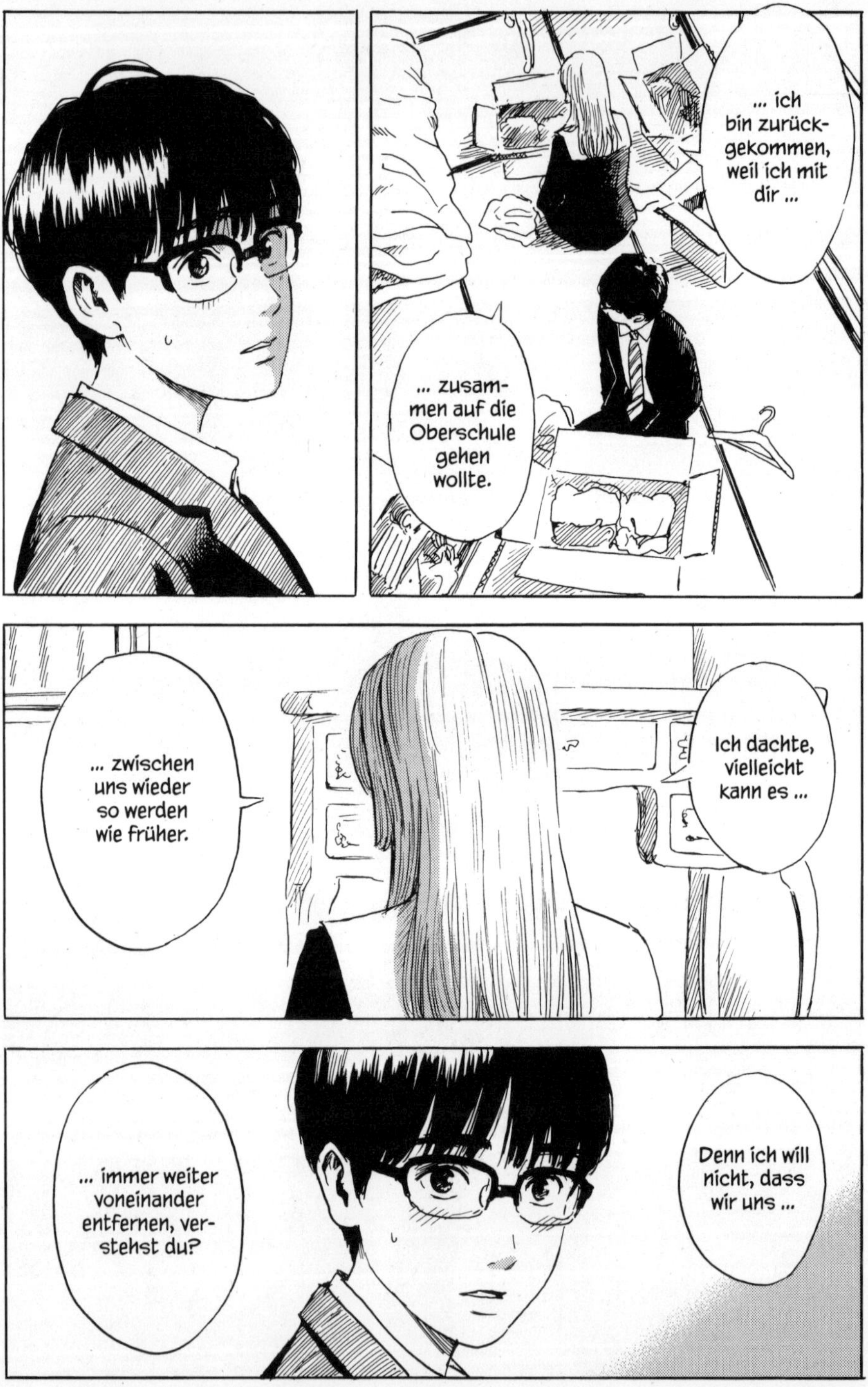
... ich bin zurückgekommen, weil ich mit dir ...
... zusammen auf die Oberschule gehen wollte.
Ich dachte, vielleicht kann es ...
... zwischen uns wieder so werden wie früher.
Denn ich will nicht, dass wir uns ...
... immer weiter voneinander entfernen, verstehst du?

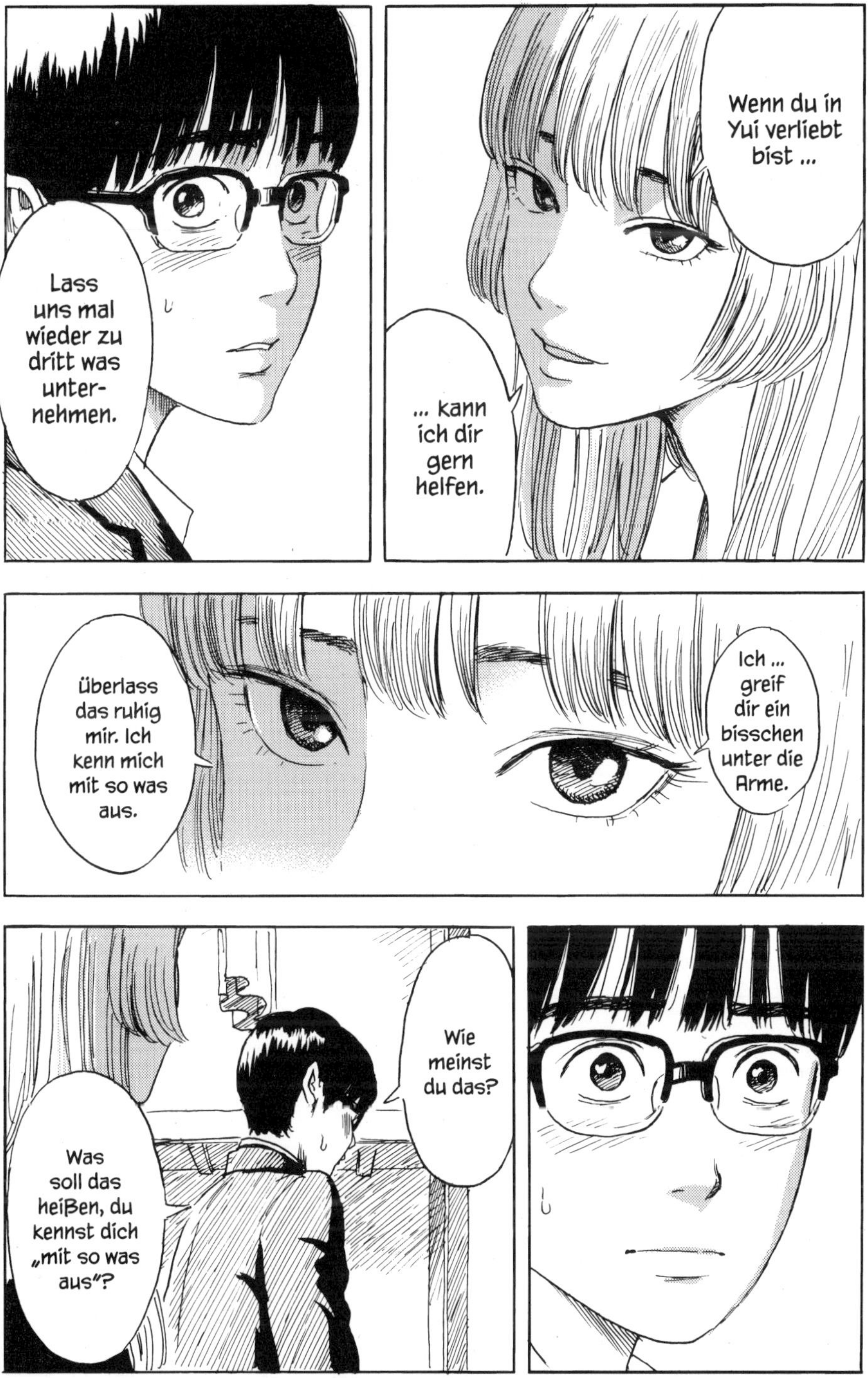
Wenn du in Yui verliebt bist ...
... kann ich dir gern helfen.
Lass uns mal wieder zu dritt was unter-nehmen.
Ich ... greif dir ein bisschen unter die Arme.
Überlass das ruhig mir. Ich kenn mich mit so was aus.
Wie meinst du das?
Was soll das heißen, du kennst dich „mit so was aus"?

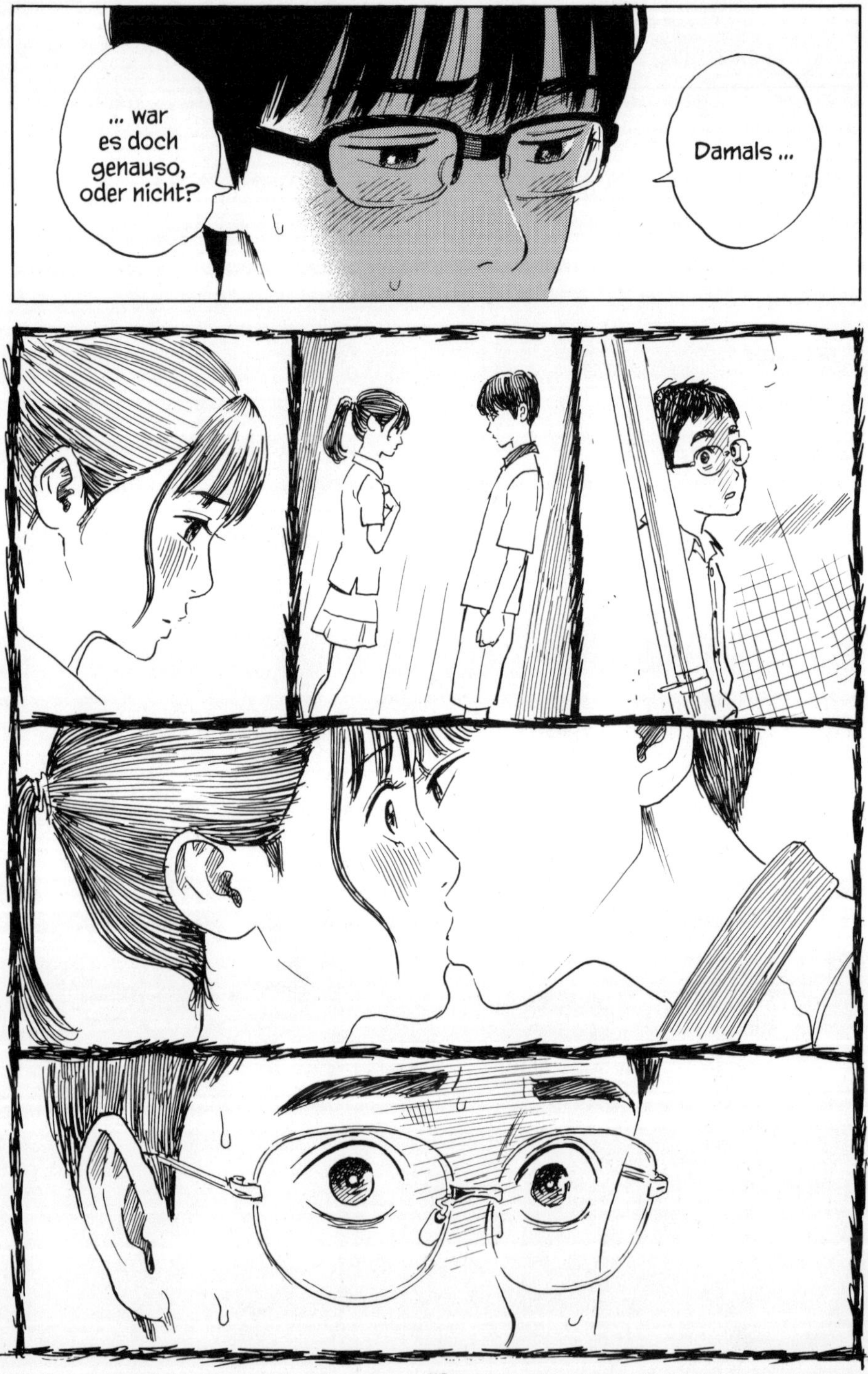
Damals ...
... war es doch genauso, oder nicht?

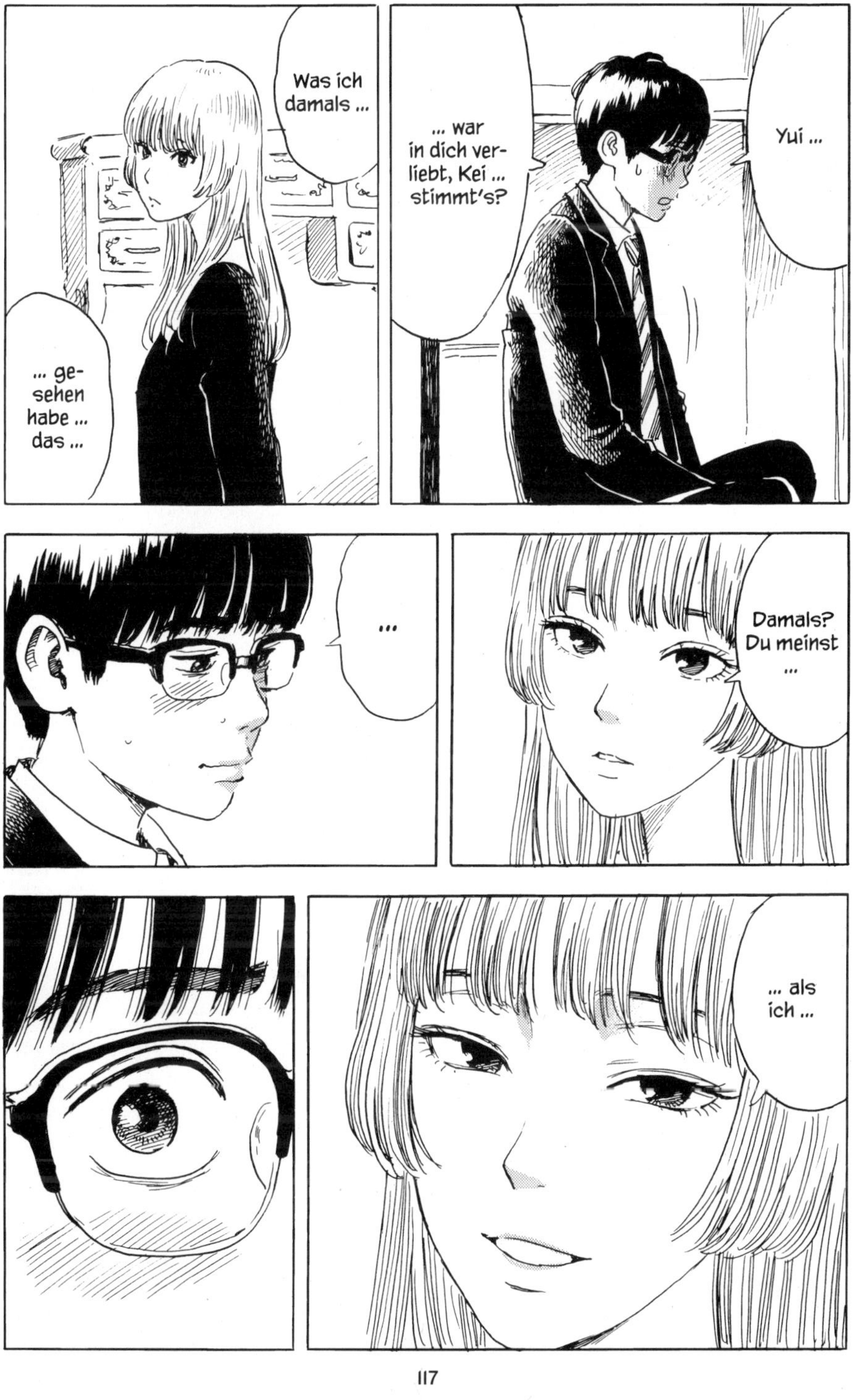
Yui ...
... war in dich ver-liebt, Kei ... stimmt's?
Was ich damals ...
... ge-sehen habe ... das ...
Damals? Du meinst ...
...
... als ich ...

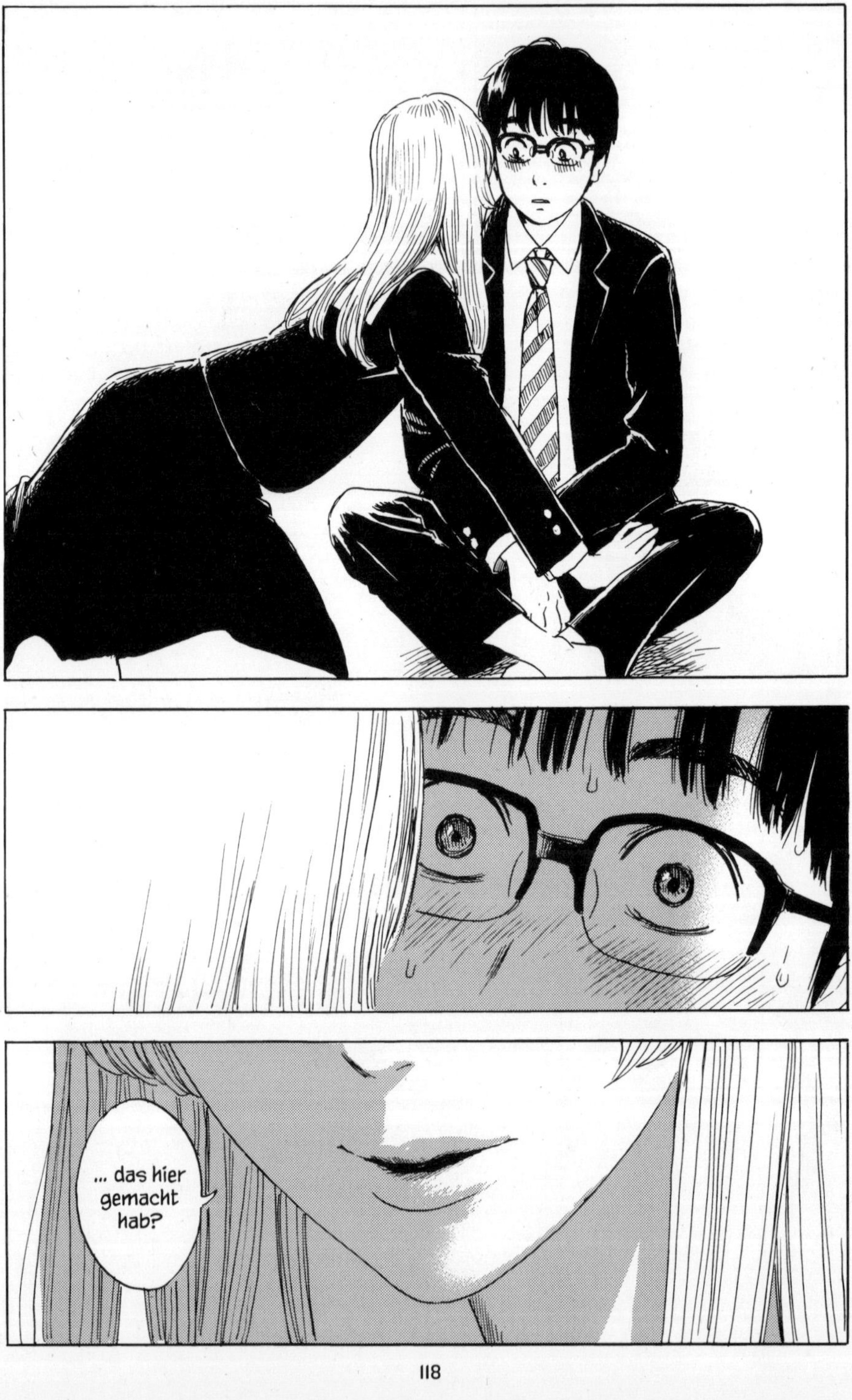
... das hier gemacht hab?

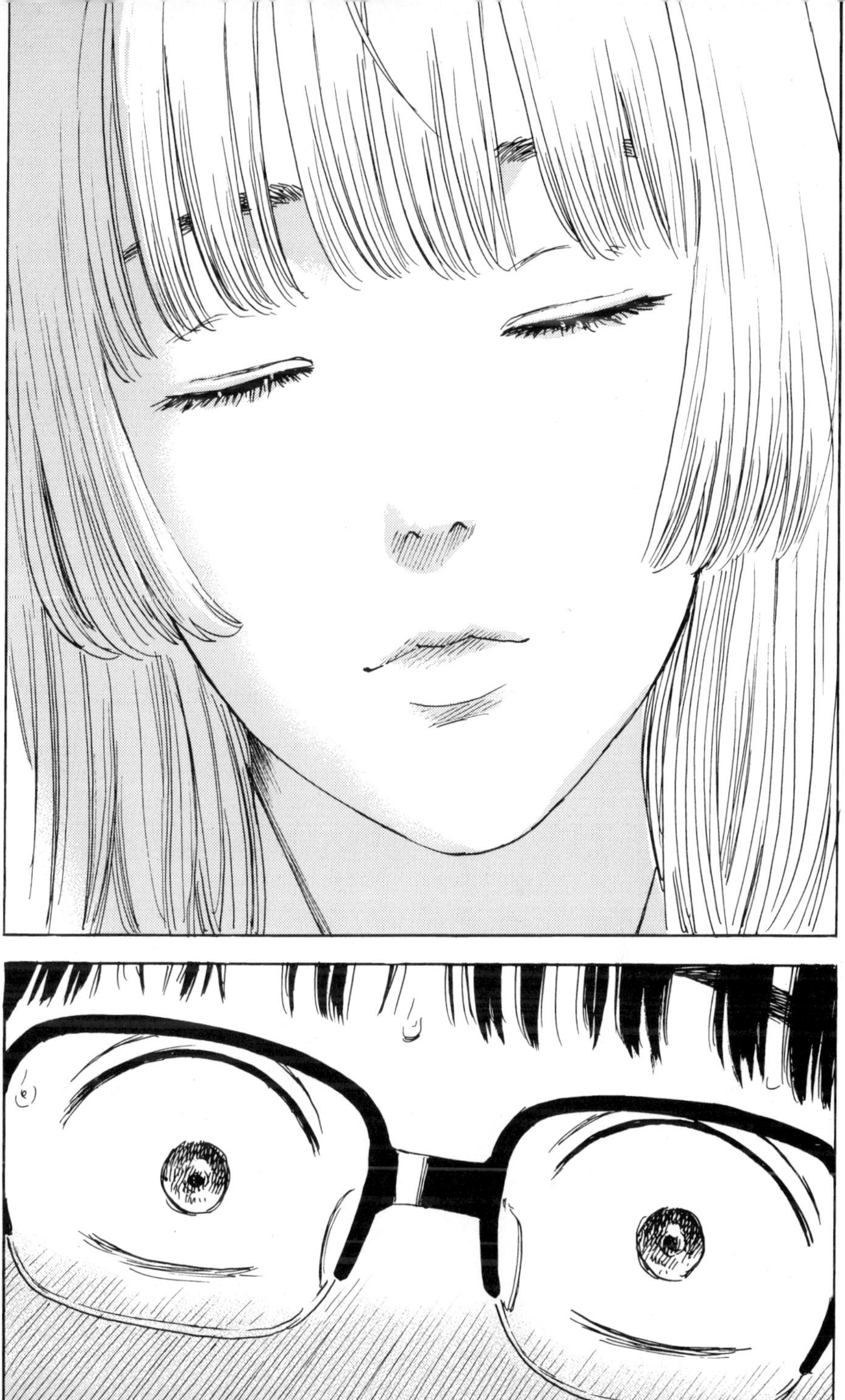

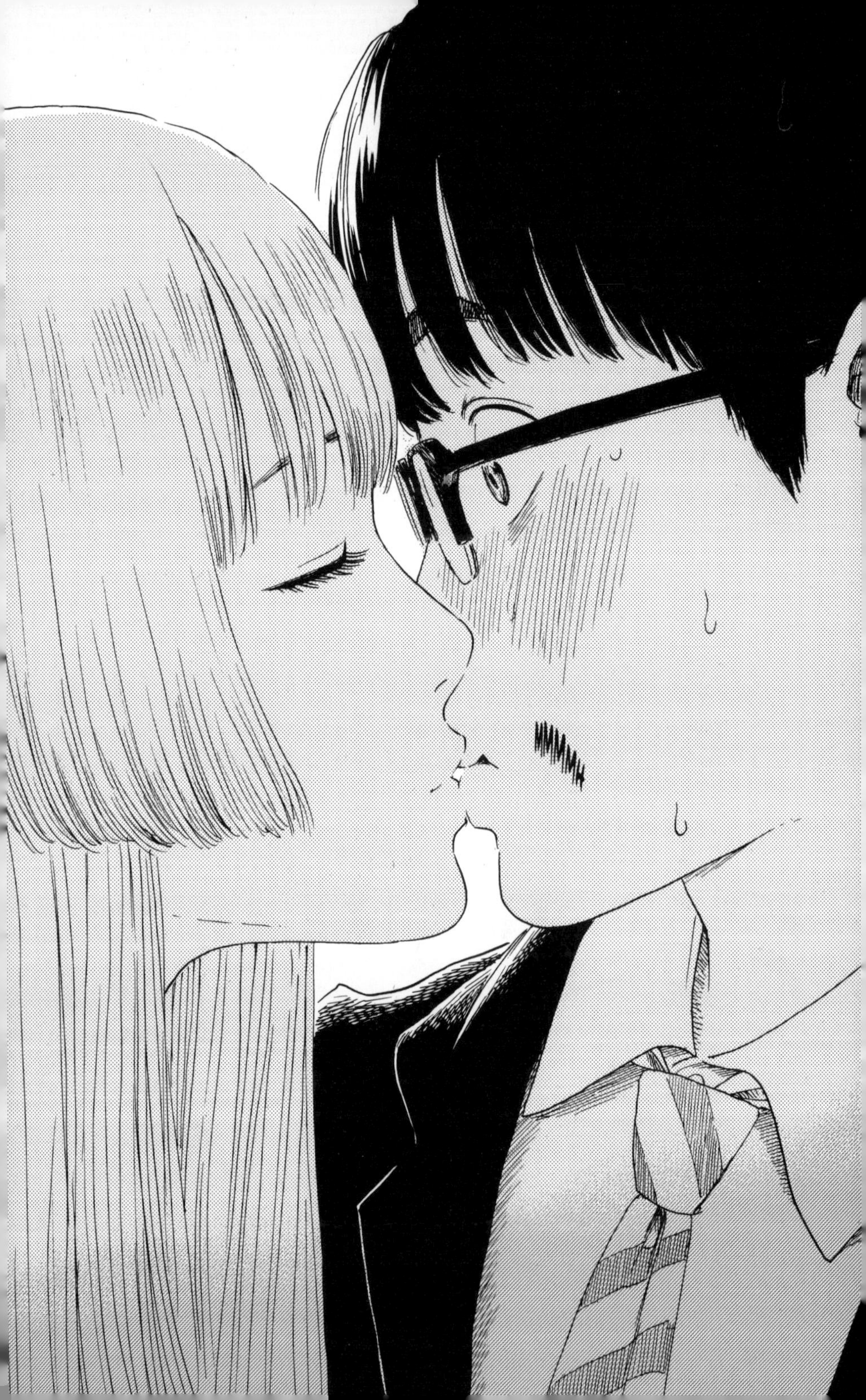

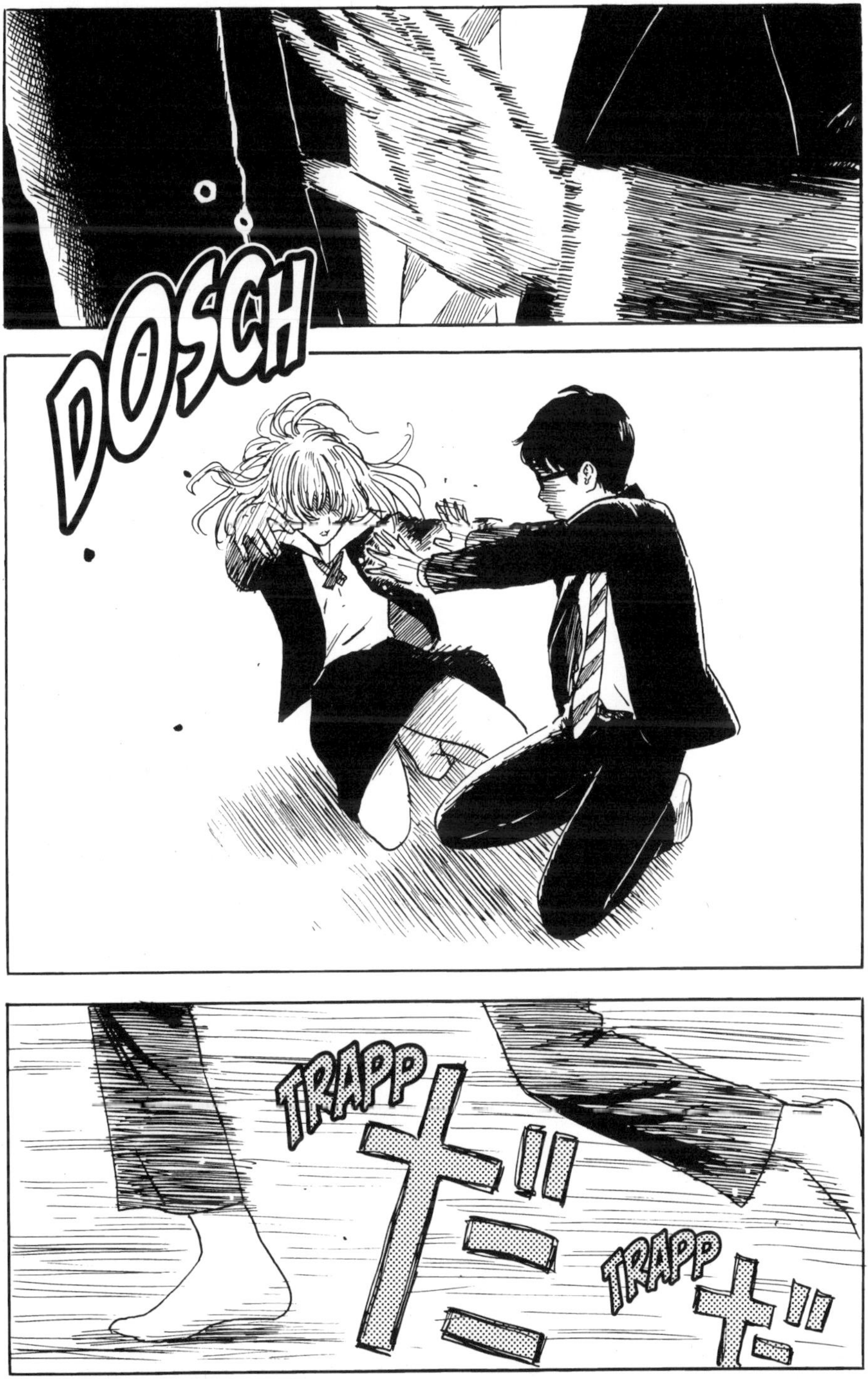
DOSCH
TRAPP
TRAPP

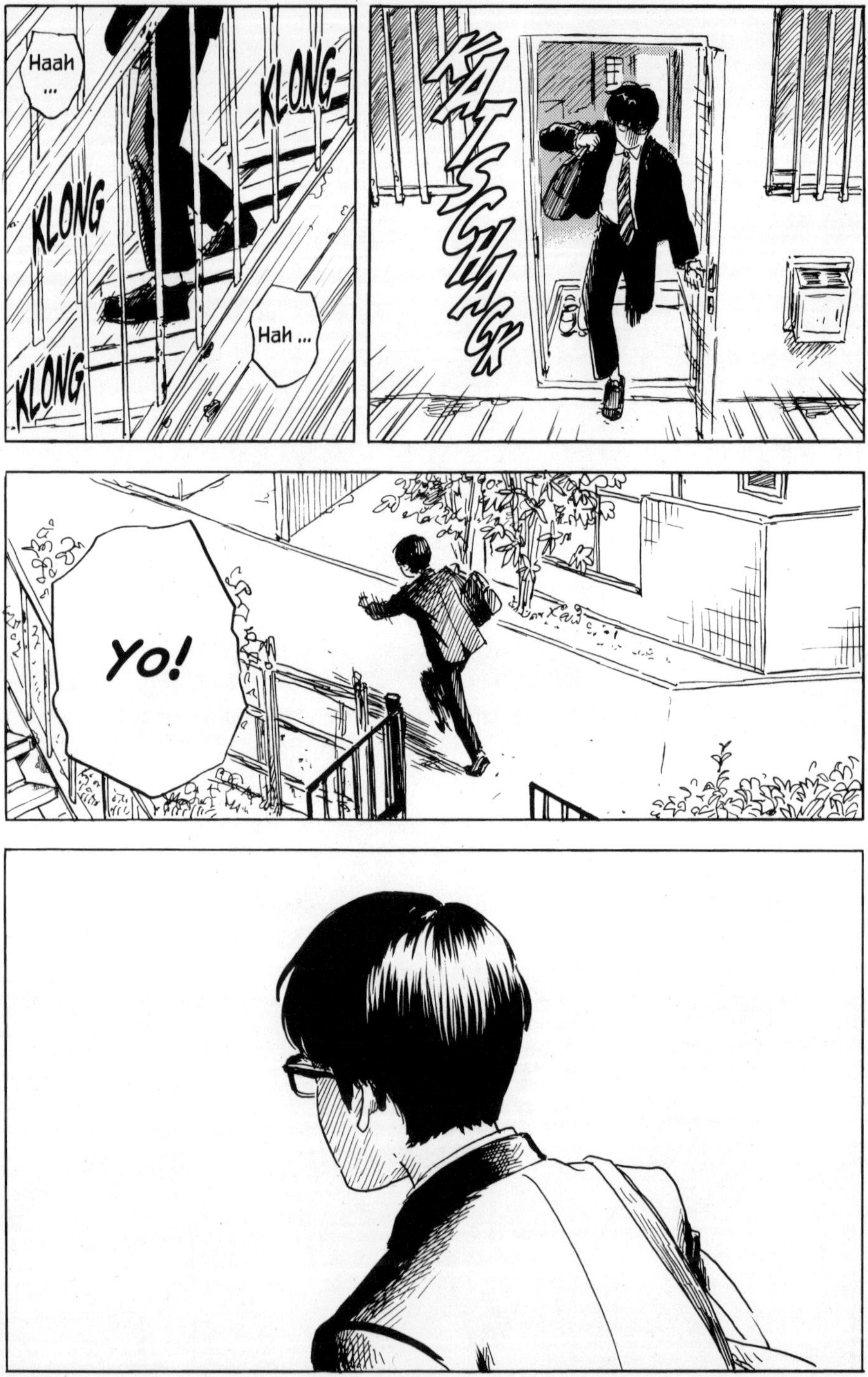
KATSCHACK
Haah ...
KLONG
KLONG
KLONG
Hah ...
YO!

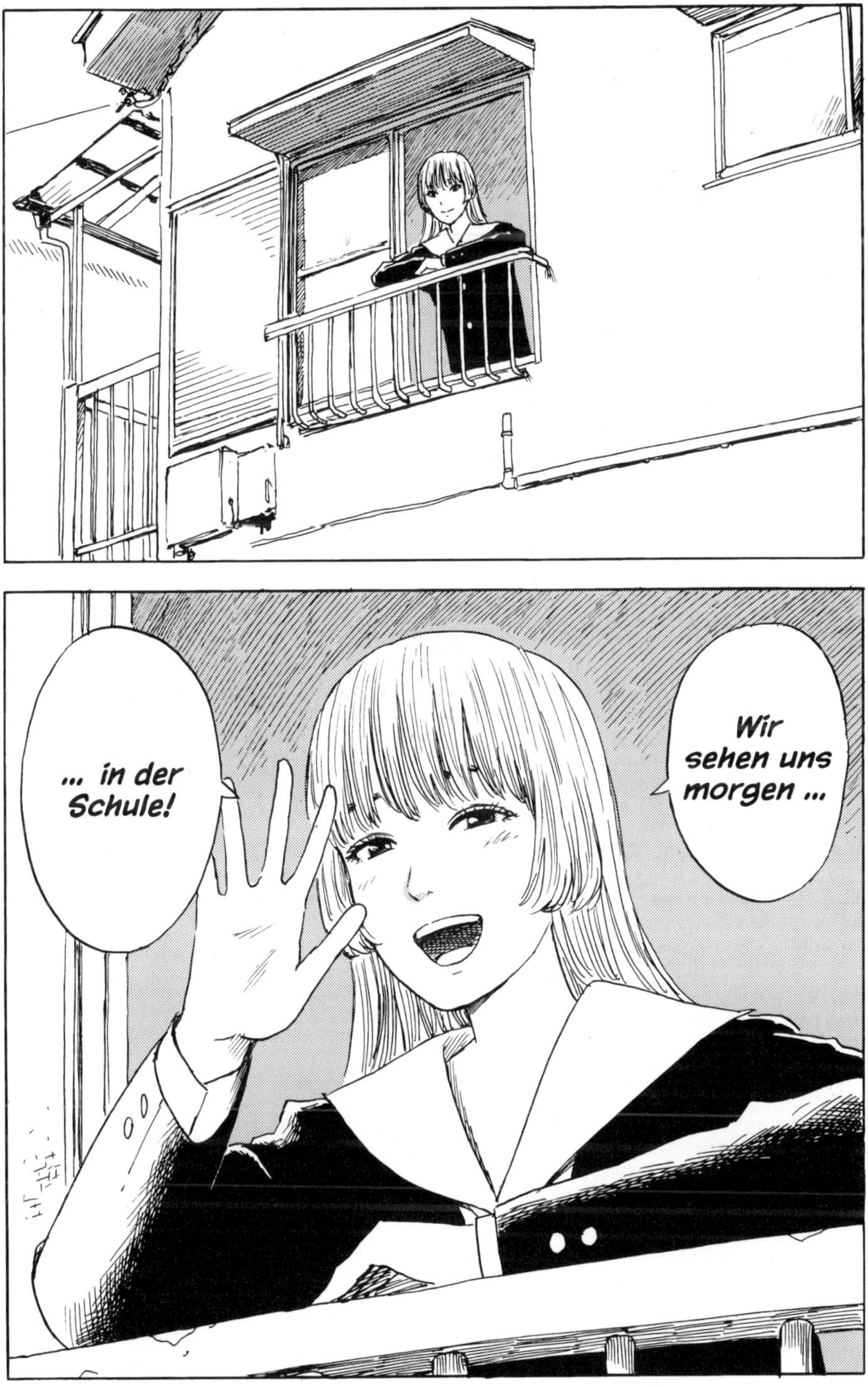
Wir sehen uns morgen ...
... in der Schule!

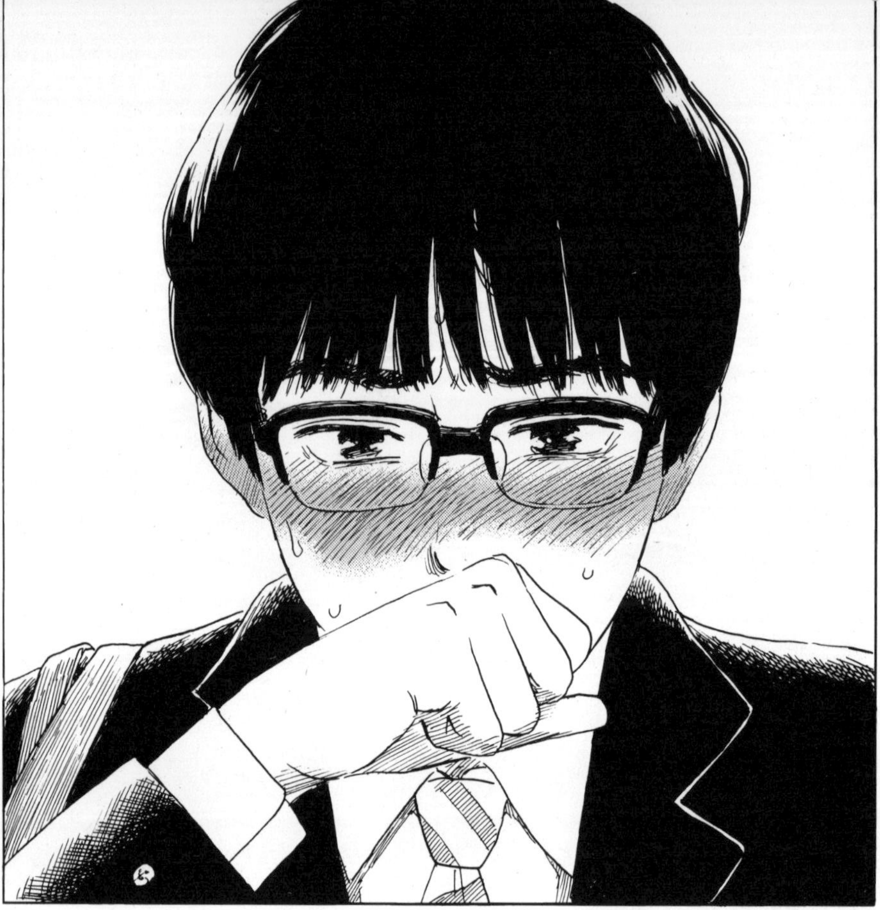

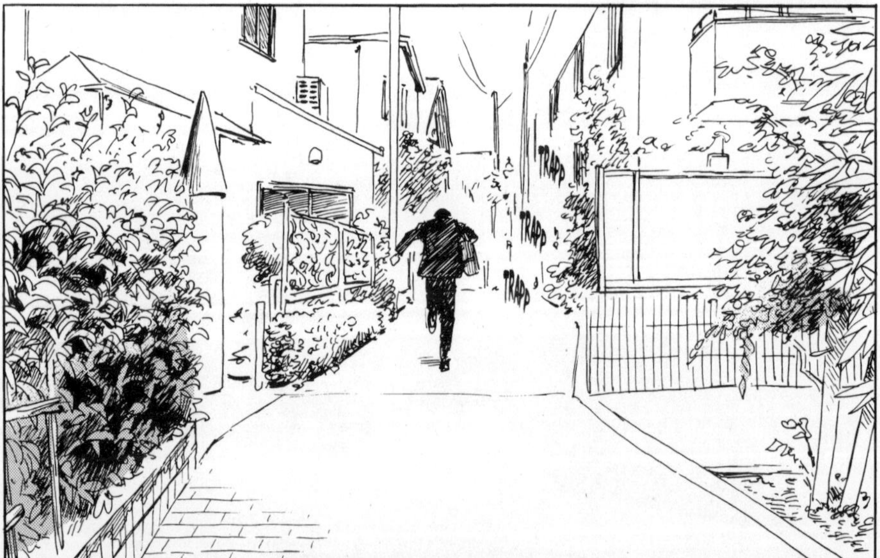
TRAPP
TRAPP
TRAPP

4. Kapitel Warum?

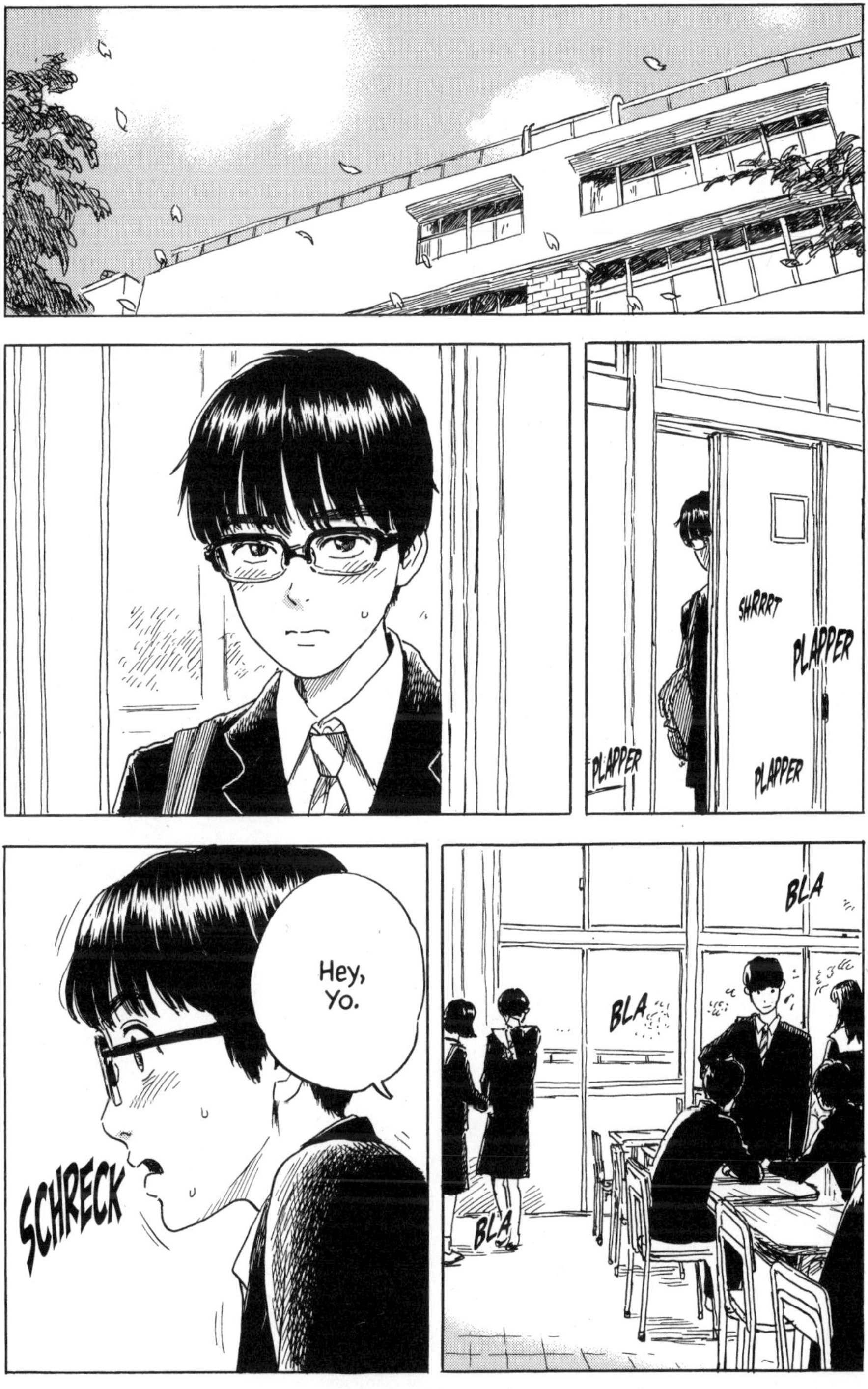

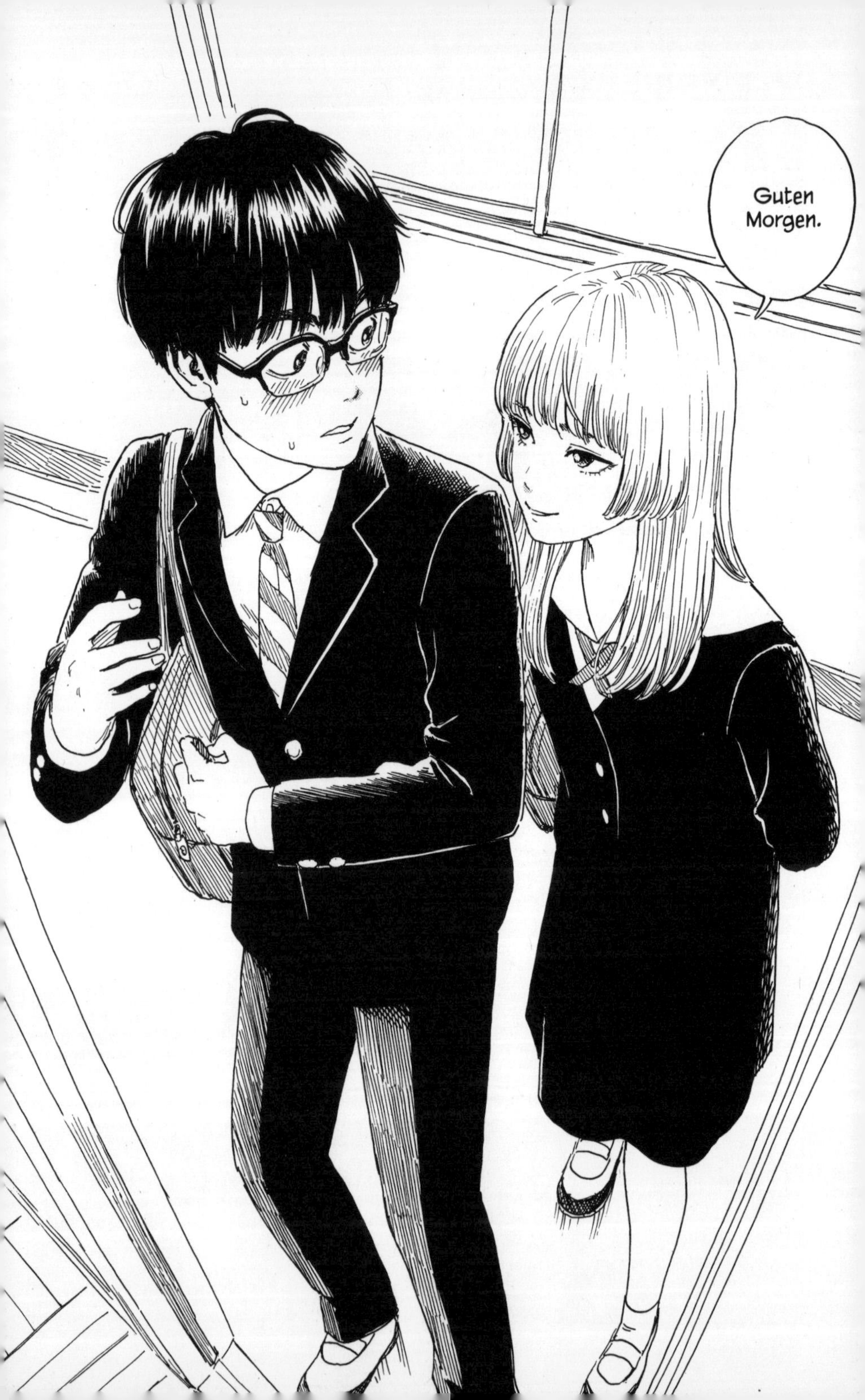
Guten
Morgen.

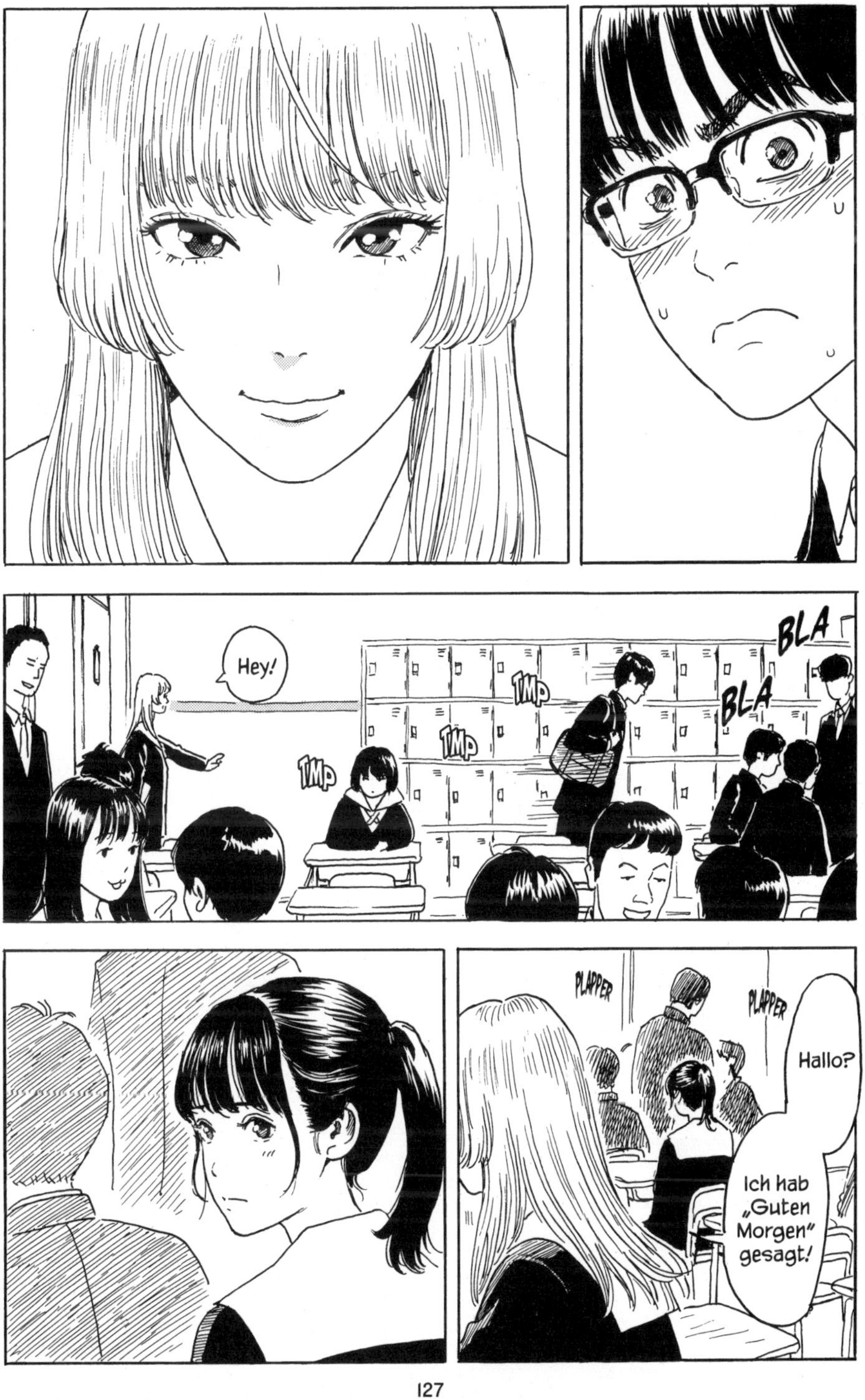
BLA
BLA
TMP
Hey!
TMP
TMP
PLAPPER
PLAPPER
Hallo?
Ich hab „Guten Morgen“ gesagt!

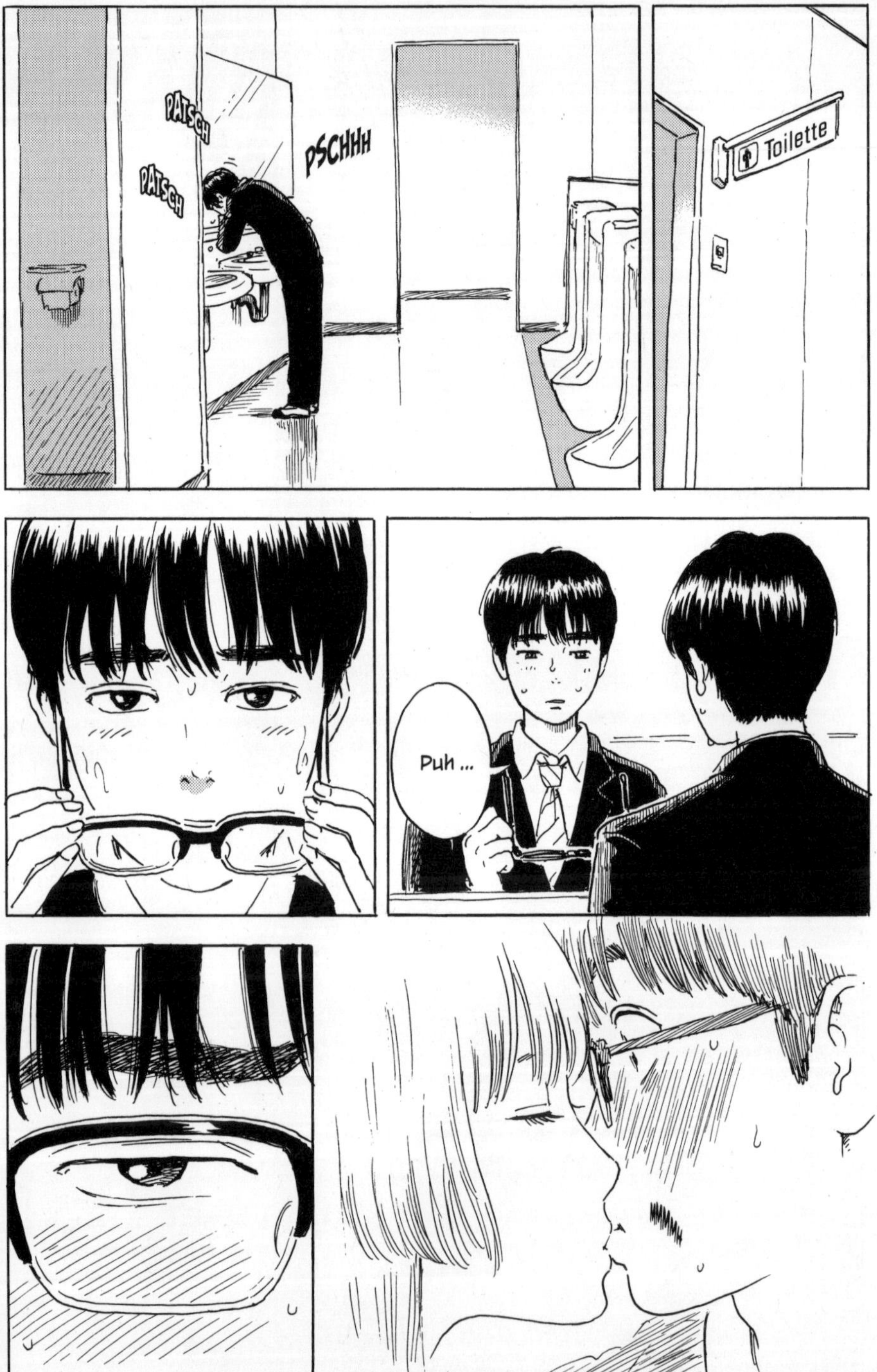
Toilette
PSCHHH
PATSCH
PATSCH
Puh ...

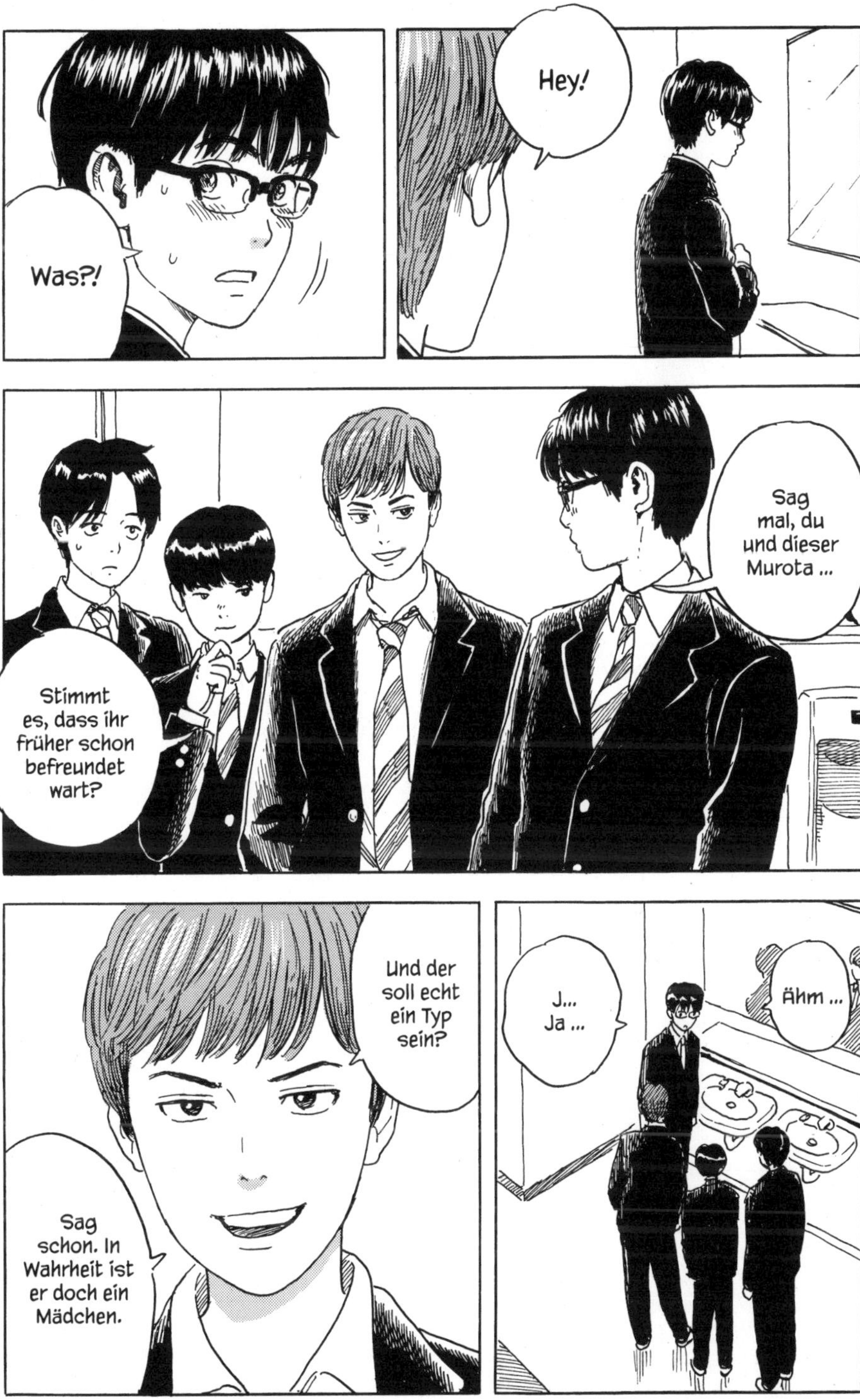
Hey!
Was?!
Sag mal, du und dieser Murota ...
Stimmt es, dass ihr früher schon befreundet wart?
Ähm ...
J... Ja ...
Und der soll echt ein Typ sein?
Sag schon. In Wahrheit ist er doch ein Mädchen.

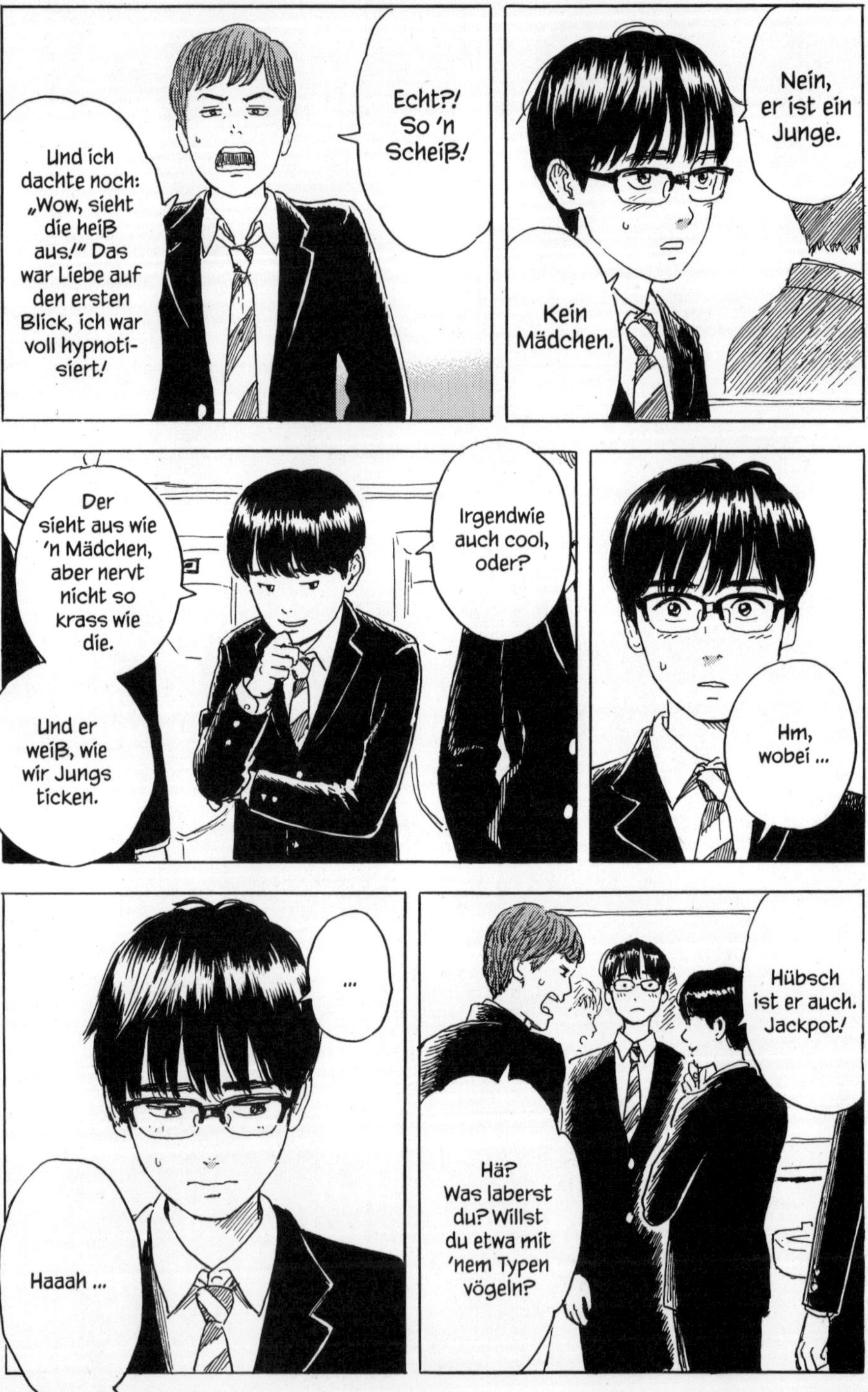
Nein, er ist ein Junge.
Kein Mädchen.
Echt?! So 'n Scheiß!
Und ich dachte noch: „Wow, sieht die heiß aus!" Das war Liebe auf den ersten Blick, ich war voll hypnotisiert!
Hm, wobei ...
Irgendwie auch cool, oder?
Der sieht aus wie 'n Mädchen, aber nervt nicht so krass wie die.
Und er weiß, wie wir Jungs ticken.
Hübsch ist er auch. Jackpot!
Hä? Was laberst du? Willst du etwa mit 'nem Typen vögeln?
...
Haaah ...

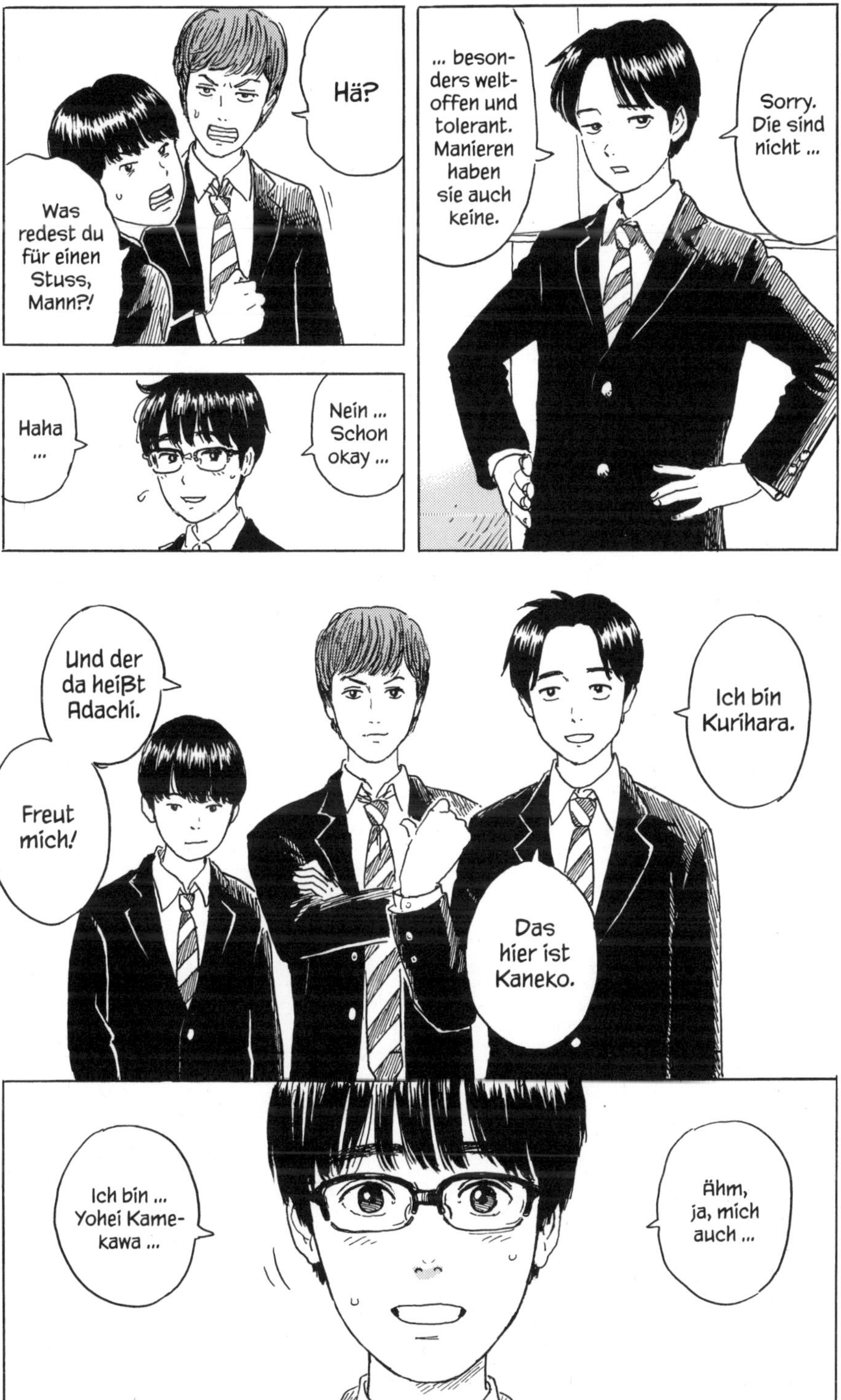
Sorry. Die sind nicht ...
... besonders weltoffen und tolerant. Manieren haben sie auch keine.
Hä?
Was redest du für einen Stuss, Mann?!
Nein ... Schon okay ...
Haha ...
Ich bin Kurihara.
Das hier ist Kaneko.
Und der da heißt Adachi.
Freut mich!
Ähm, ja, mich auch ...
Ich bin ... Yohei Kamekawa ...

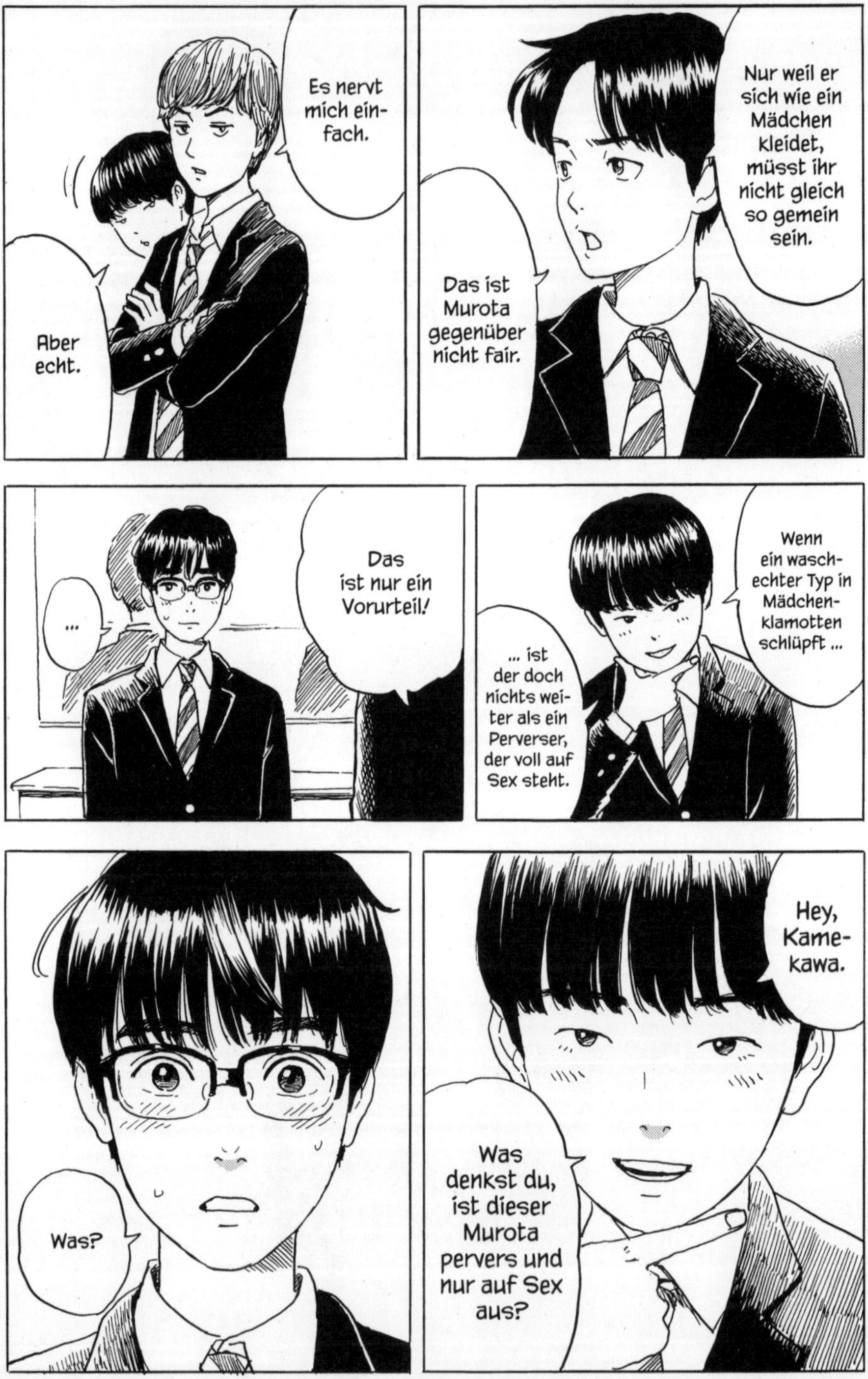
Nur weil er sich wie ein Mädchen kleidet, müsst ihr nicht gleich so gemein sein.
Das ist Murota gegenüber nicht fair.
Es nervt mich einfach.
Aber echt.
Wenn ein waschechter Typ in Mädchenklamotten schlüpft ...
... ist der doch nichts weiter als ein Perverser, der voll auf Sex steht.
Das ist nur ein Vorurteil!
...
Hey, Kamekawa.
Was denkst du, ist dieser Murota pervers und nur auf Sex aus?
Was?

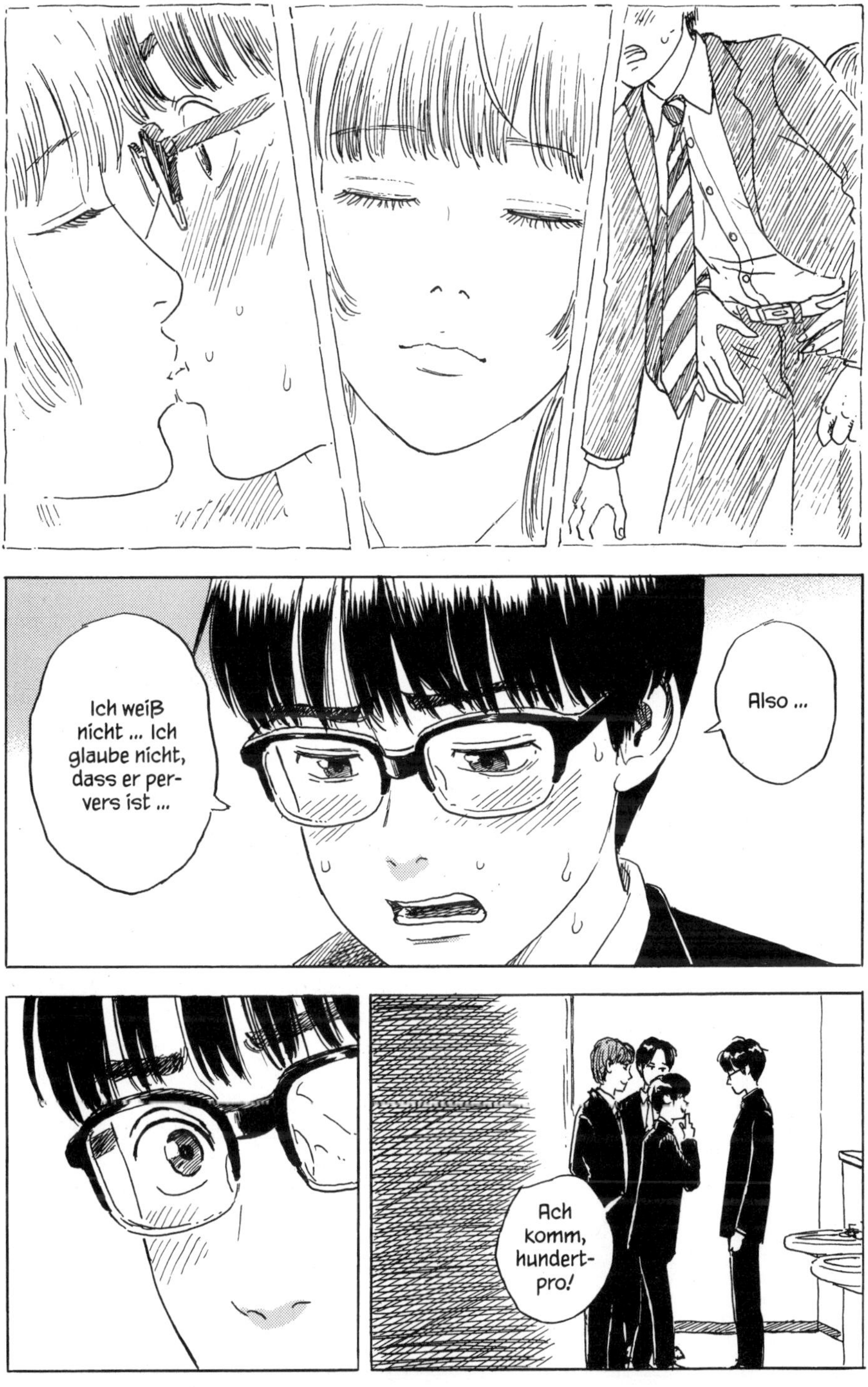
Also ...
Ich weiß nicht ... Ich glaube nicht, dass er pervers ist ...
Ach komm, hundertpro!

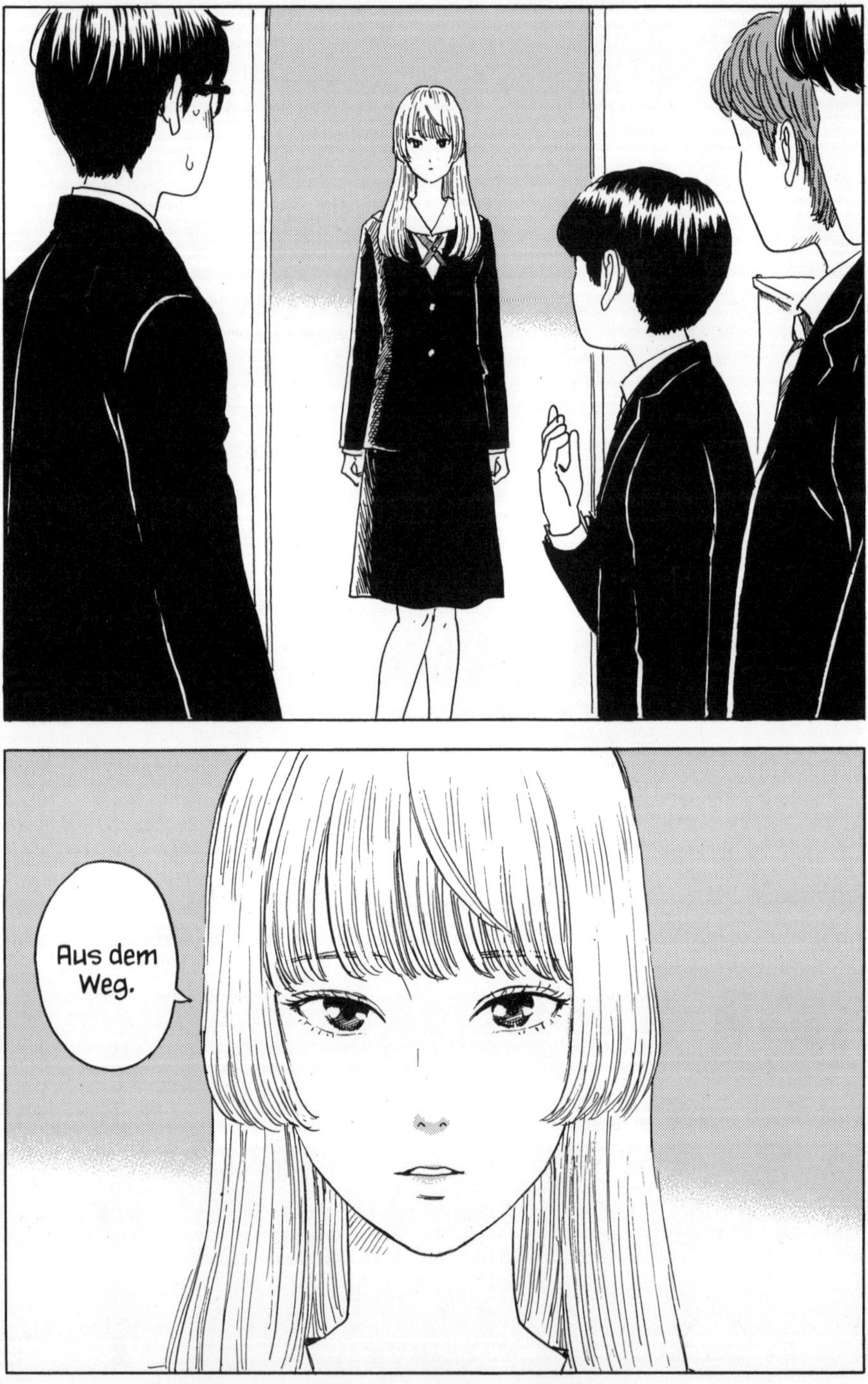
Aus dem Weg.

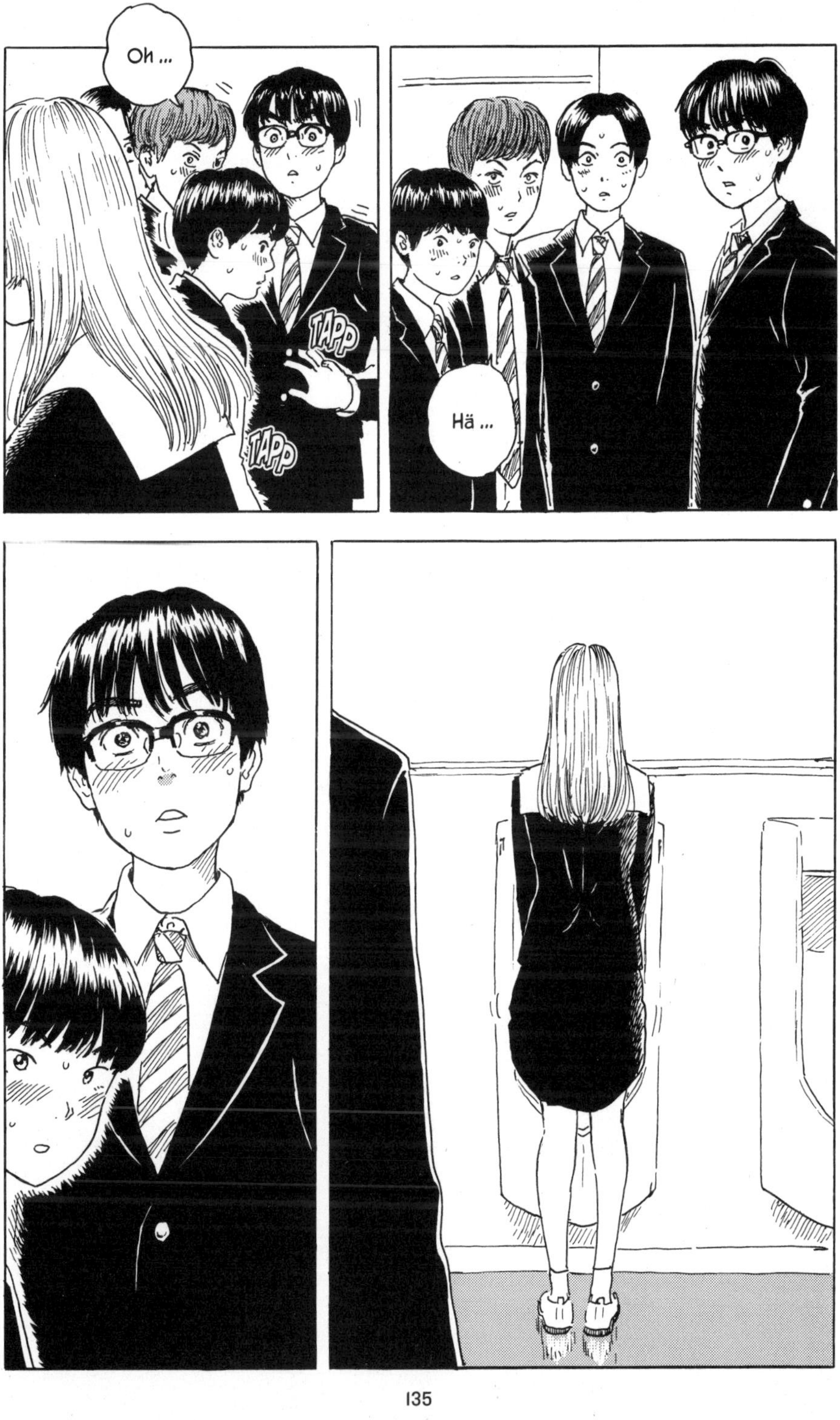
Oh ...
TAPP
TAPP
Hä ...

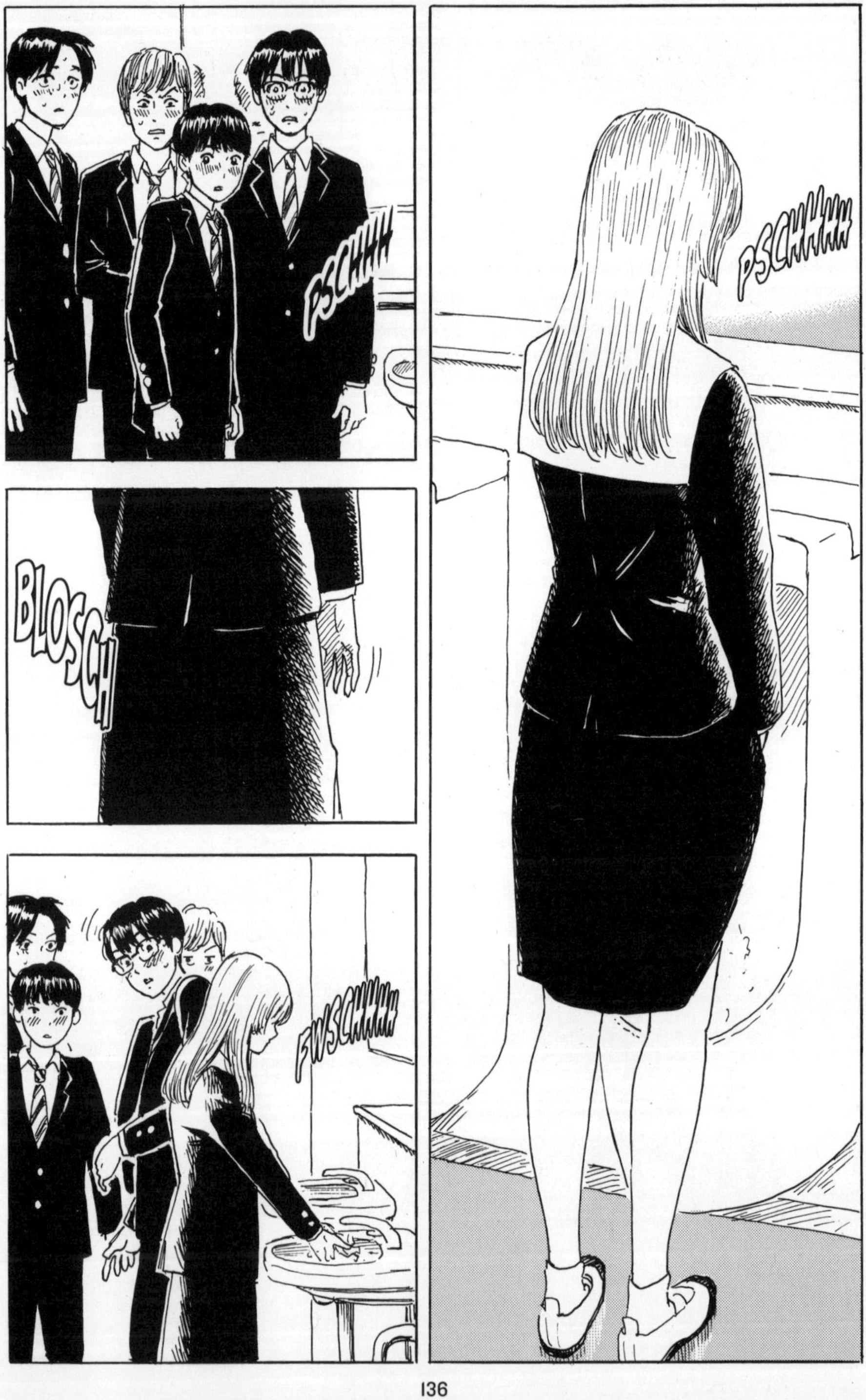
PSCHHH
BLOSCH
FWSCHHHH
PSCHHHHH

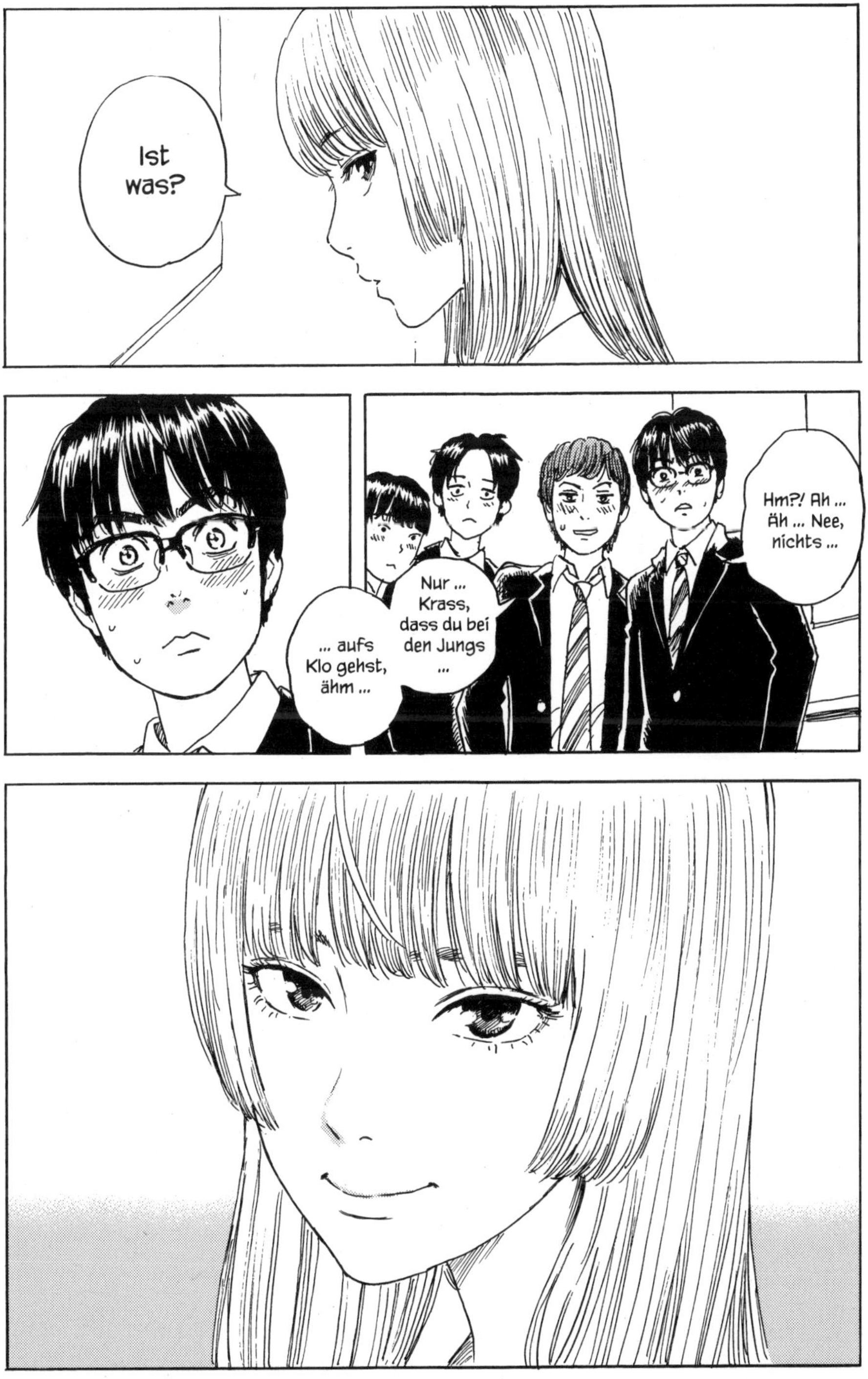
Ist was?
Hm?! Ah ... Äh ... Nee, nichts ...
Nur ... Krass, dass du bei den Jungs ...
... aufs Klo gehst, ähm ...

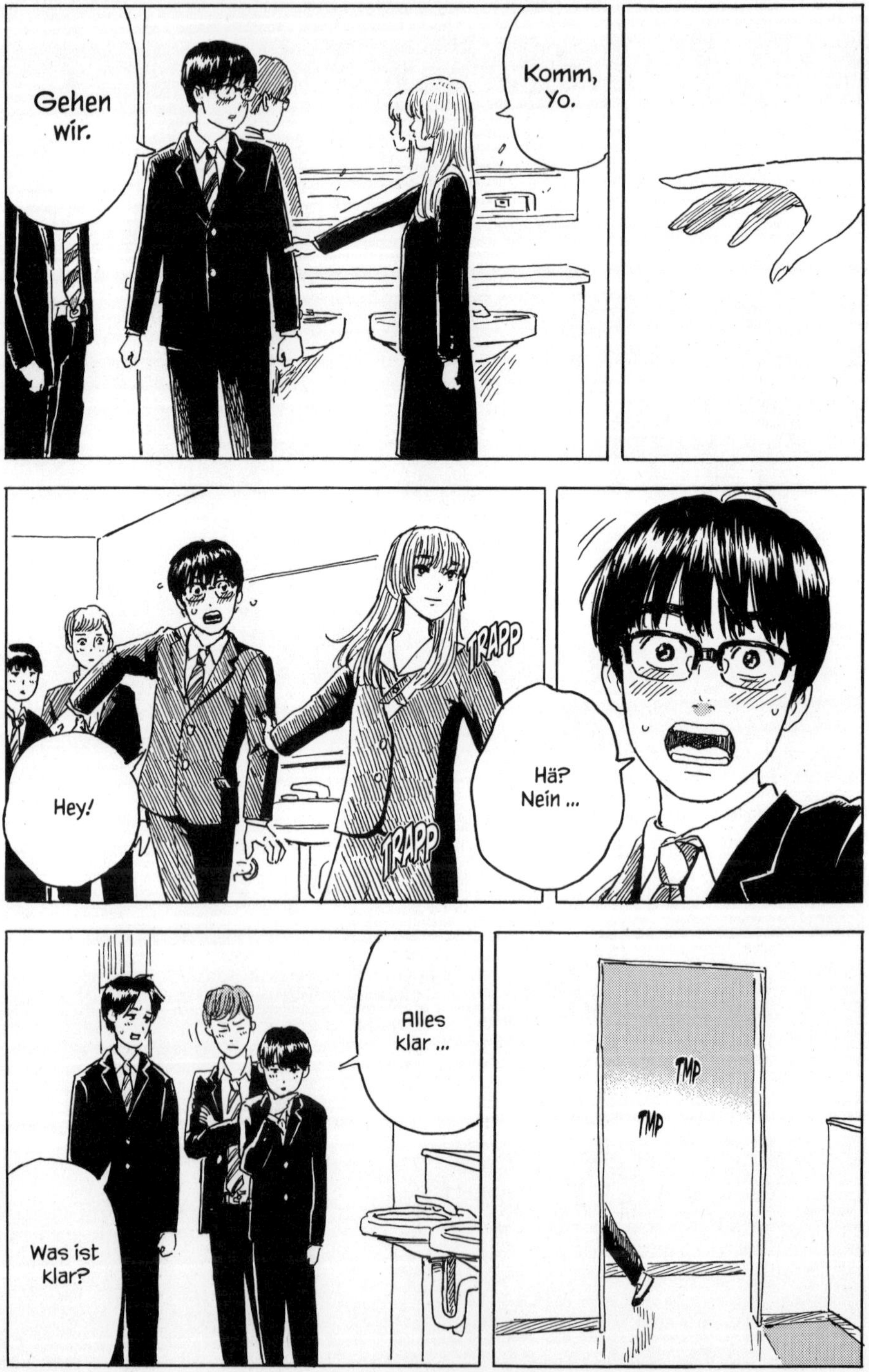
Komm, Yo.
Gehen wir.
Hä? Nein ...
TRAPP
TRAPP
Hey!
TMP
TMP
Alles klar ...
Was ist klar?

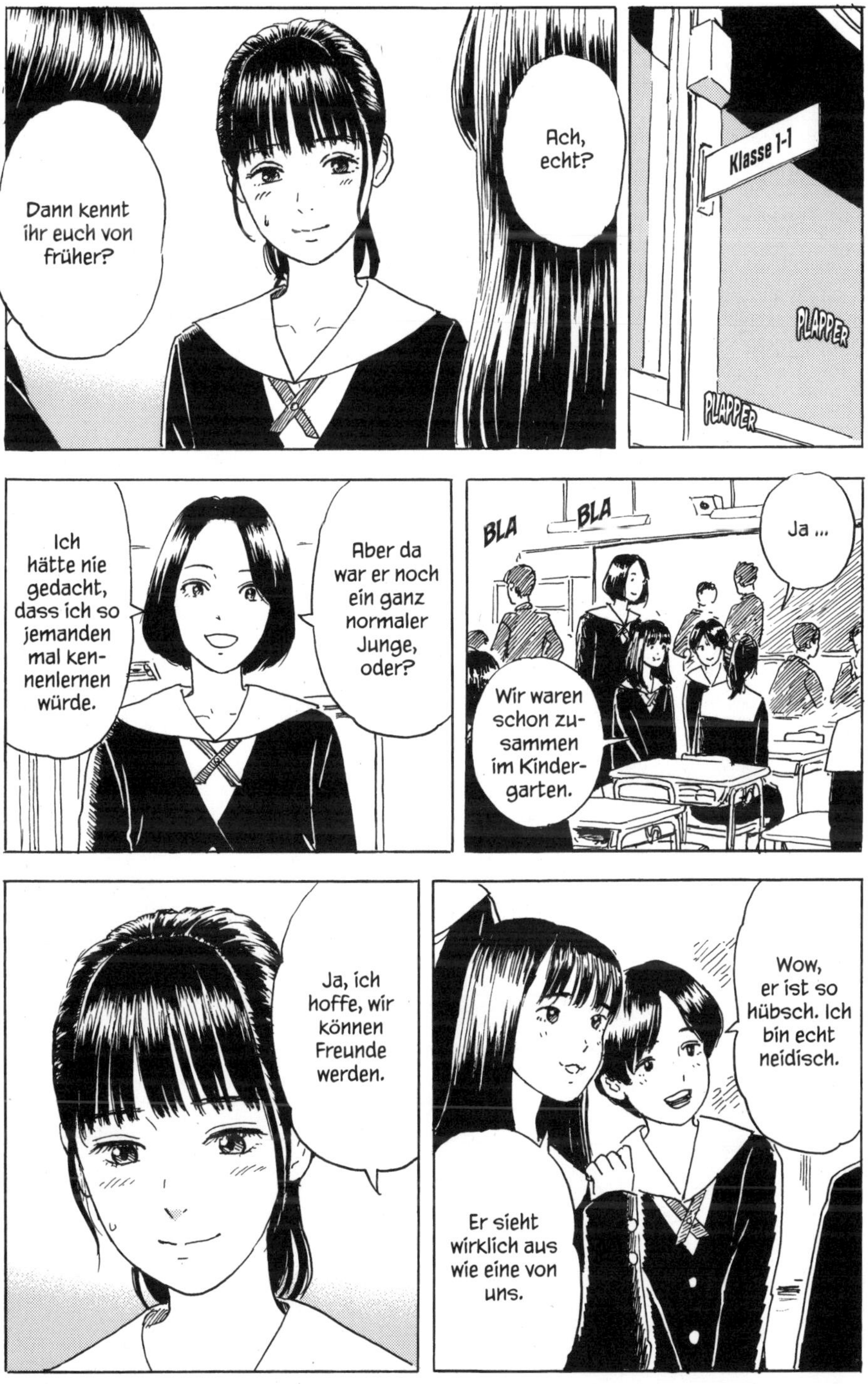

Klasse 1-1
PLAPPER
PLAPPER
Ach, echt?
Dann kennt ihr euch von früher?
BLA
BLA
Ja ...
Wir waren schon zusammen im Kindergarten.
Aber da war er noch ein ganz normaler Junge, oder?
Ich hätte nie gedacht, dass ich so jemanden mal kennenlernen würde.
Wow, er ist so hübsch. Ich bin echt neidisch.
Er sieht wirklich aus wie eine von uns.
Ja, ich hoffe, wir können Freunde werden.

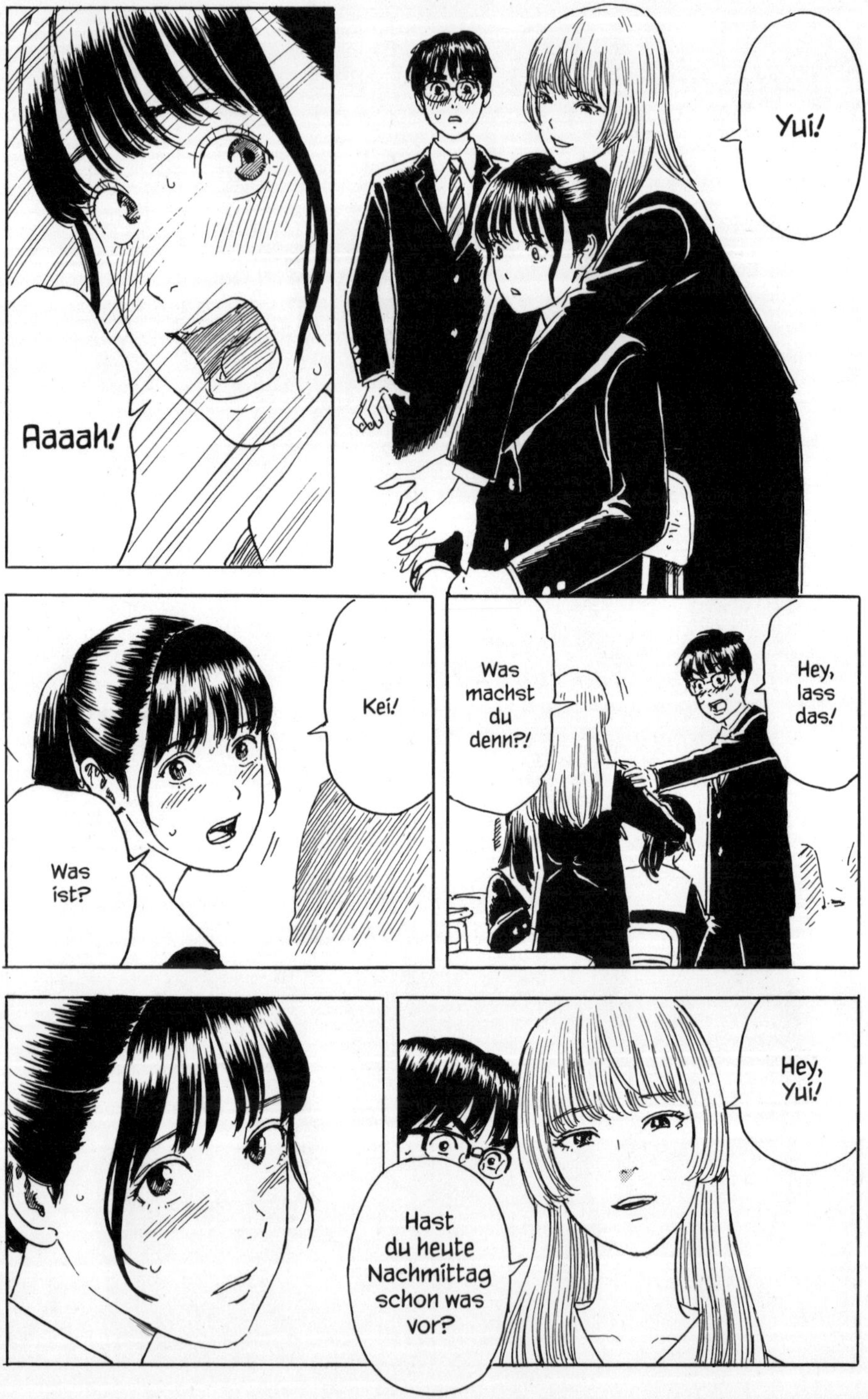
Yui!
Aaaah!
Hey, lass das!
Was machst du denn?!
Kei!
Was ist?
Hey, Yui!
Hast du heute Nachmittag schon was vor?

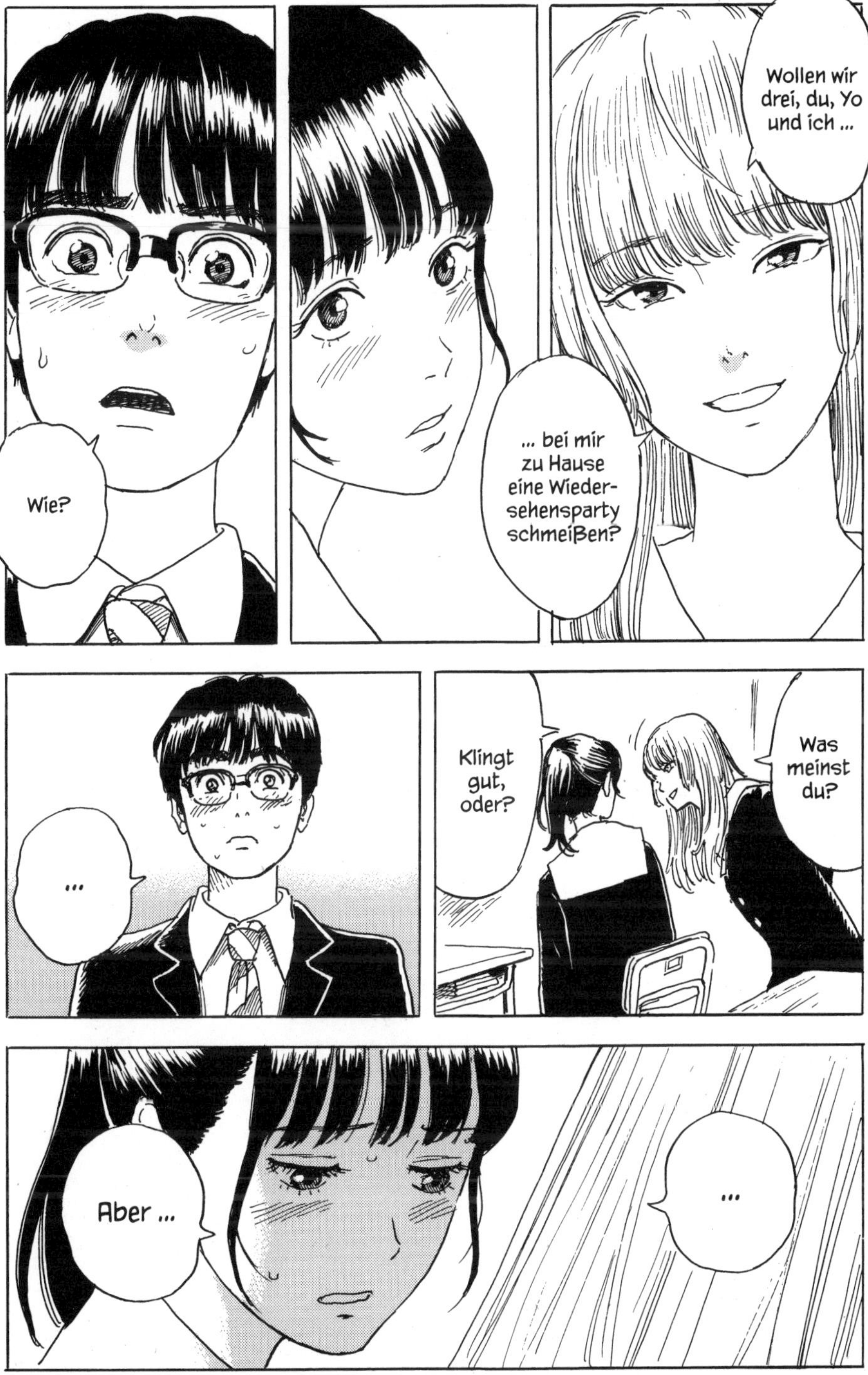
Wollen wir drei, du, Yo und ich ...
... bei mir zu Hause eine Wiedersehensparty schmeißen?
Wie?
Was meinst du?
Klingt gut, oder?
...
...
Aber ...

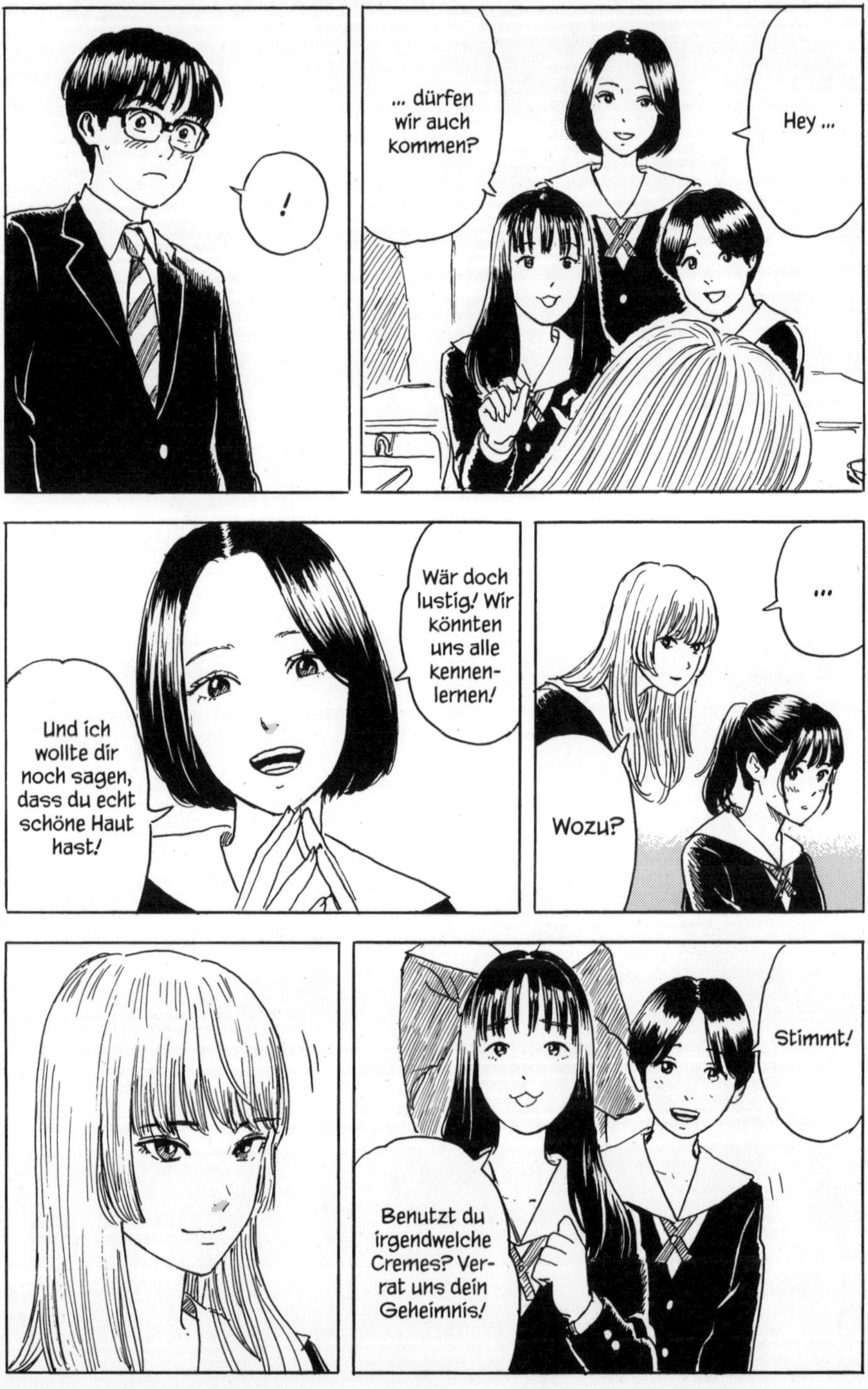
Hey ...
... dürfen wir auch kommen?
!
...
Wozu?
Wär doch lustig! Wir könnten uns alle kennen-lernen!
Und ich wollte dir noch sagen, dass du echt schöne Haut hast!
Stimmt!
Benutzt du irgendwelche Cremes? Ver-rat uns dein Geheimnis!

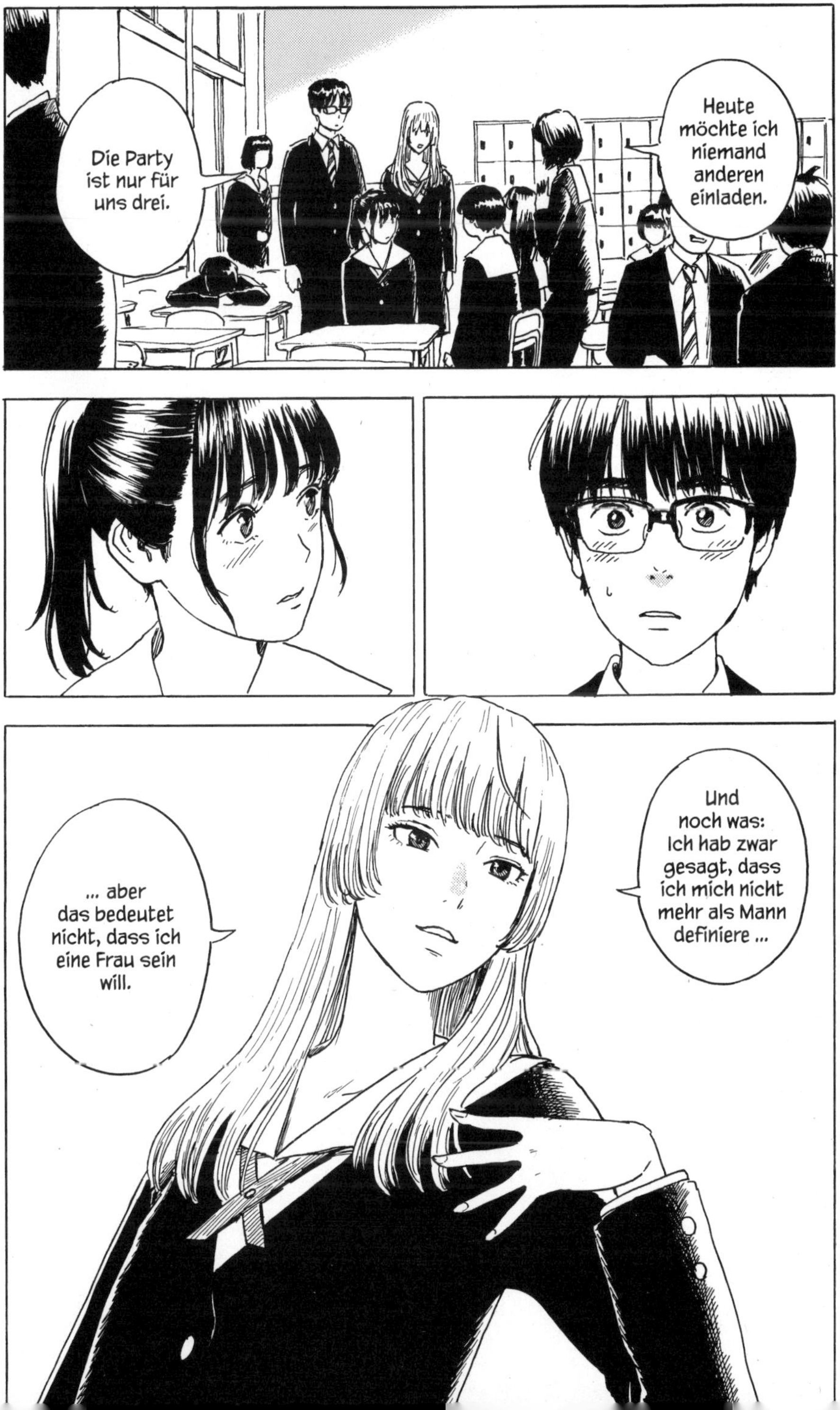
Heute möchte ich niemand anderen einladen.
Die Party ist nur für uns drei.
Und noch was: Ich hab zwar gesagt, dass ich mich nicht mehr als Mann definiere ...
... aber das bedeutet nicht, dass ich eine Frau sein will.

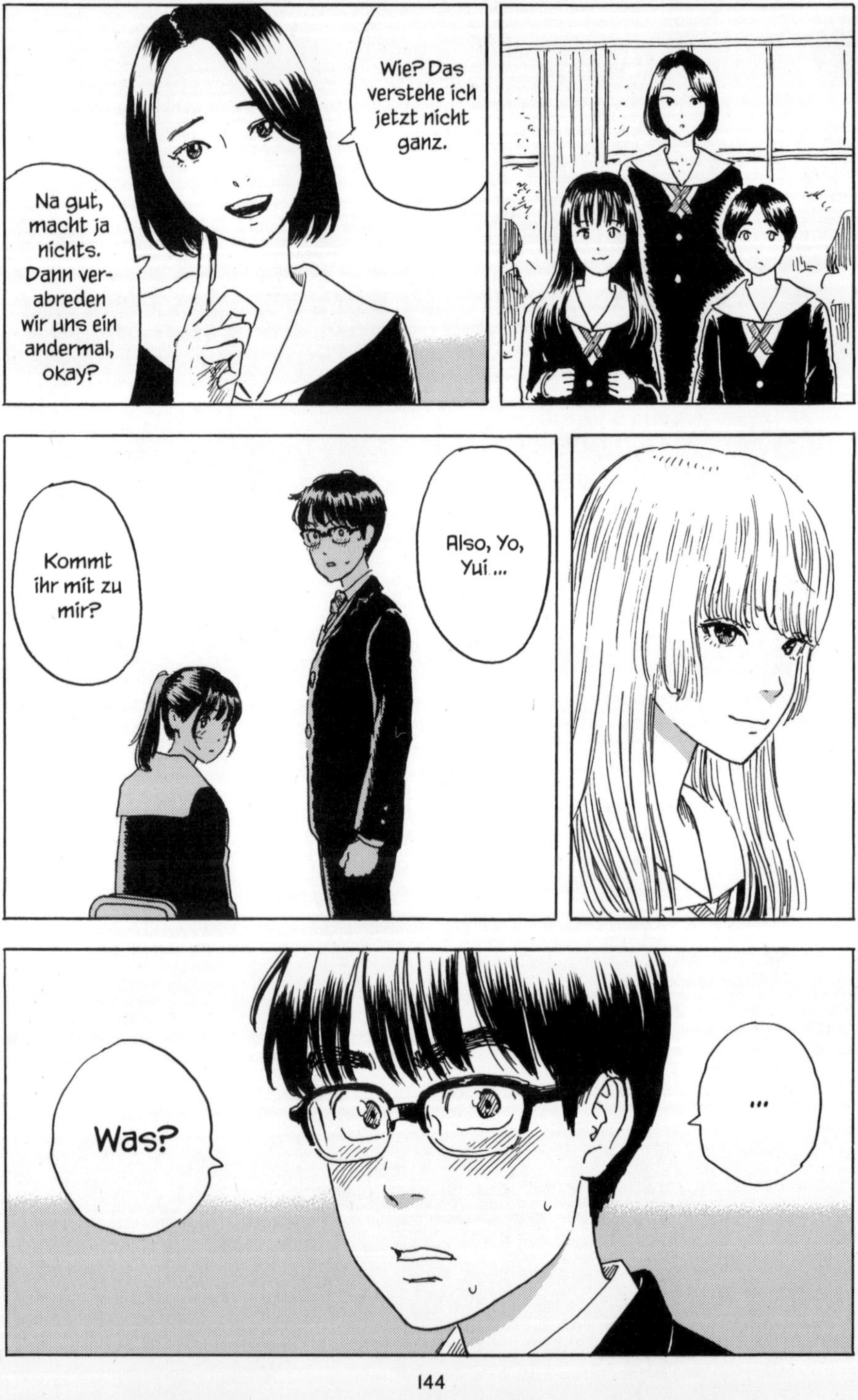
Wie? Das verstehe ich jetzt nicht ganz.
Na gut, macht ja nichts. Dann verabreden wir uns ein andermal, okay?
Also, Yo, Yui ...
Kommt ihr mit zu mir?
...
Was?

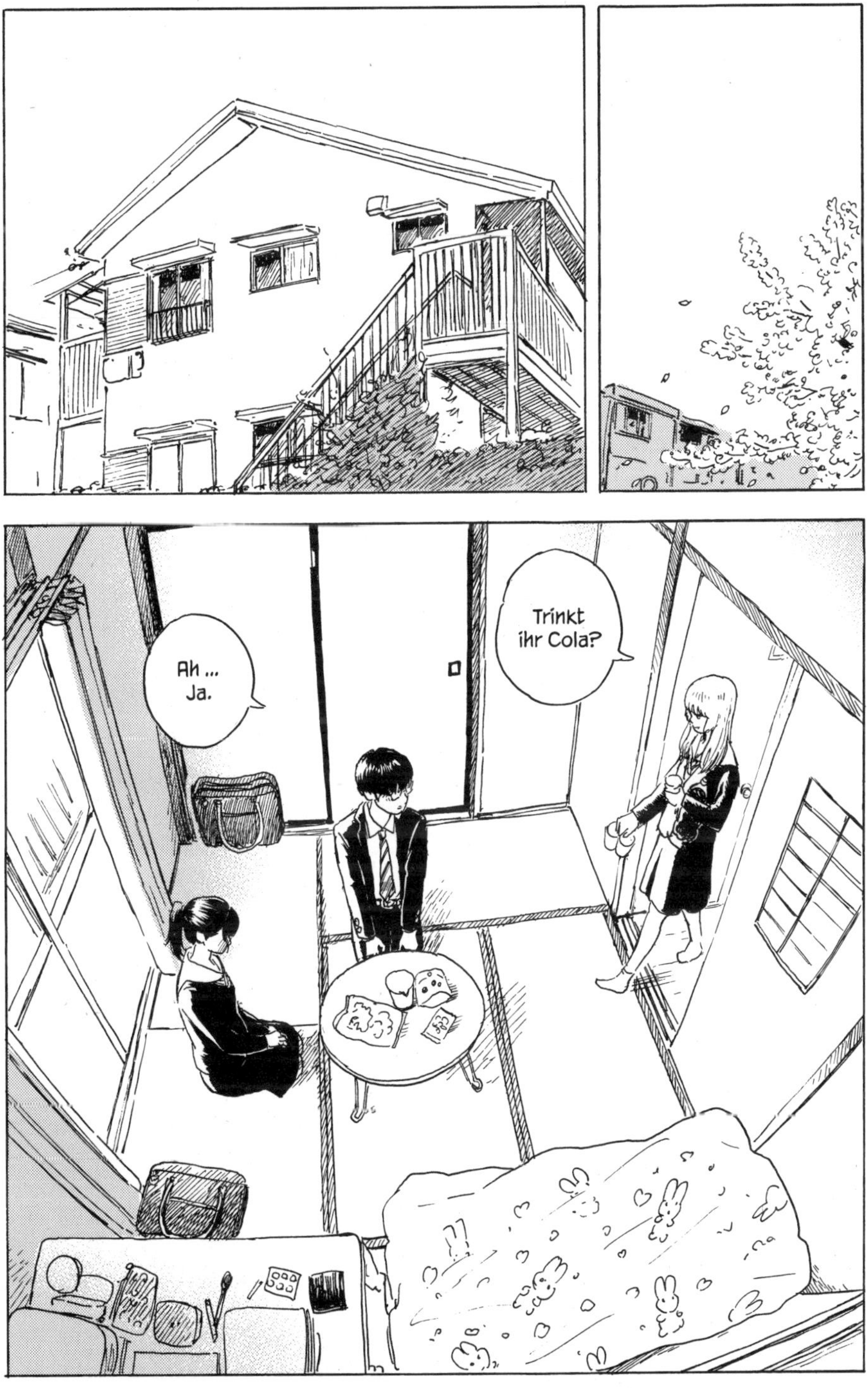
Trinkt ihr Cola?
Ah ... Ja.

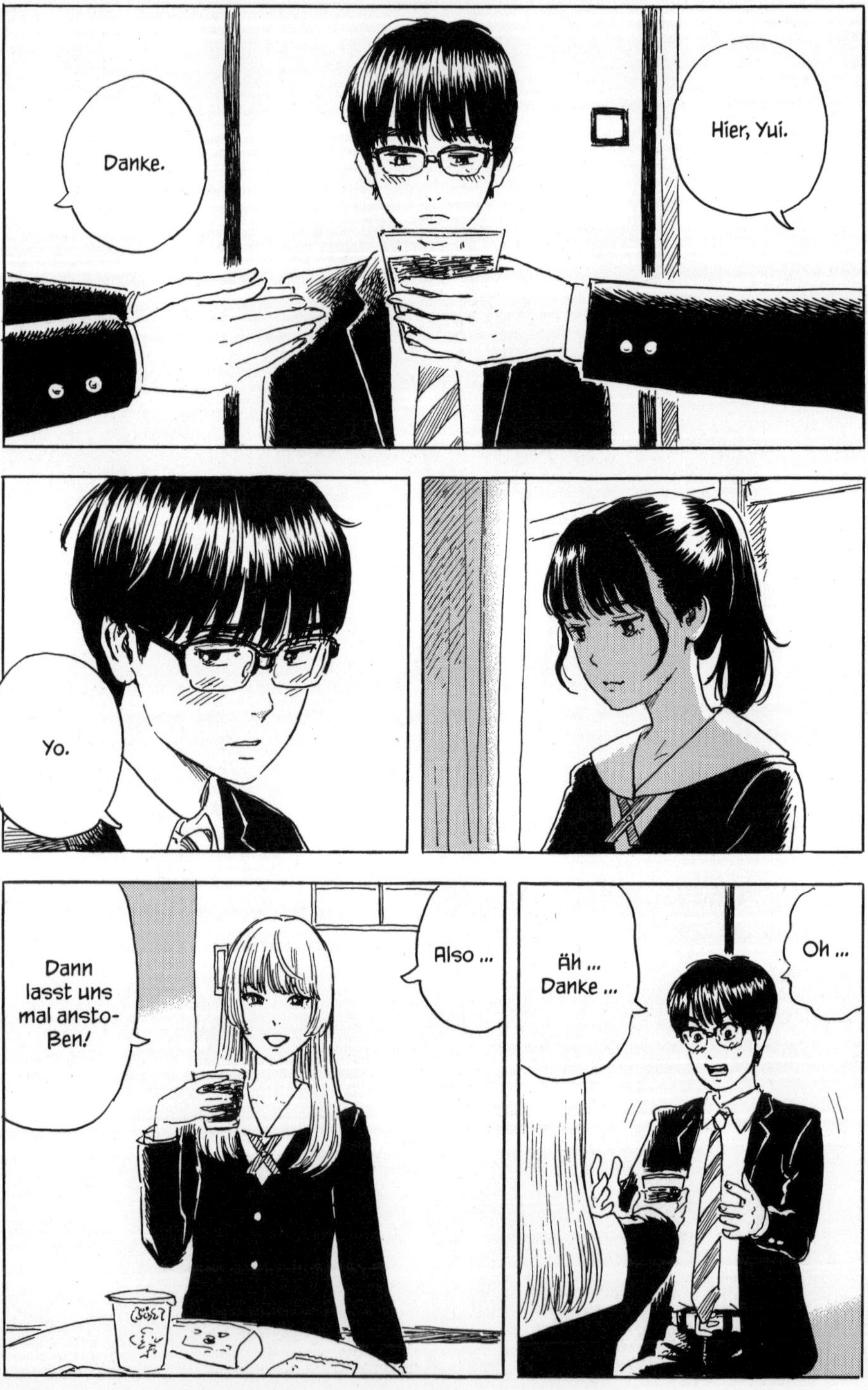
Hier, Yui.
Danke.
Yo.
Oh ...
Äh ... Danke ...
Also ...
Dann lasst uns mal ansto-ßen!

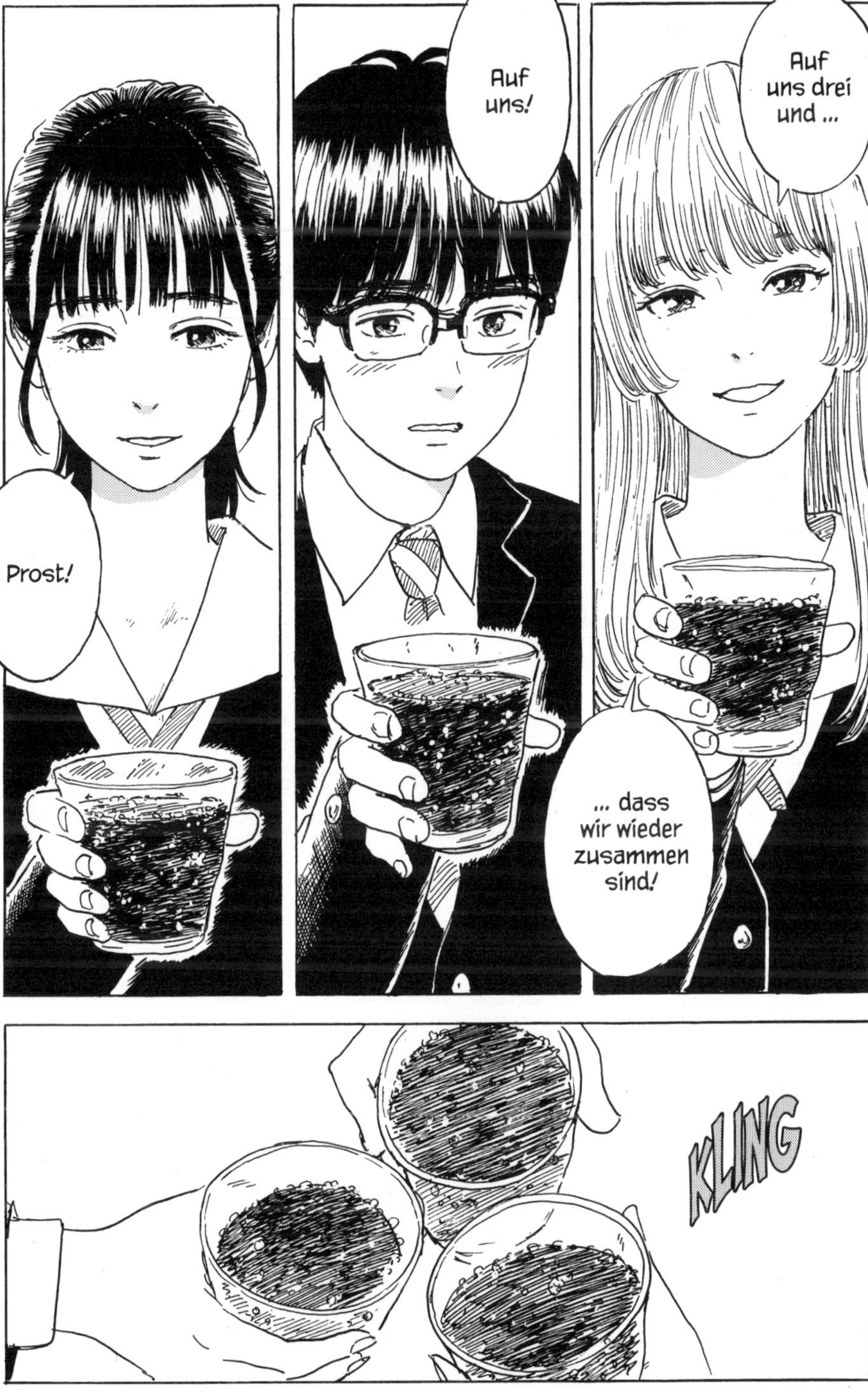
Auf uns drei und ...
... dass wir wieder zusammen sind!
Auf uns!
Prost!
KLING

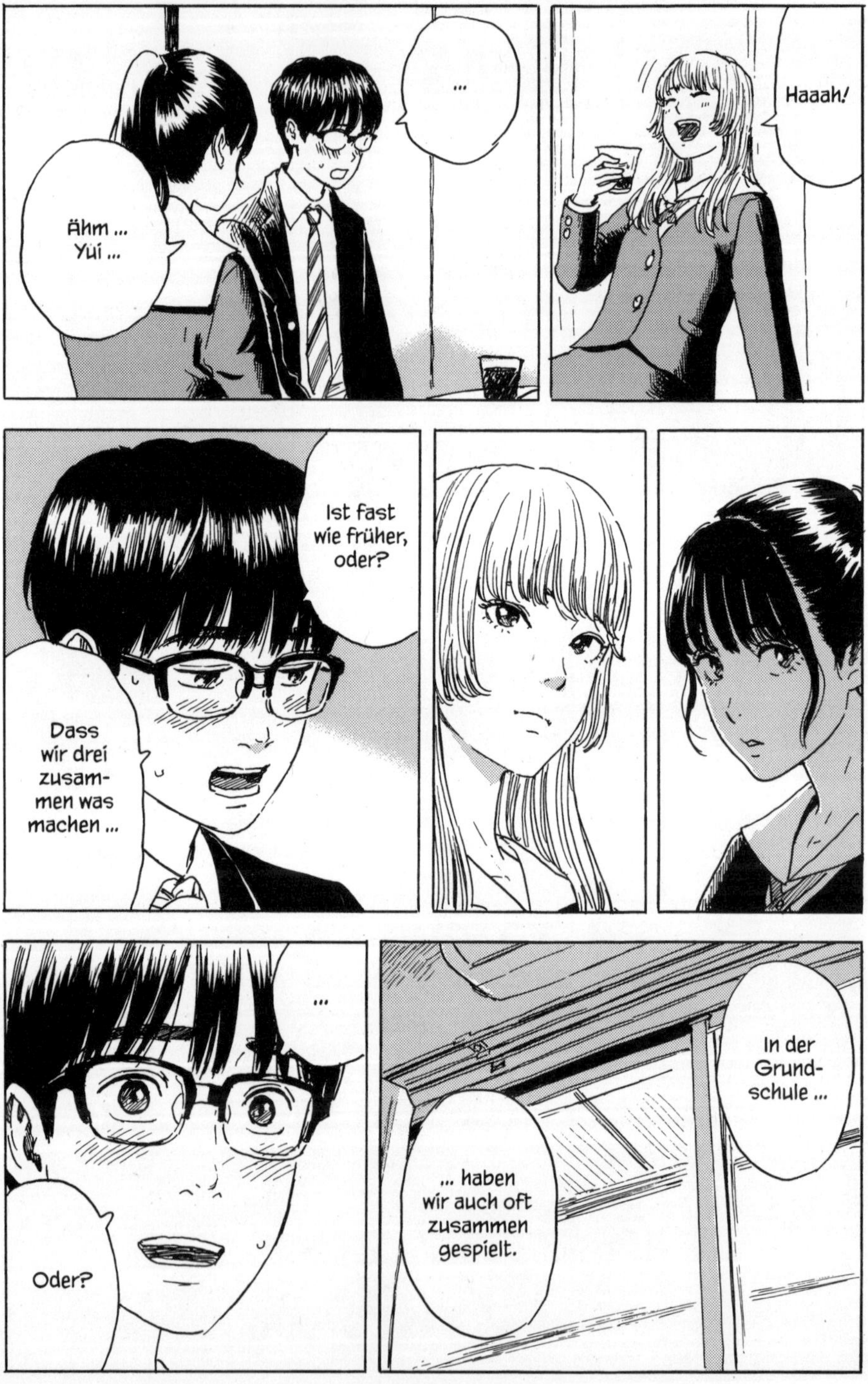
Haaah!
...
Ähm ... Yui ...
Ist fast wie früher, oder?
Dass wir drei zusammen was machen ...
In der Grundschule ...
... haben wir auch oft zusammen gespielt.
...
Oder?

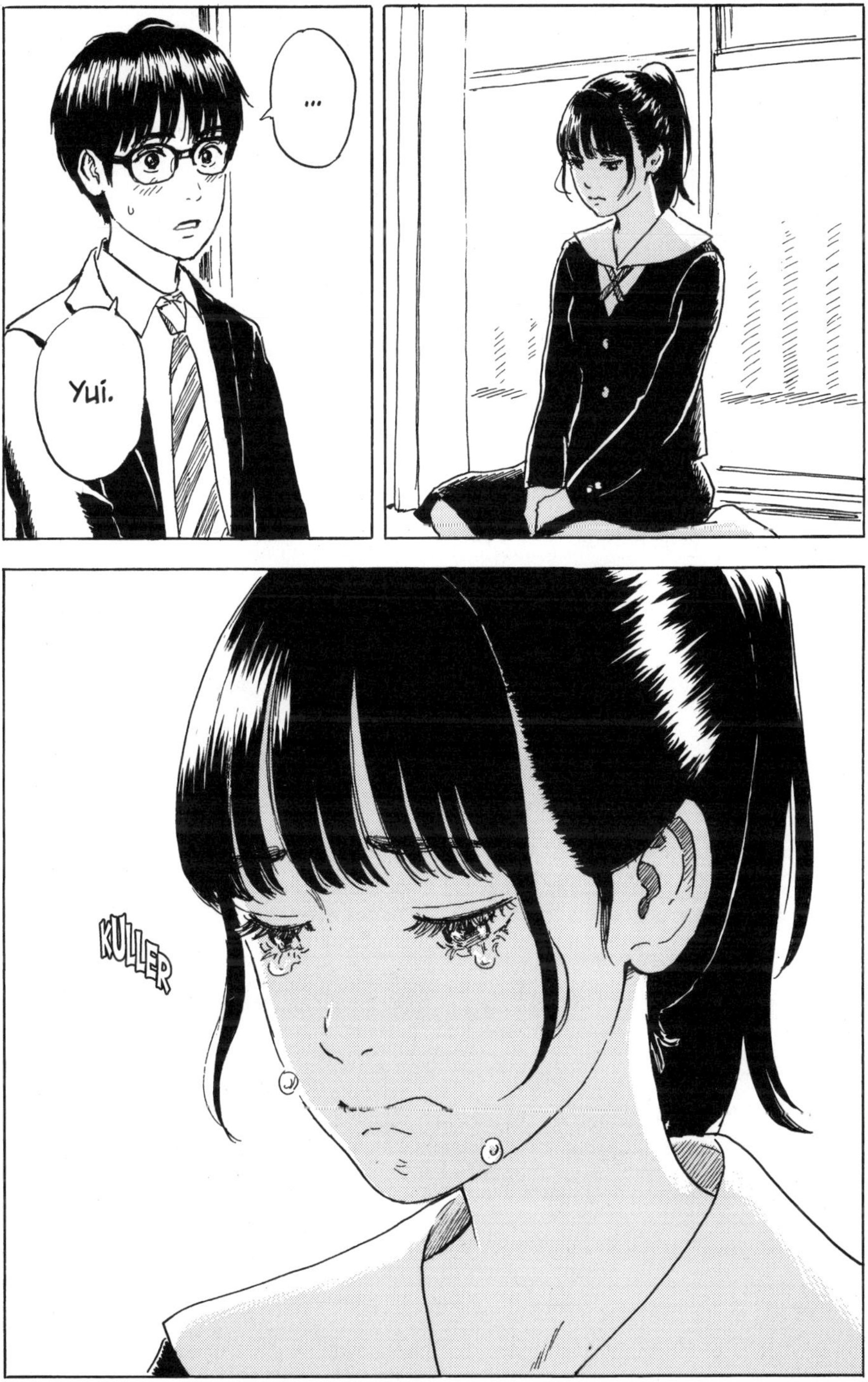
…
Yui.
KULLER

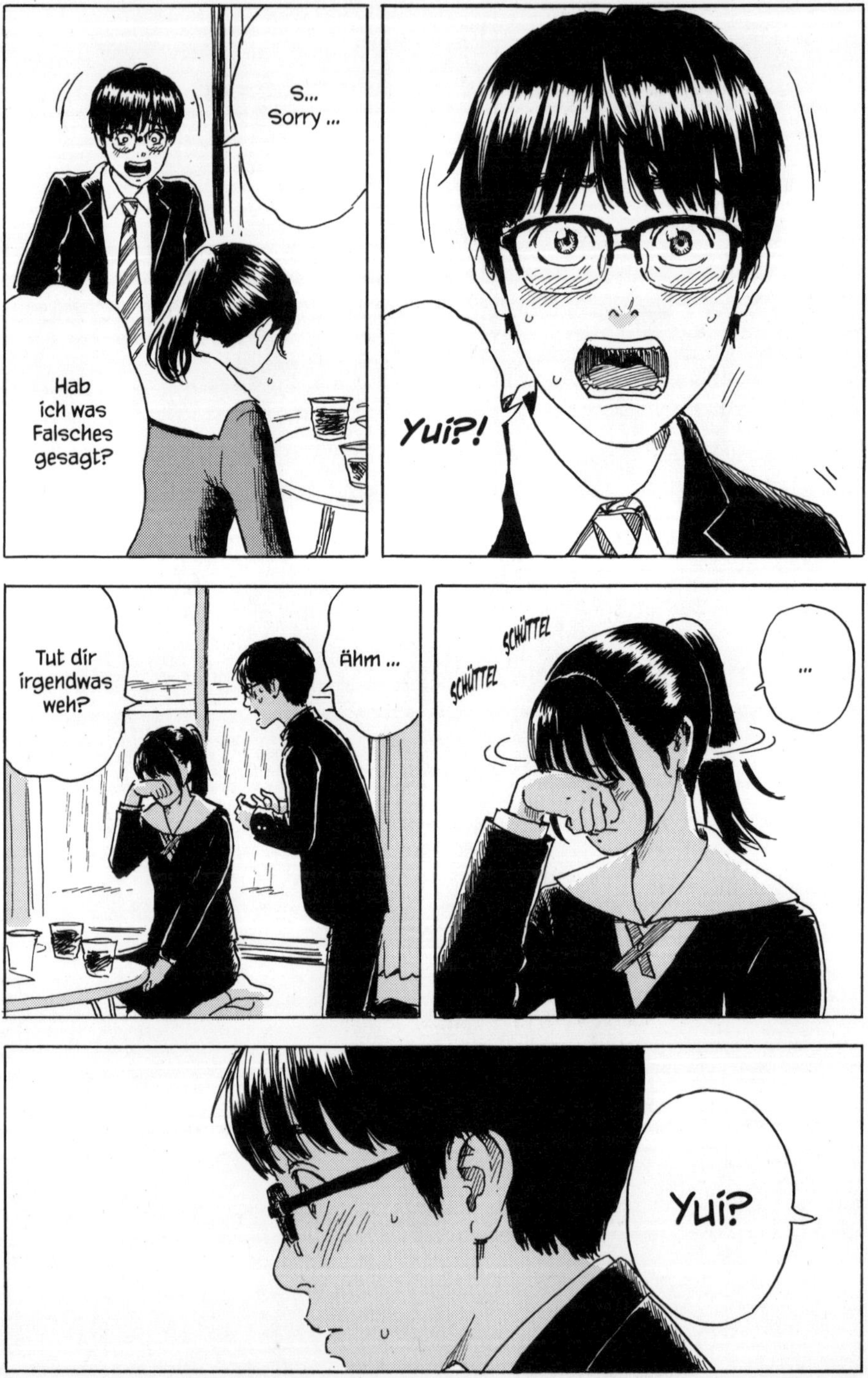
Yui?!
S... Sorry ...
Hab ich was Falsches gesagt?
...
SCHÜTTEL
SCHÜTTEL
Ähm ...
Tut dir irgendwas weh?
Yui?

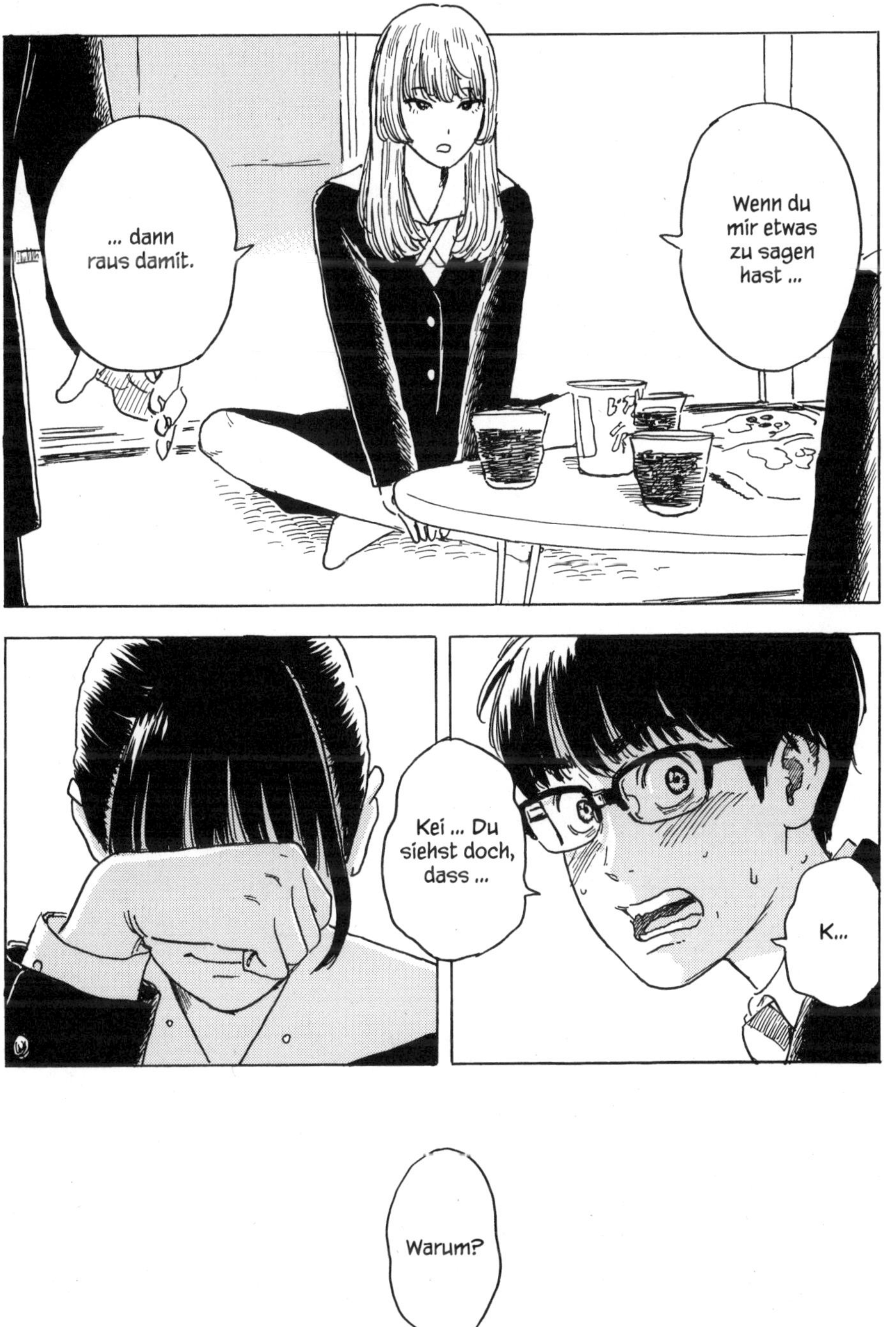
Wenn du mir etwas zu sagen hast ...
... dann raus damit.
K...
Kei ... Du siehst doch, dass ...
Warum?

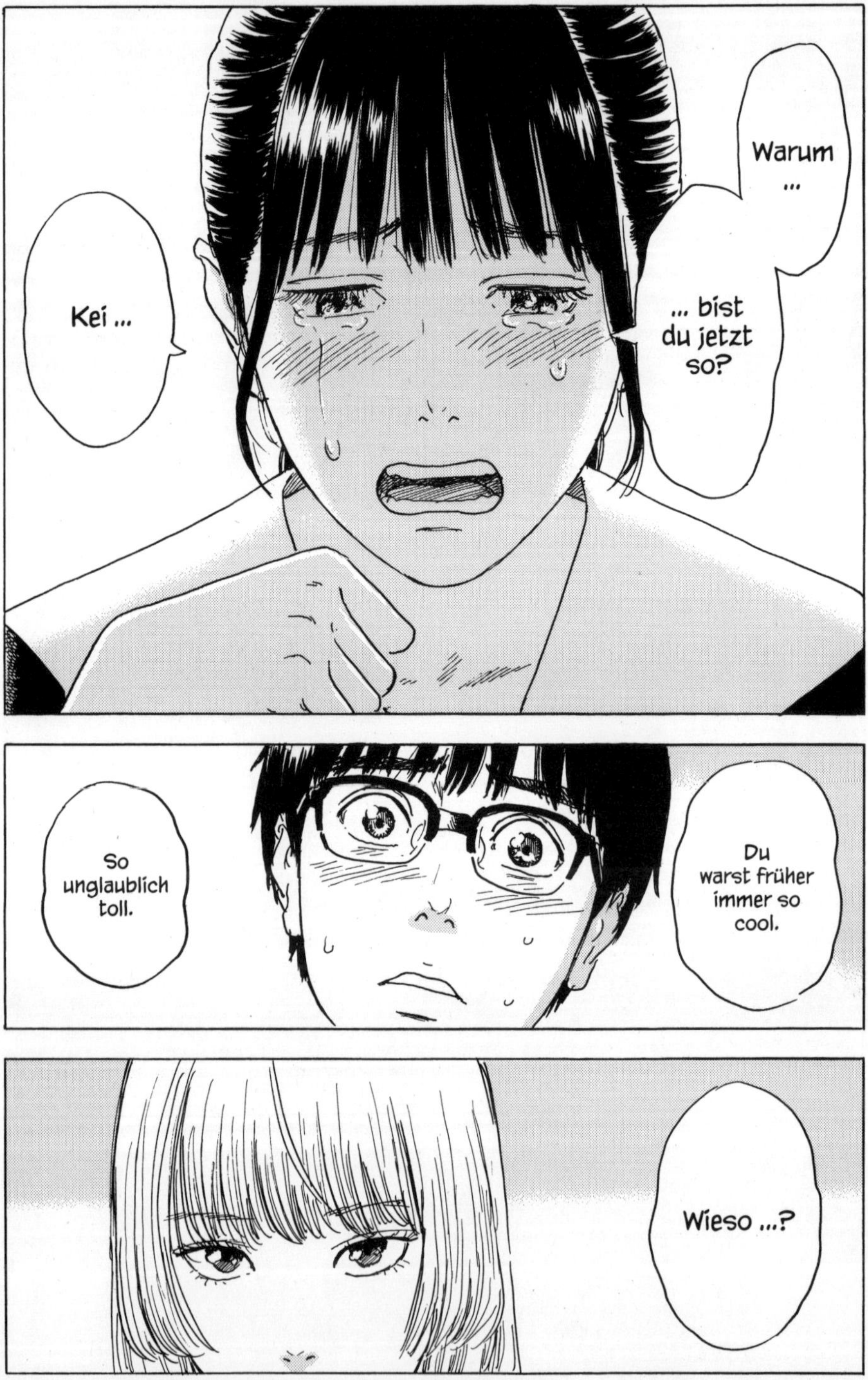
Warum ...
... bist du jetzt so?
Kei ...
Du warst früher immer so cool.
So unglaublich toll.
Wieso ...?

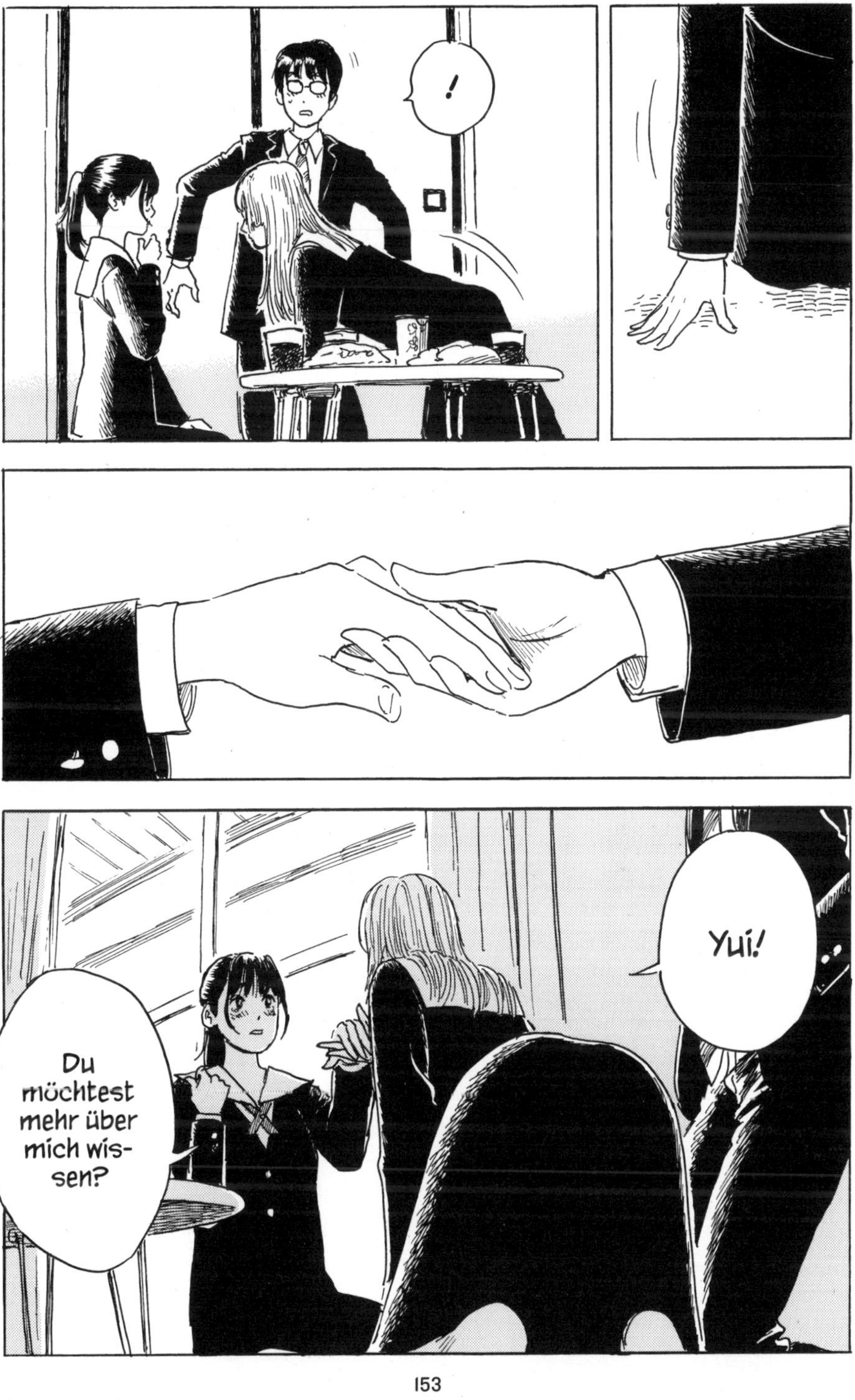
!
Yui!
Du möchtest mehr über mich wissen?

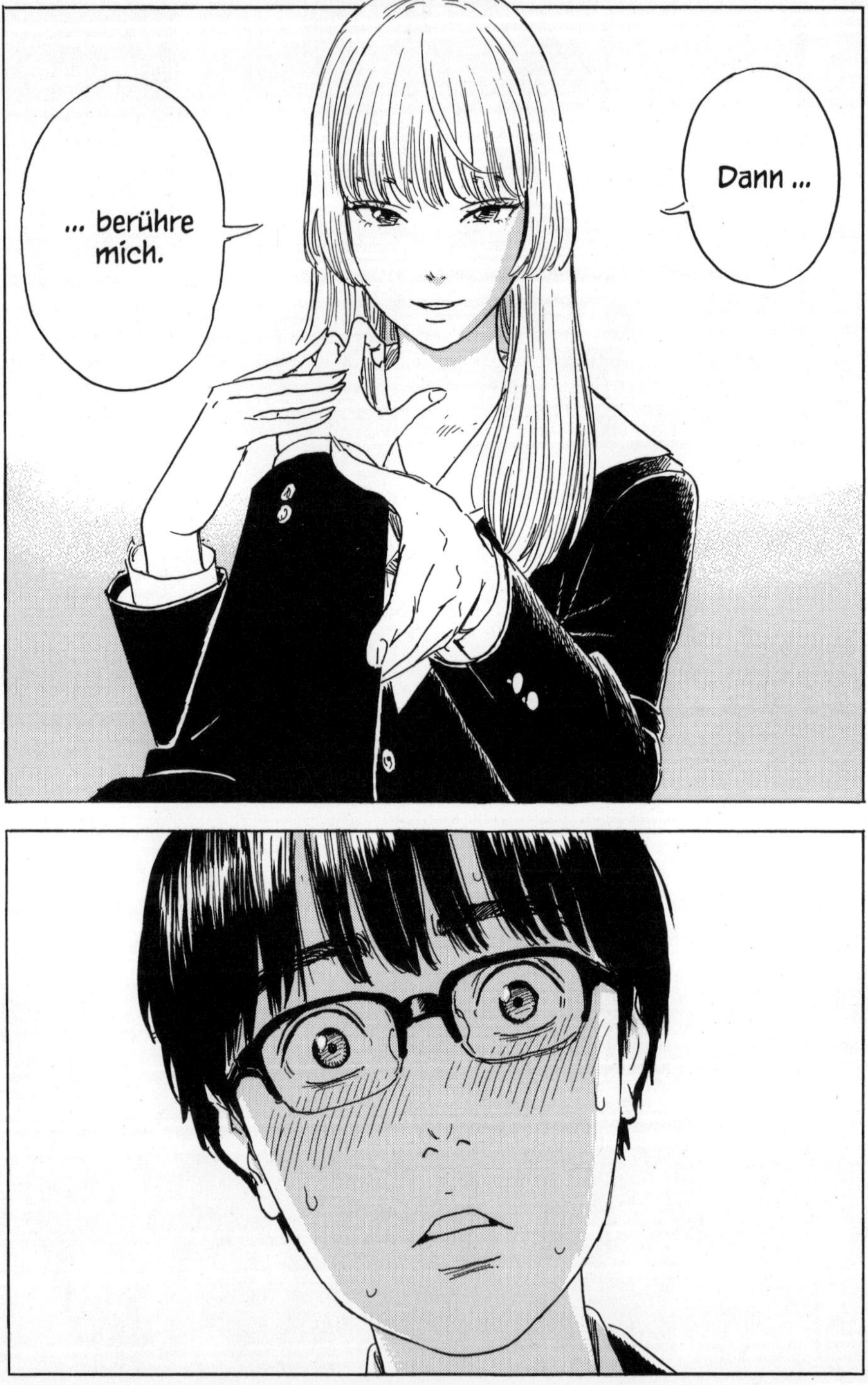
Dann ...
... berühre mich.

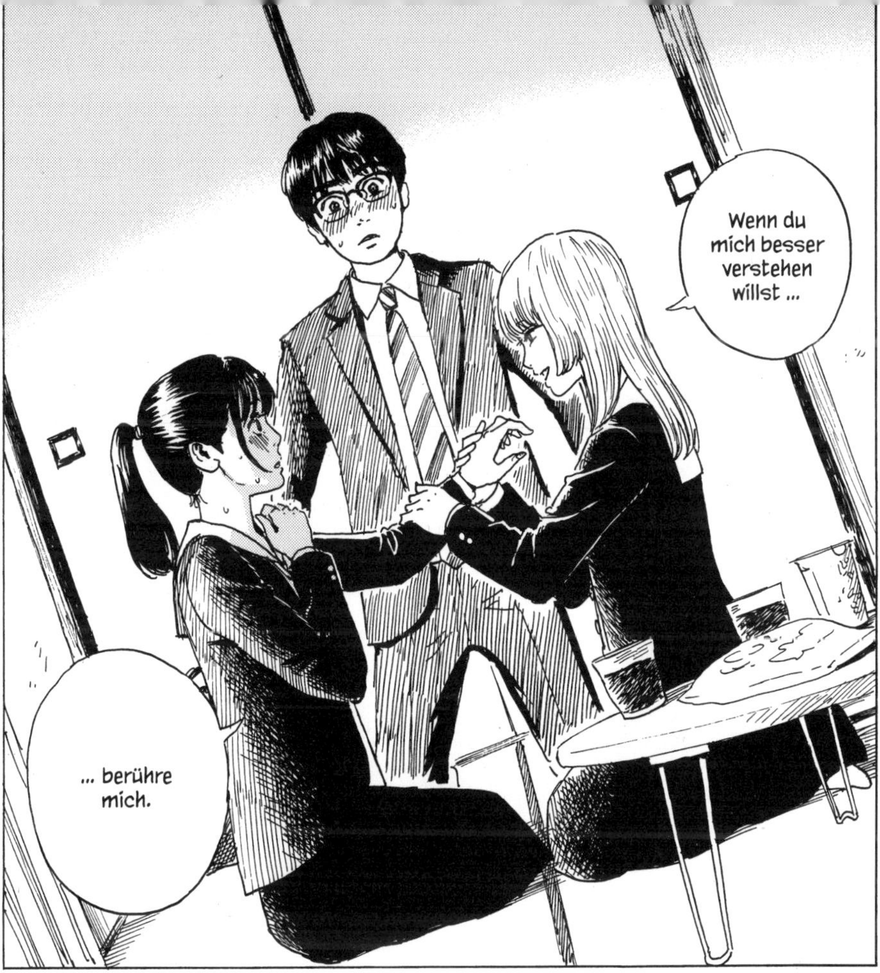
Wenn du mich besser verstehen willst ...
... berühre mich.

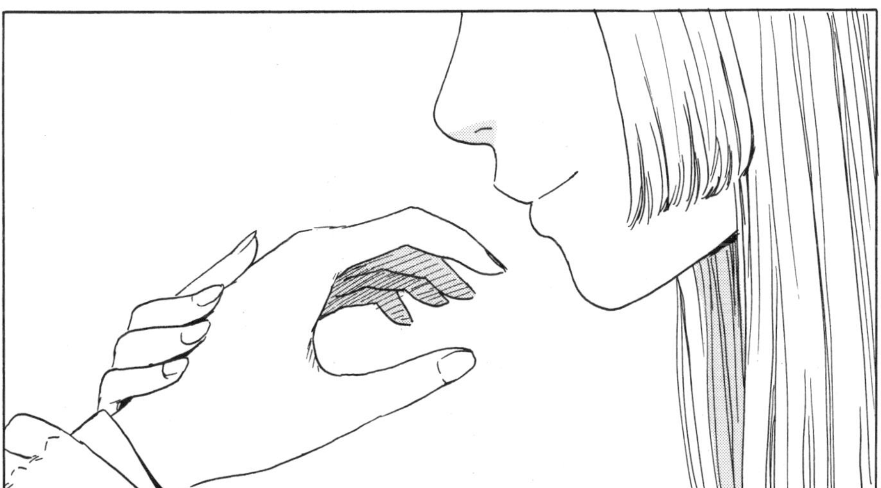

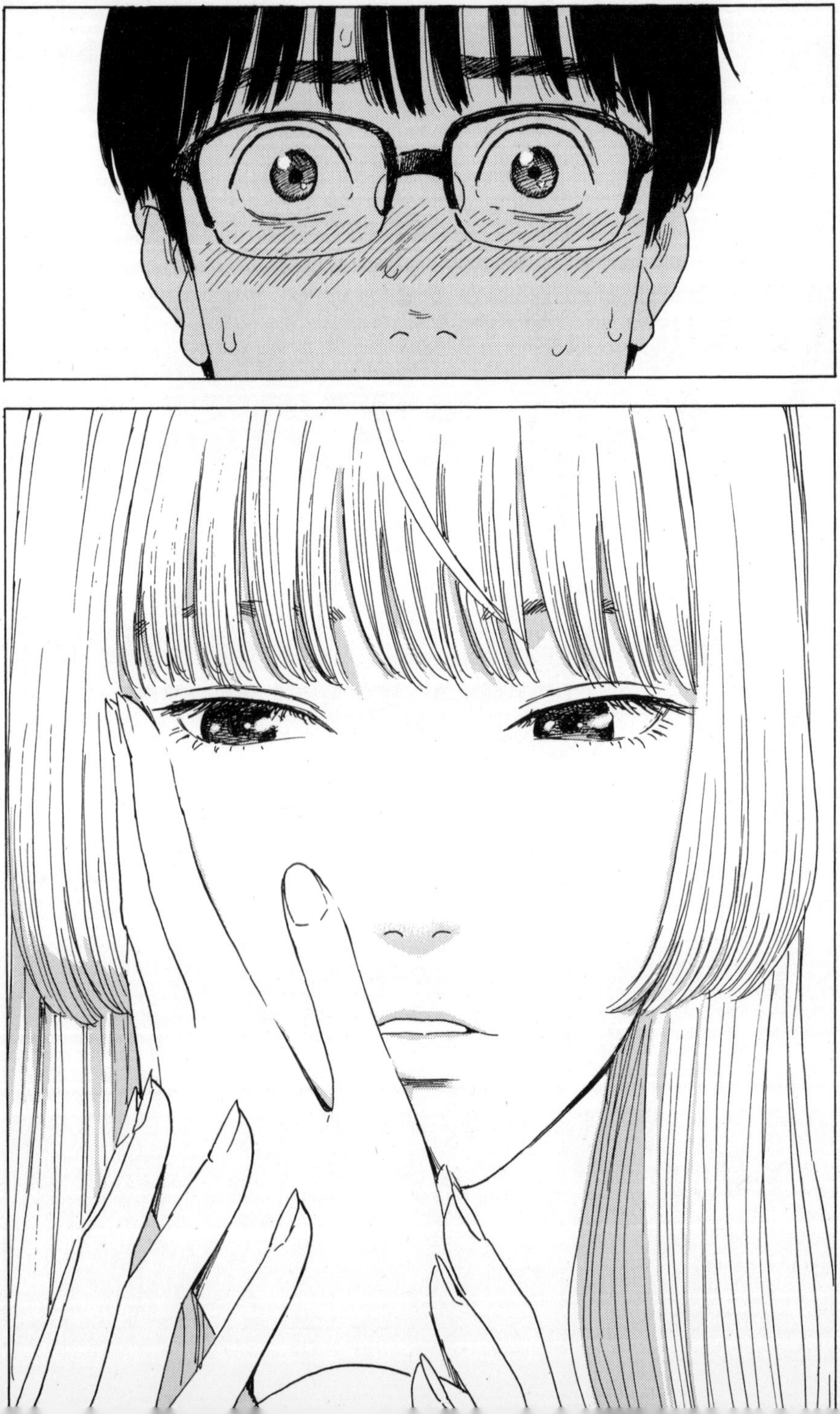

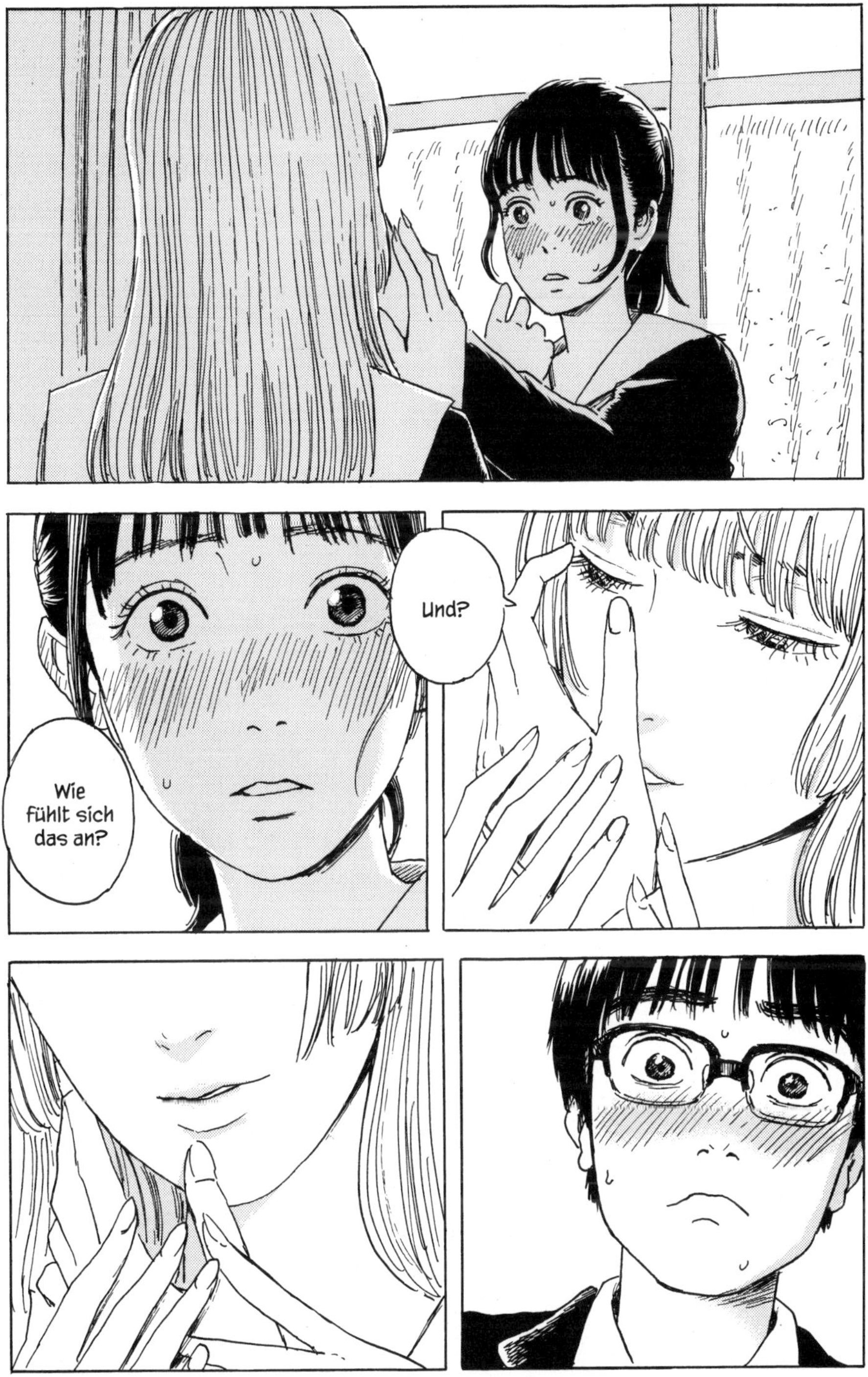
Und?
Wie fühlt sich das an?

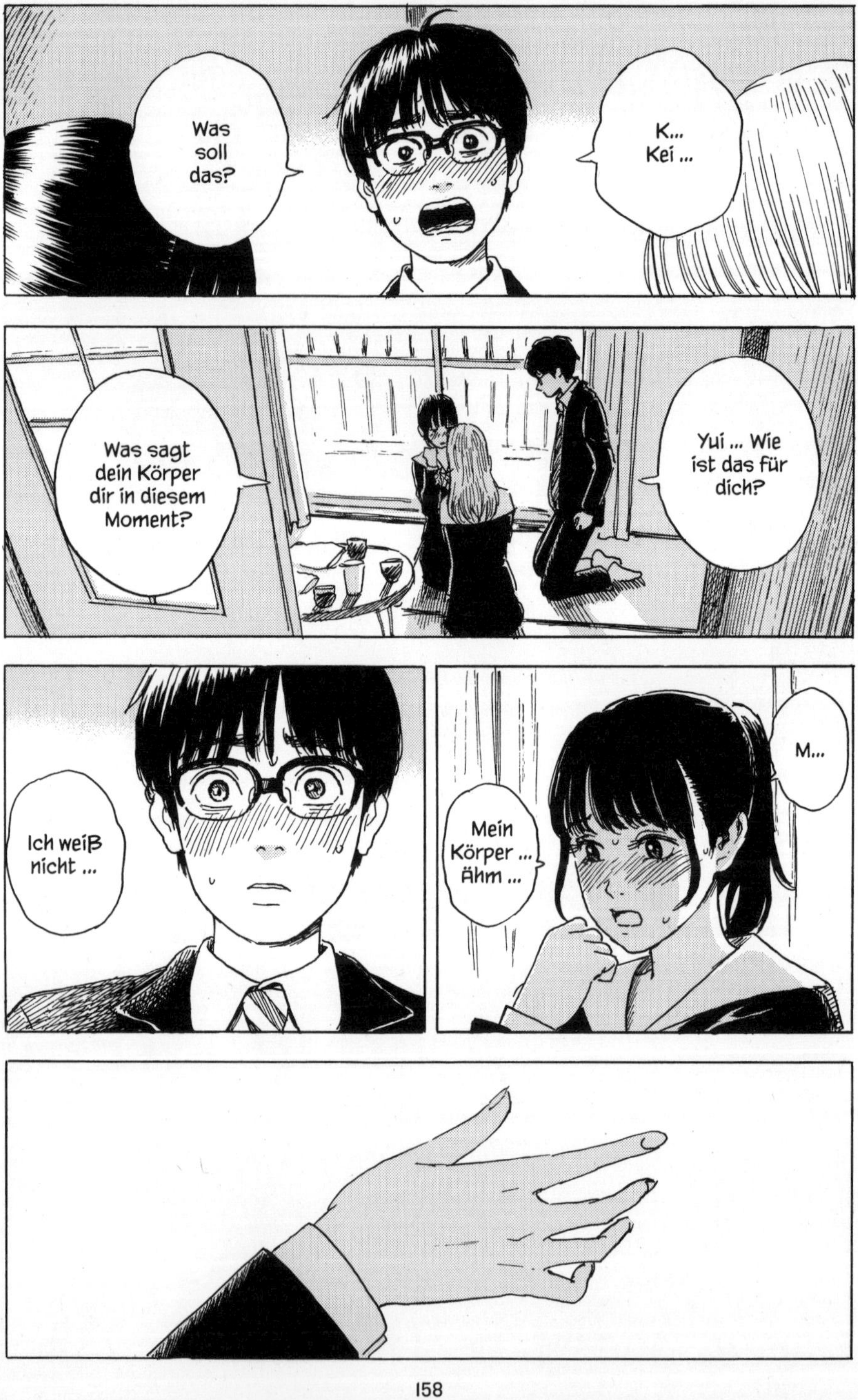
K... Kei ...
Was soll das?
Yui ... Wie ist das für dich?
Was sagt dein Körper dir in diesem Moment?
M...
Mein Körper ... Ähm ...
Ich weiß nicht ...

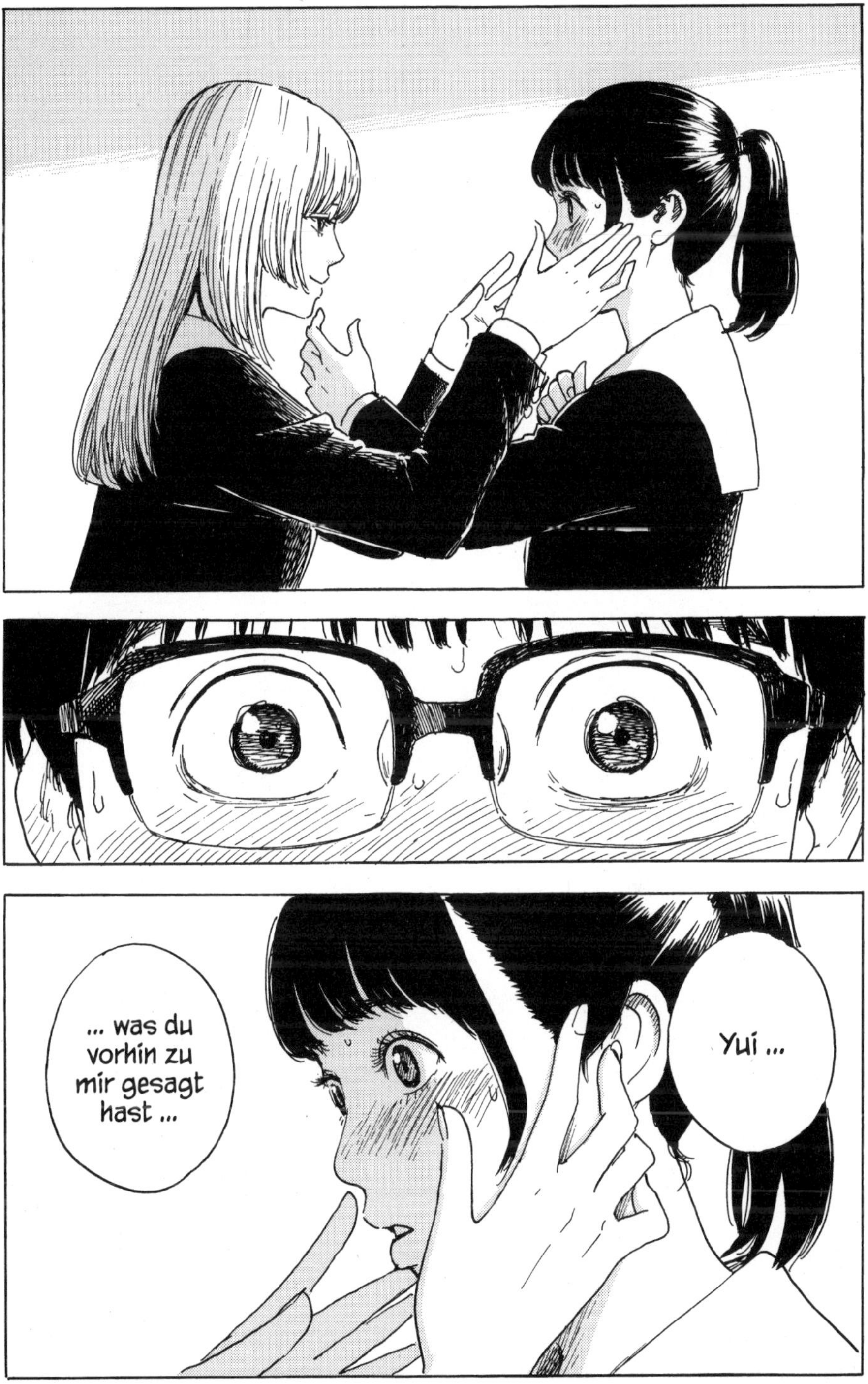
Yui ...
... was du vorhin zu mir gesagt hast ...

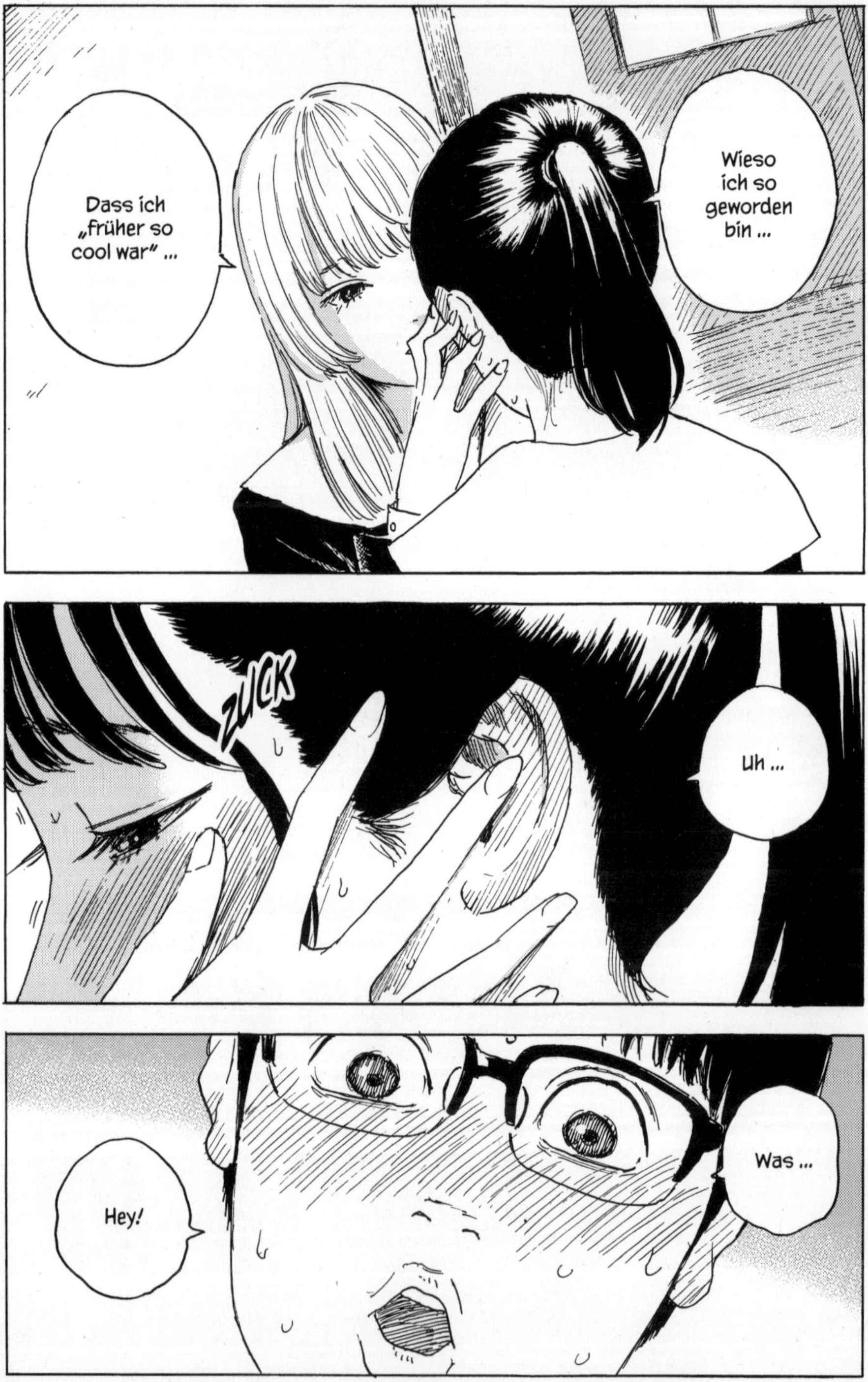
Wieso ich so geworden bin ...
Dass ich „früher so cool war" ...
ZUCK
Uh ...
Was ...
Hey!

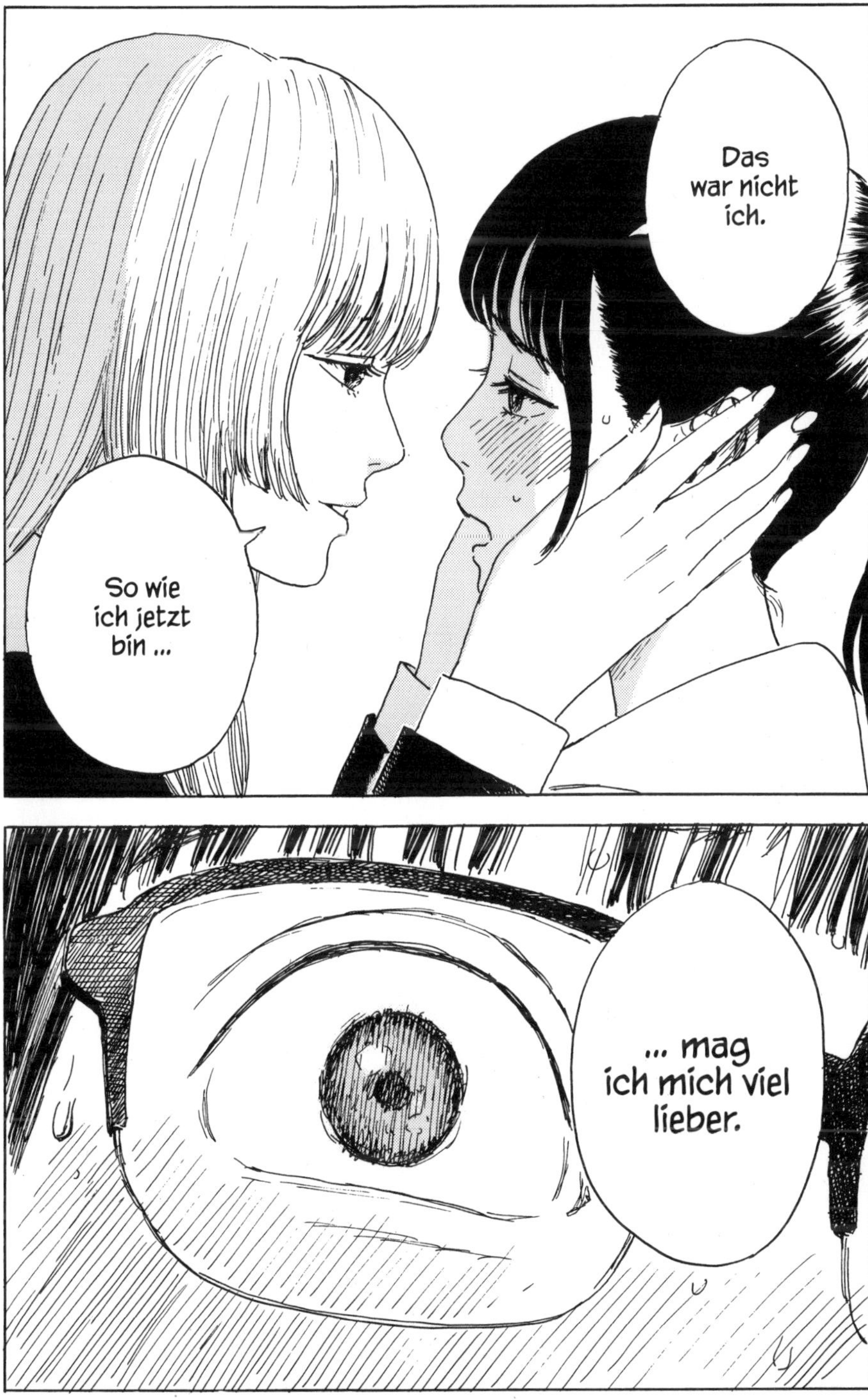
Das war nicht ich.
So wie ich jetzt bin ...
... mag ich mich viel lieber.

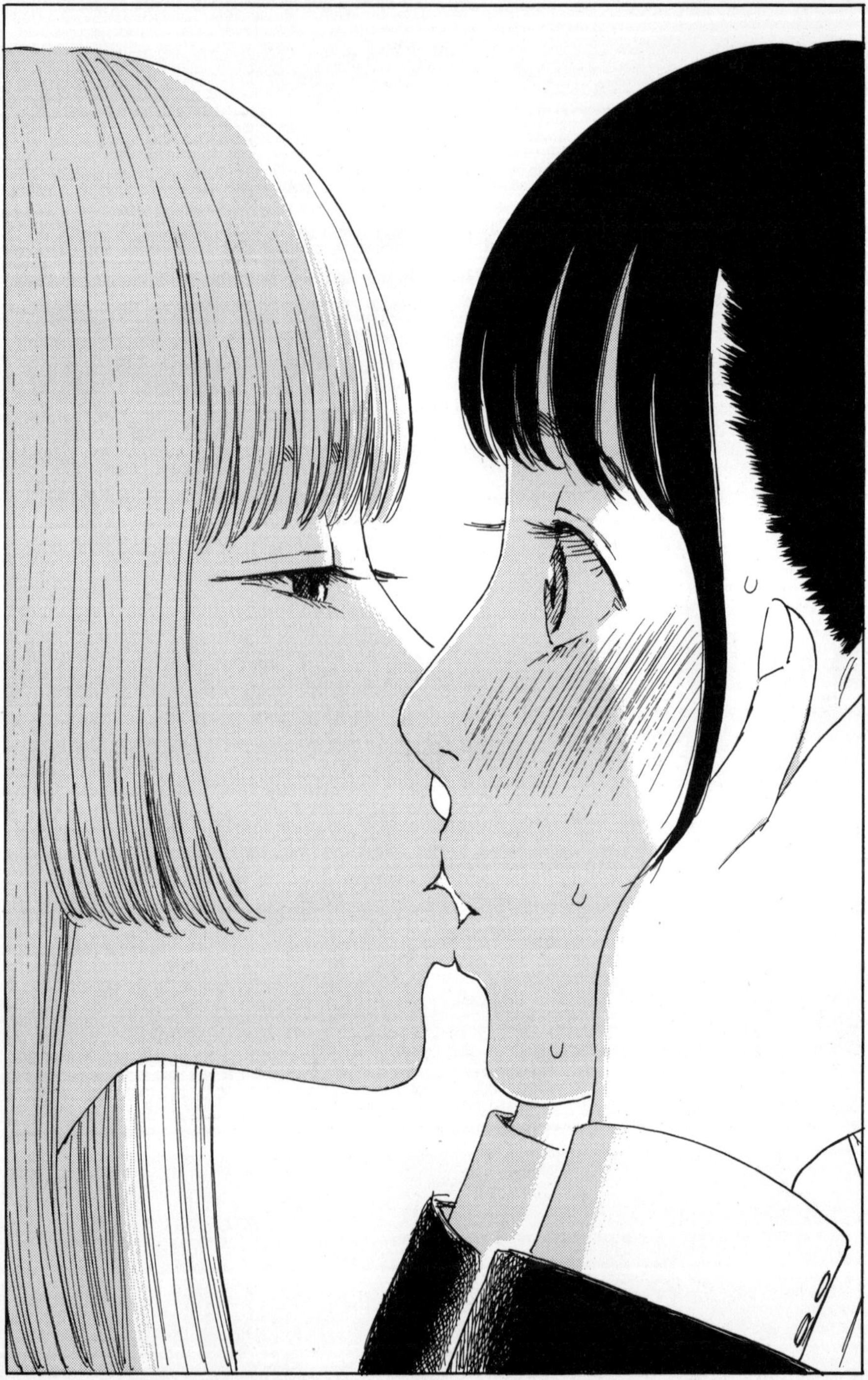

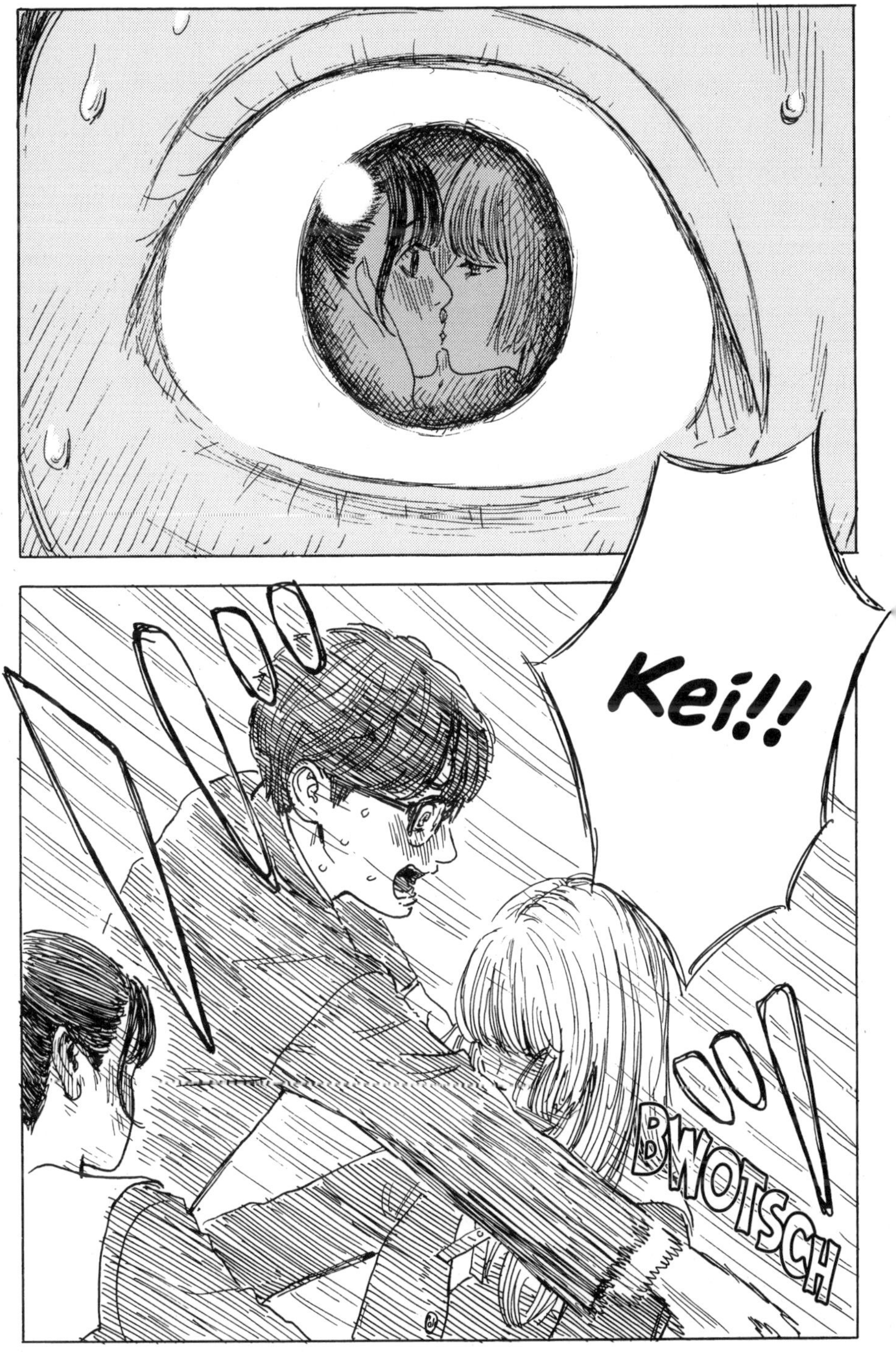
Kei!!
BWOTSCH

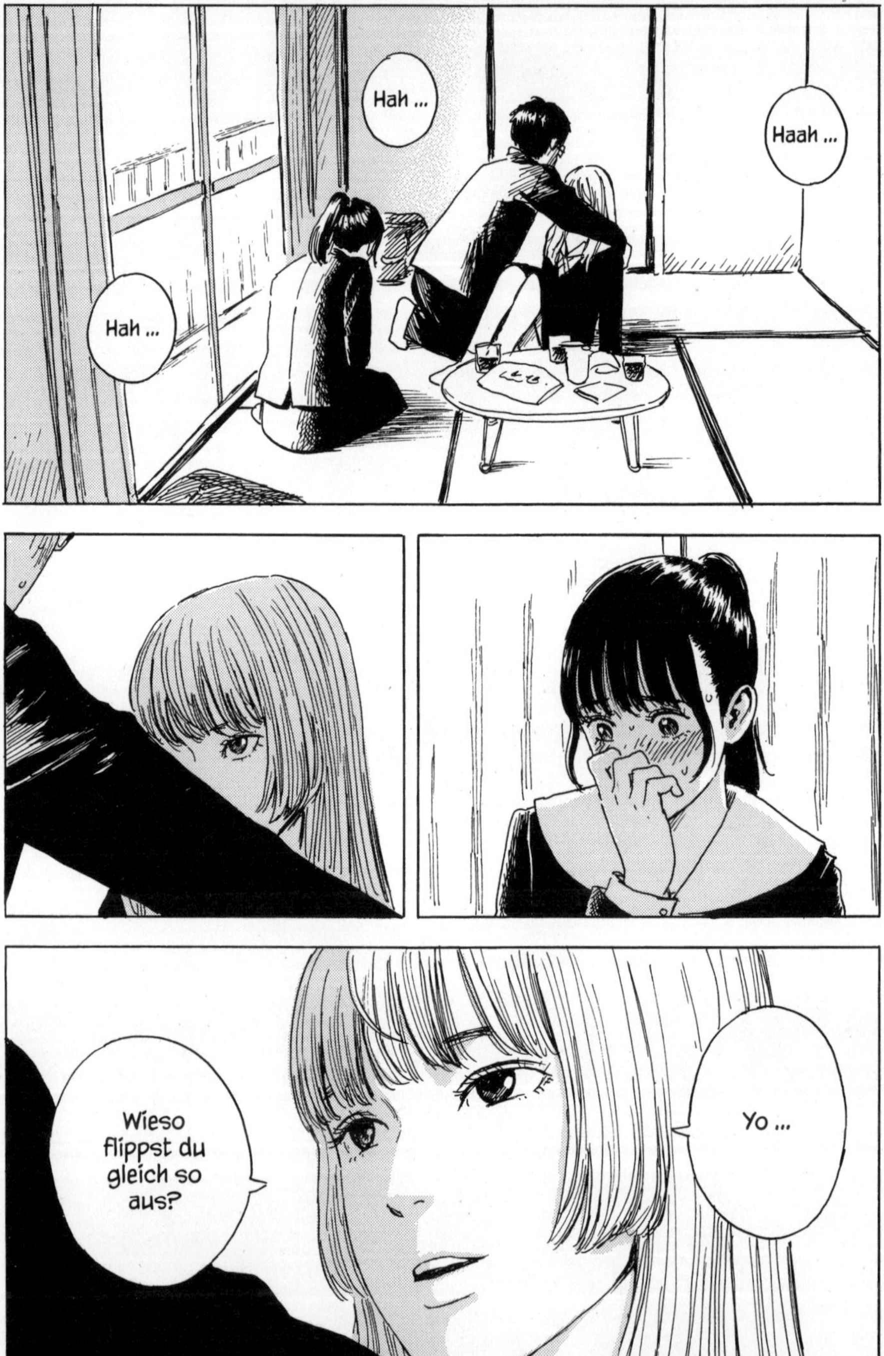
Haah ...
Hah ...
Hah ...
Yo ...
Wieso flippst du gleich so aus?

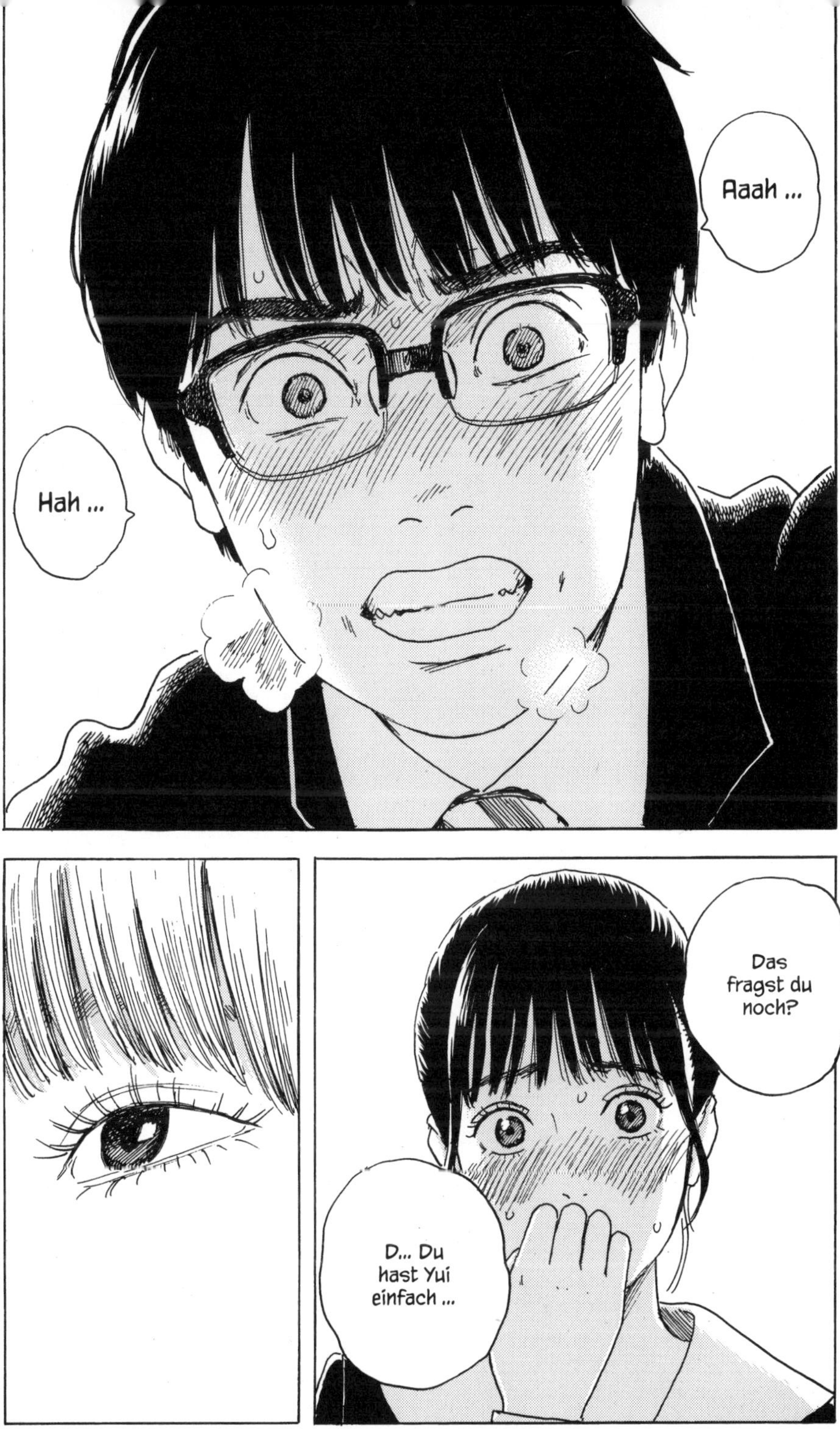
Aaah ...
Hah ...
Das fragst du noch?
D... Du hast Yui einfach ...

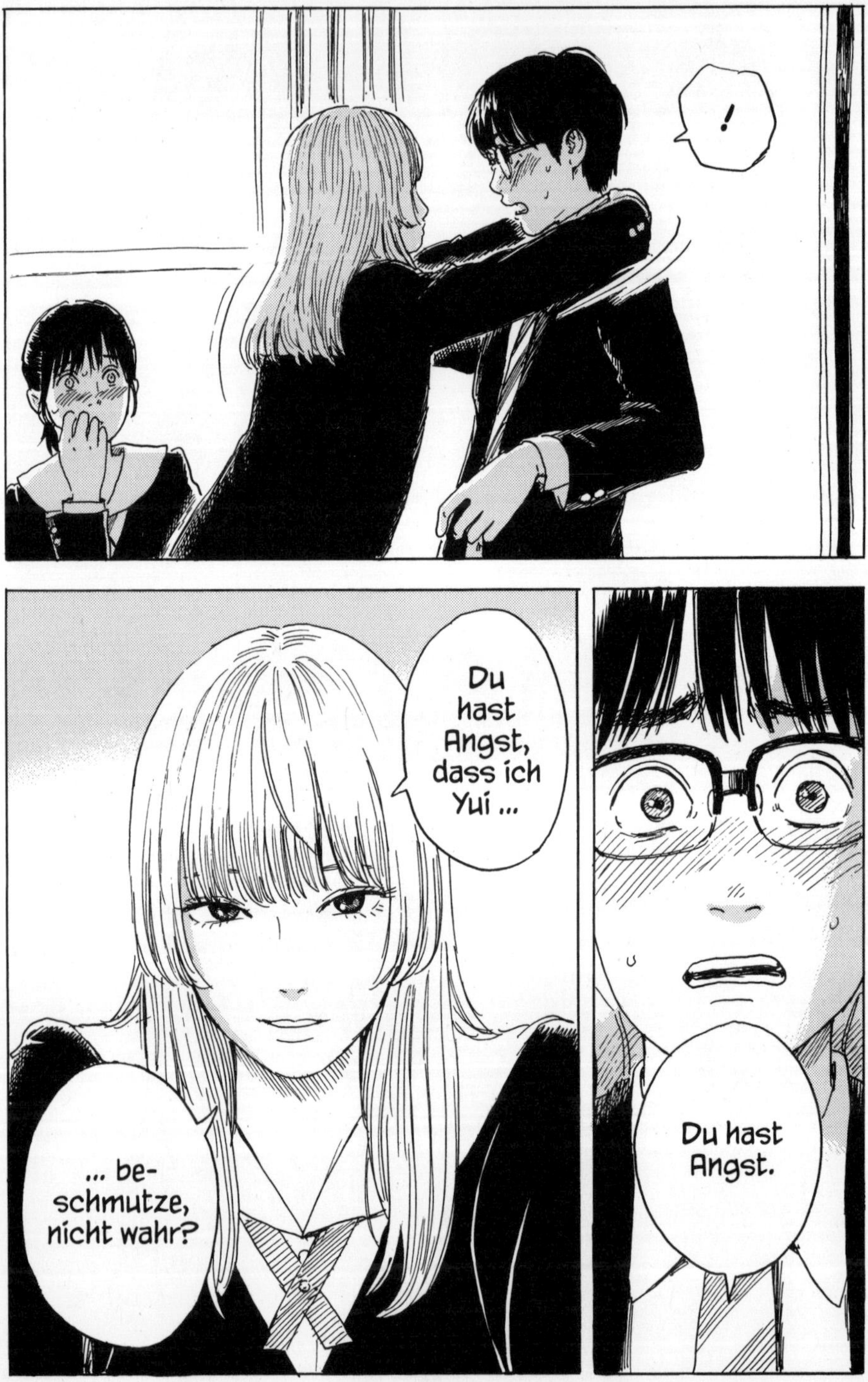
!
Du hast Angst, dass ich Yui ...
Du hast Angst.
... be-schmutze, nicht wahr?

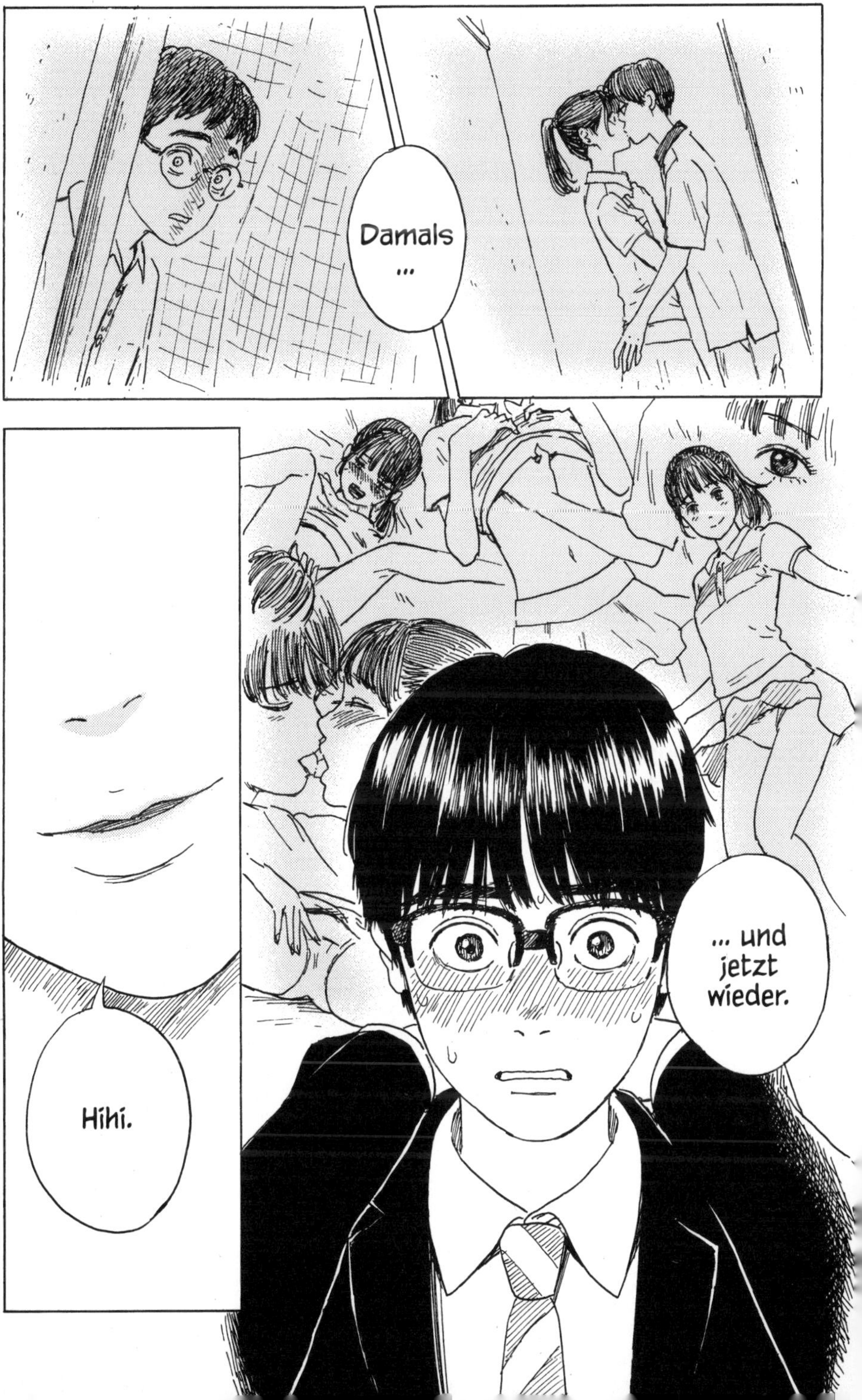
Damals ...
... und jetzt wieder.
Hihi.

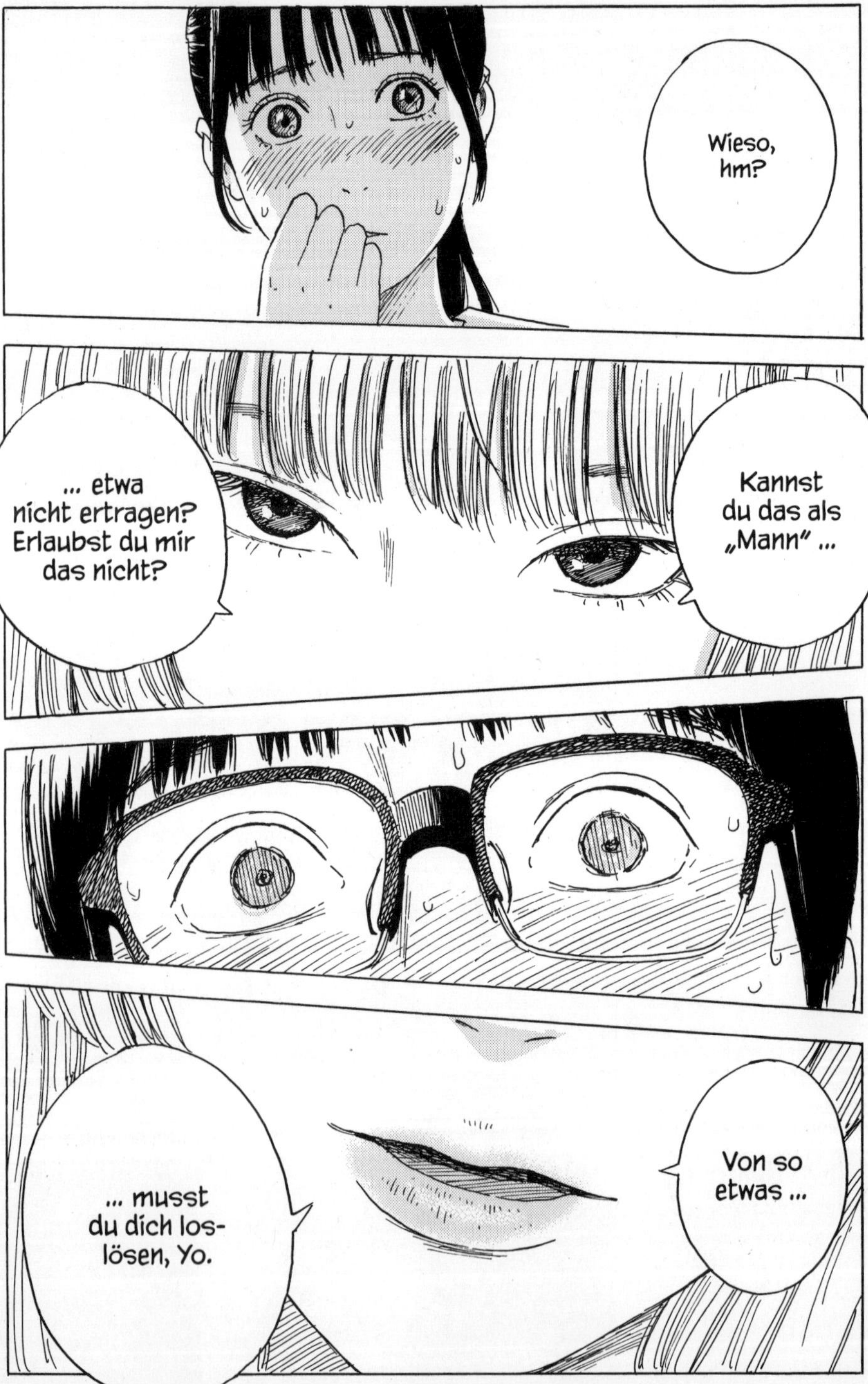
Wieso, hm?
Kannst du das als „Mann" ...
... etwa nicht ertragen? Erlaubst du mir das nicht?
Von so etwas ...
... musst du dich los-lösen, Yo.

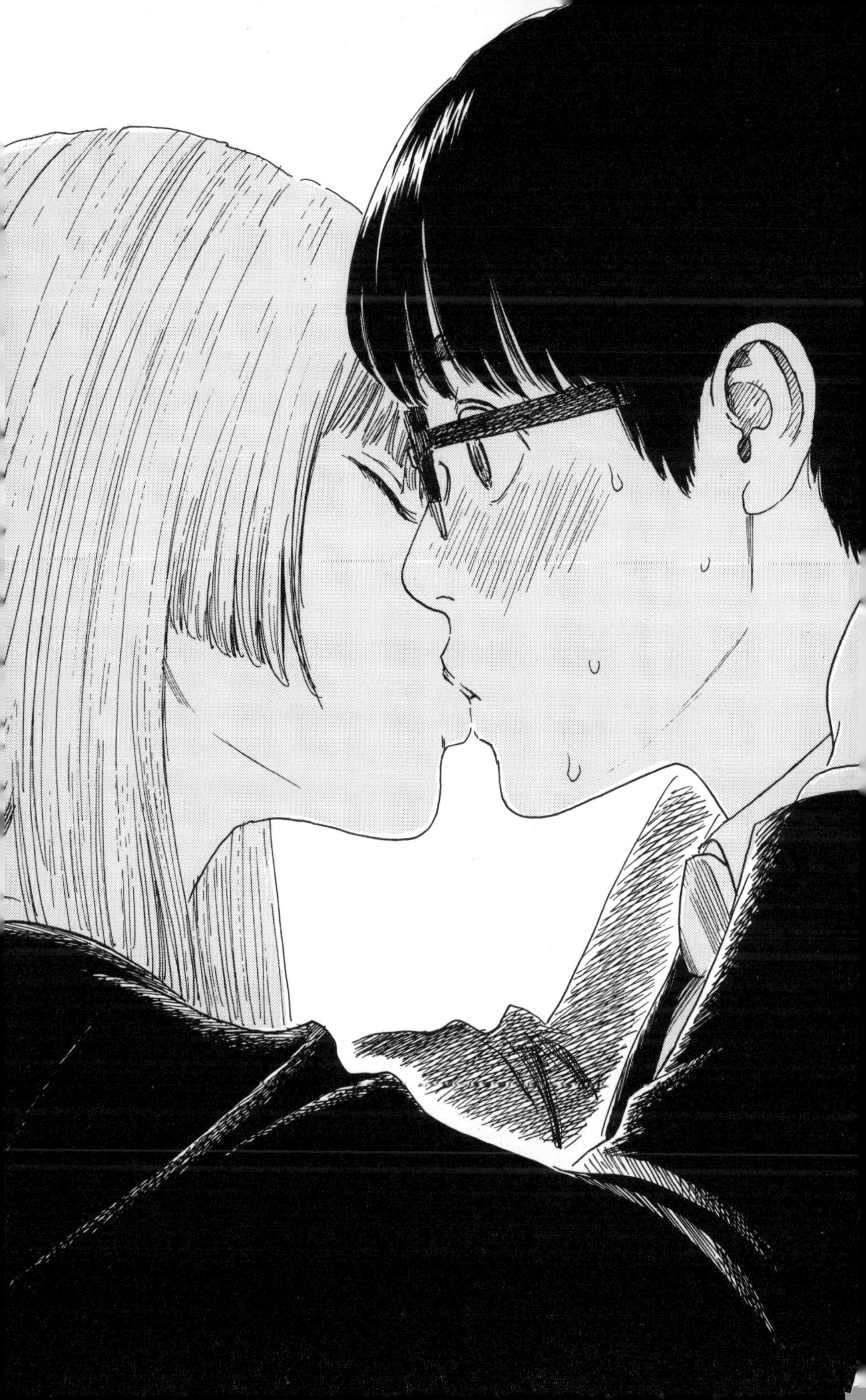

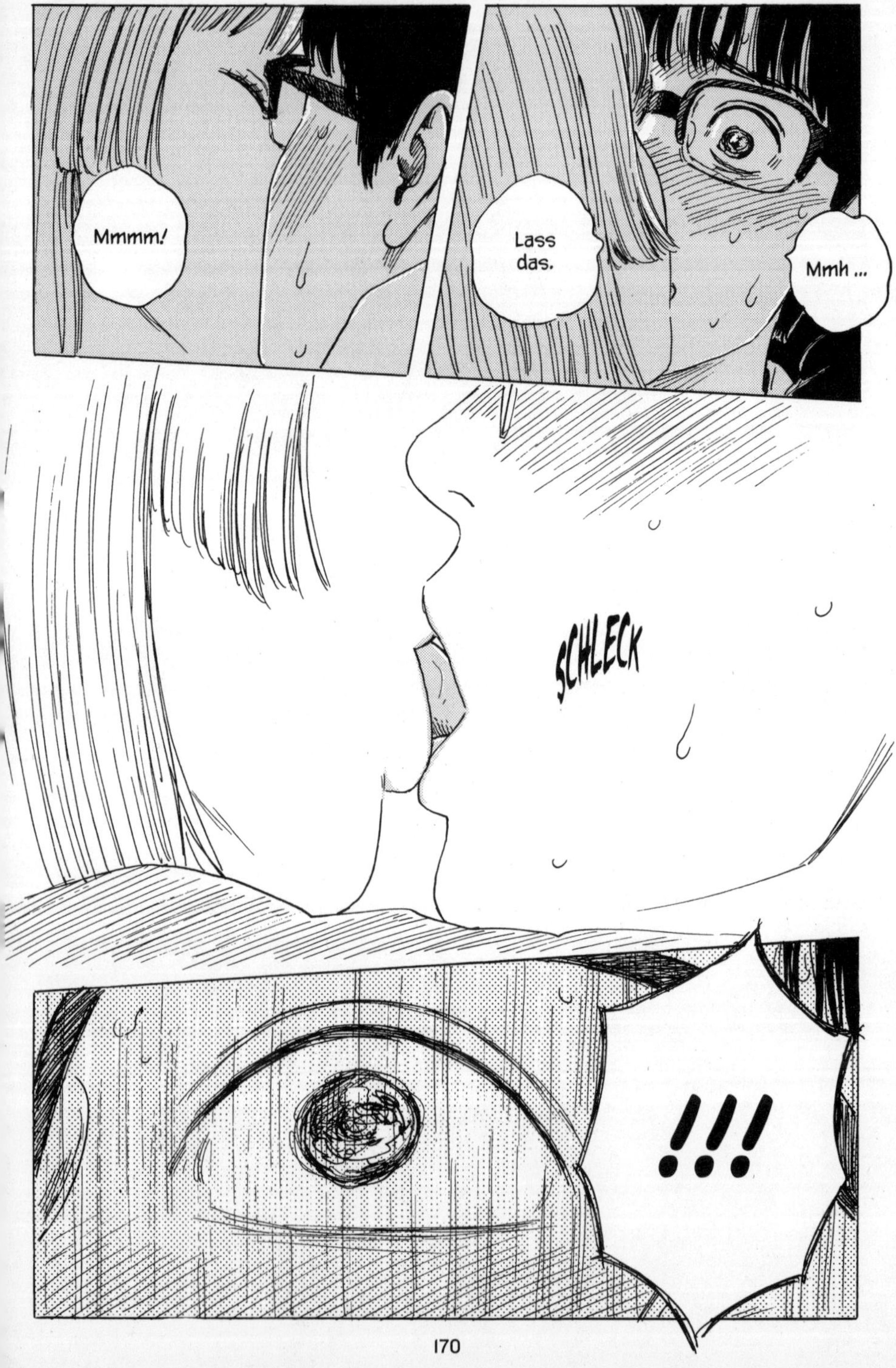
Mmh ...
Lass das.
Mmmm!
SCHLECK
!!!

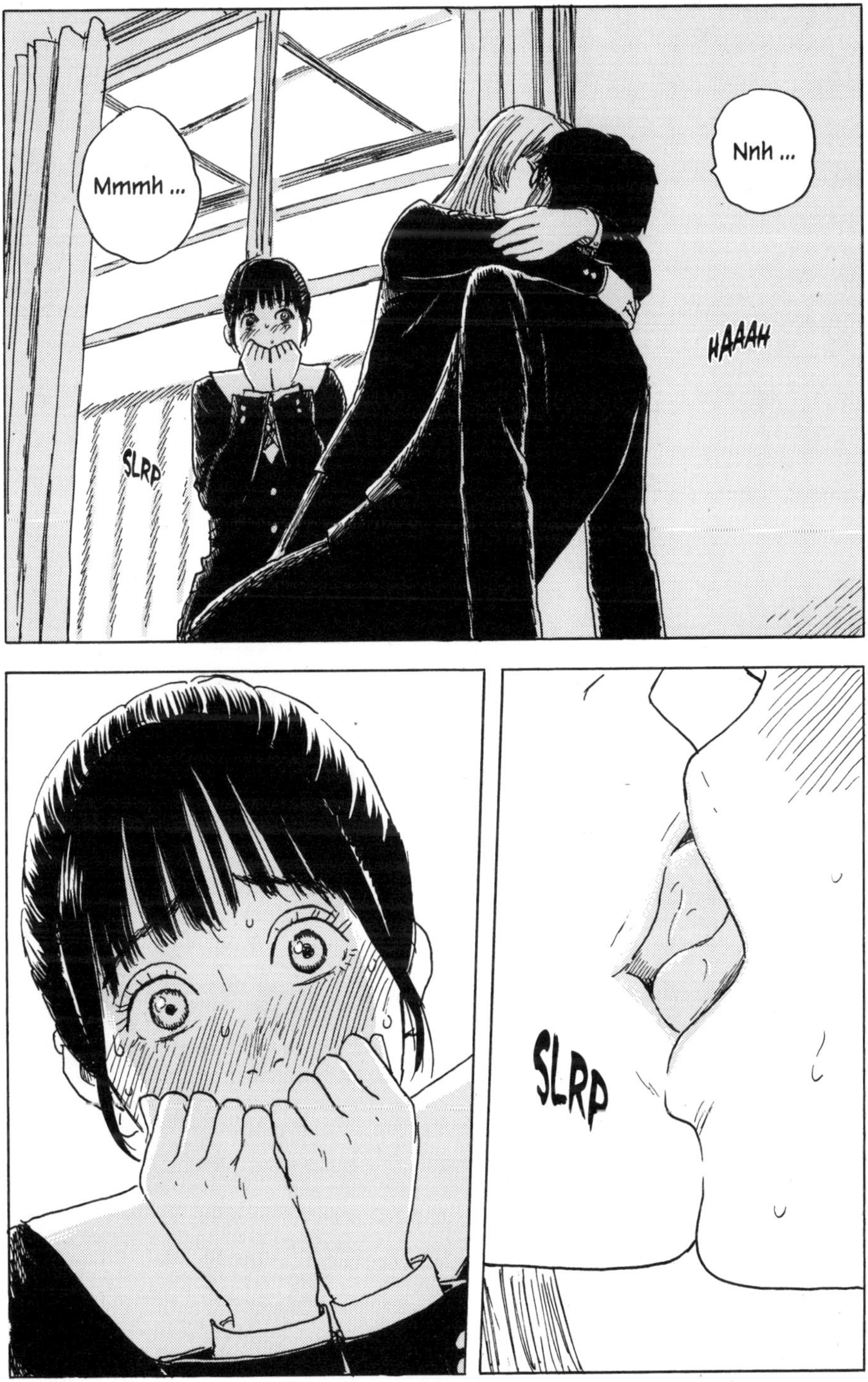
Nnh ...
Mmmh ...
HAAAH
SLRP
SLRP

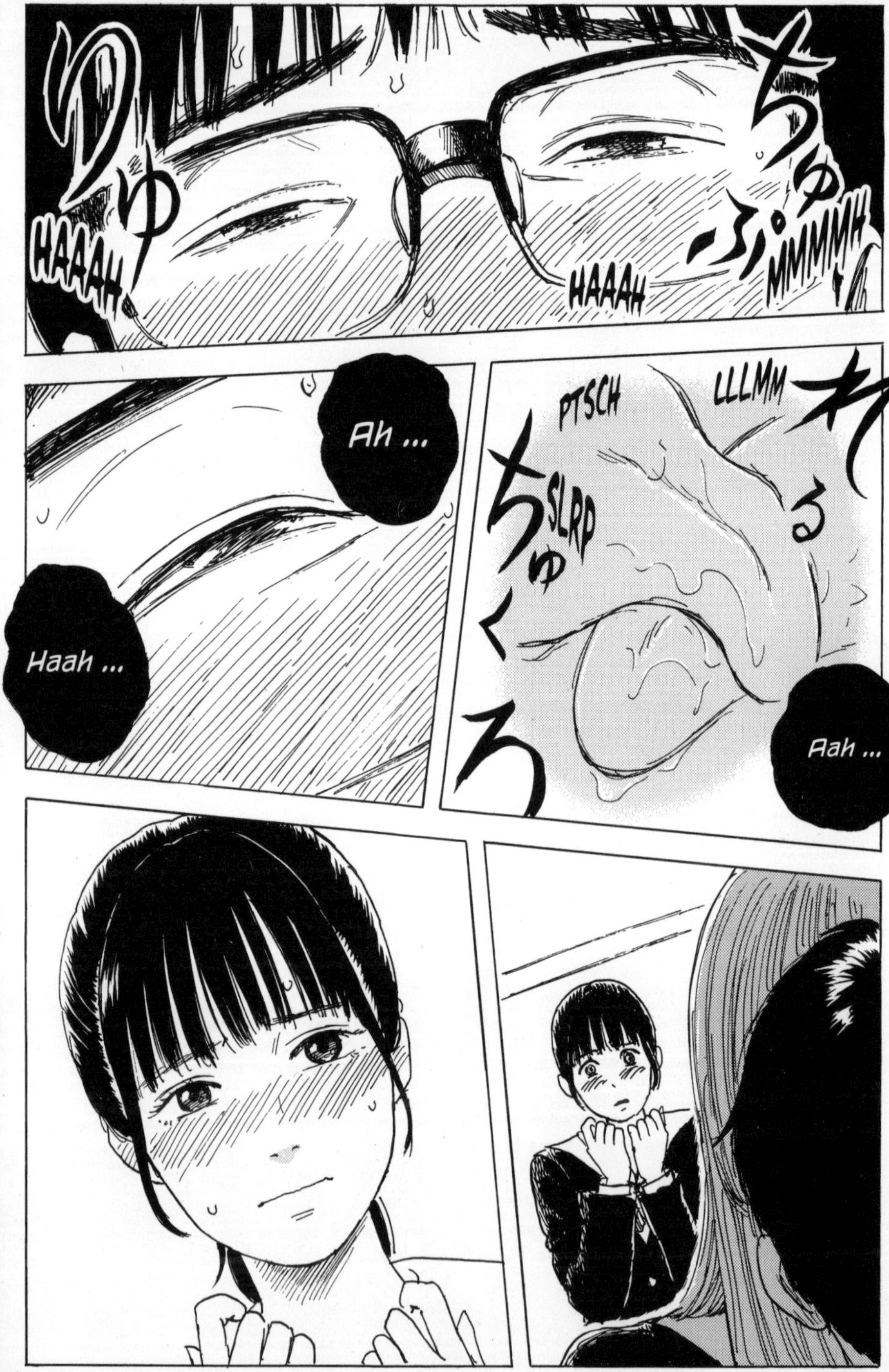
ちゅぷ
MMMMH
HAAAH
HAAAH
LLLMM
PTSCH
SLRP
Aah ...
Ah ...
Haah ...

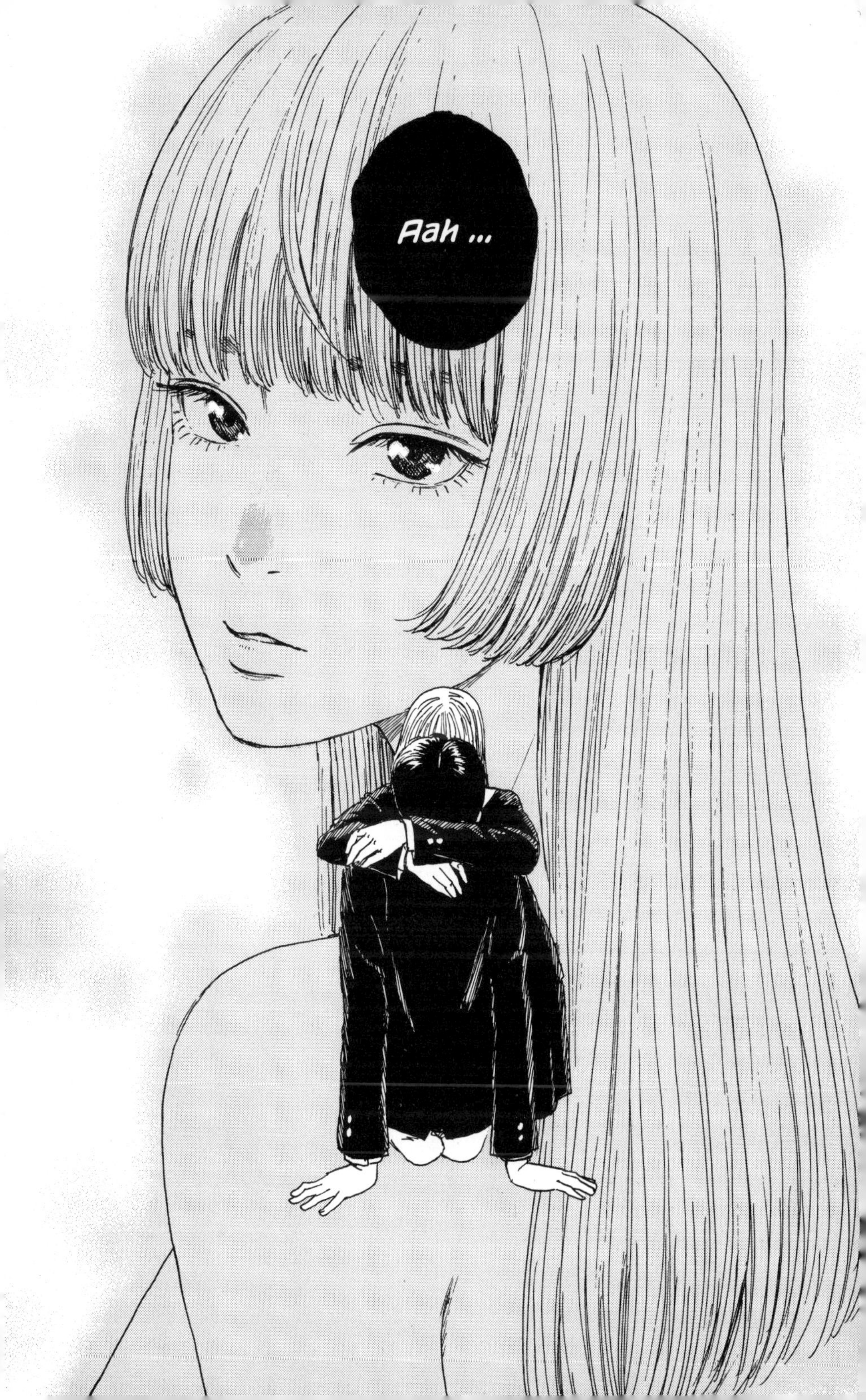
Aah ...

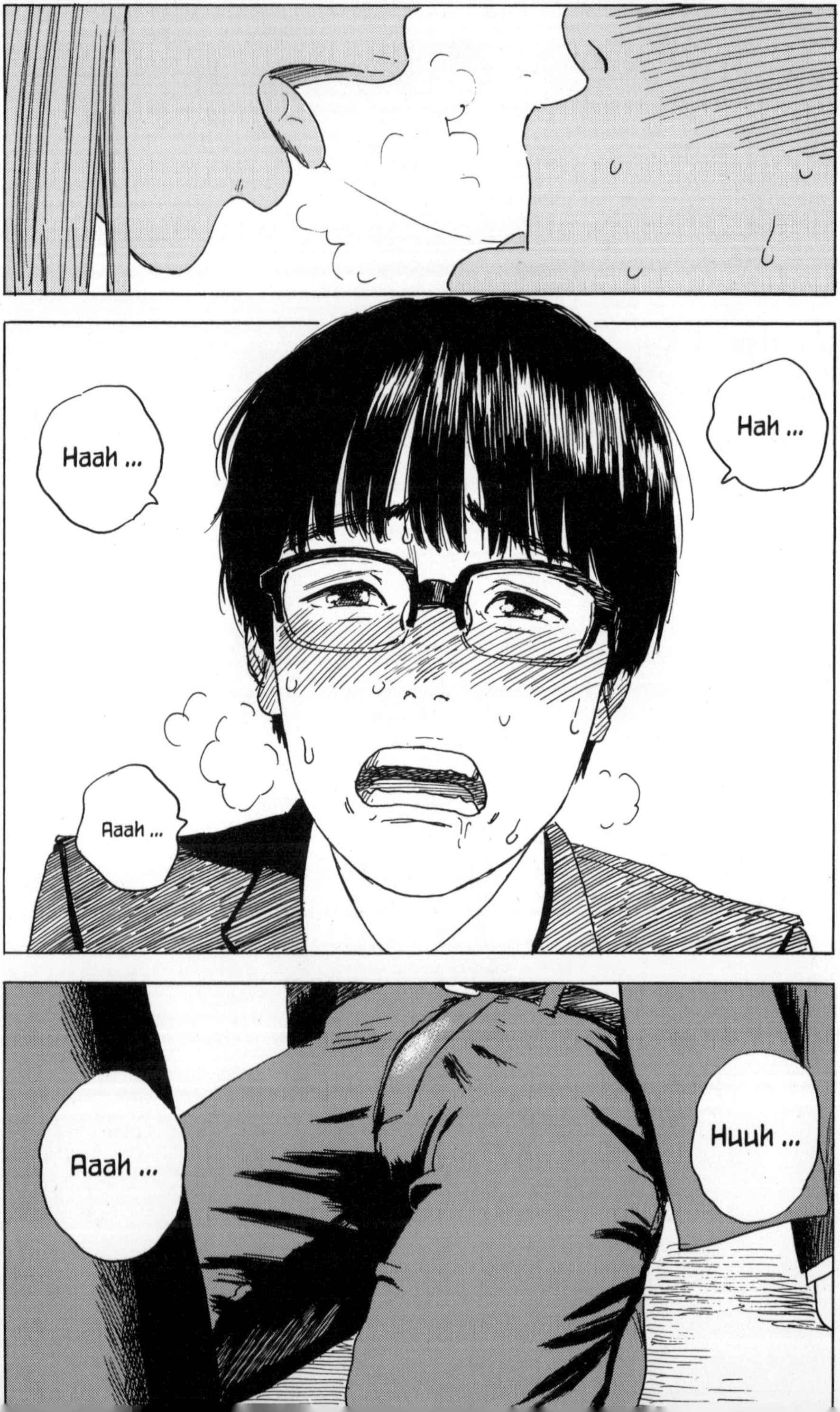
Hah ...
Haaah ...
Aaah ...
Huuh ...
Aaah ...

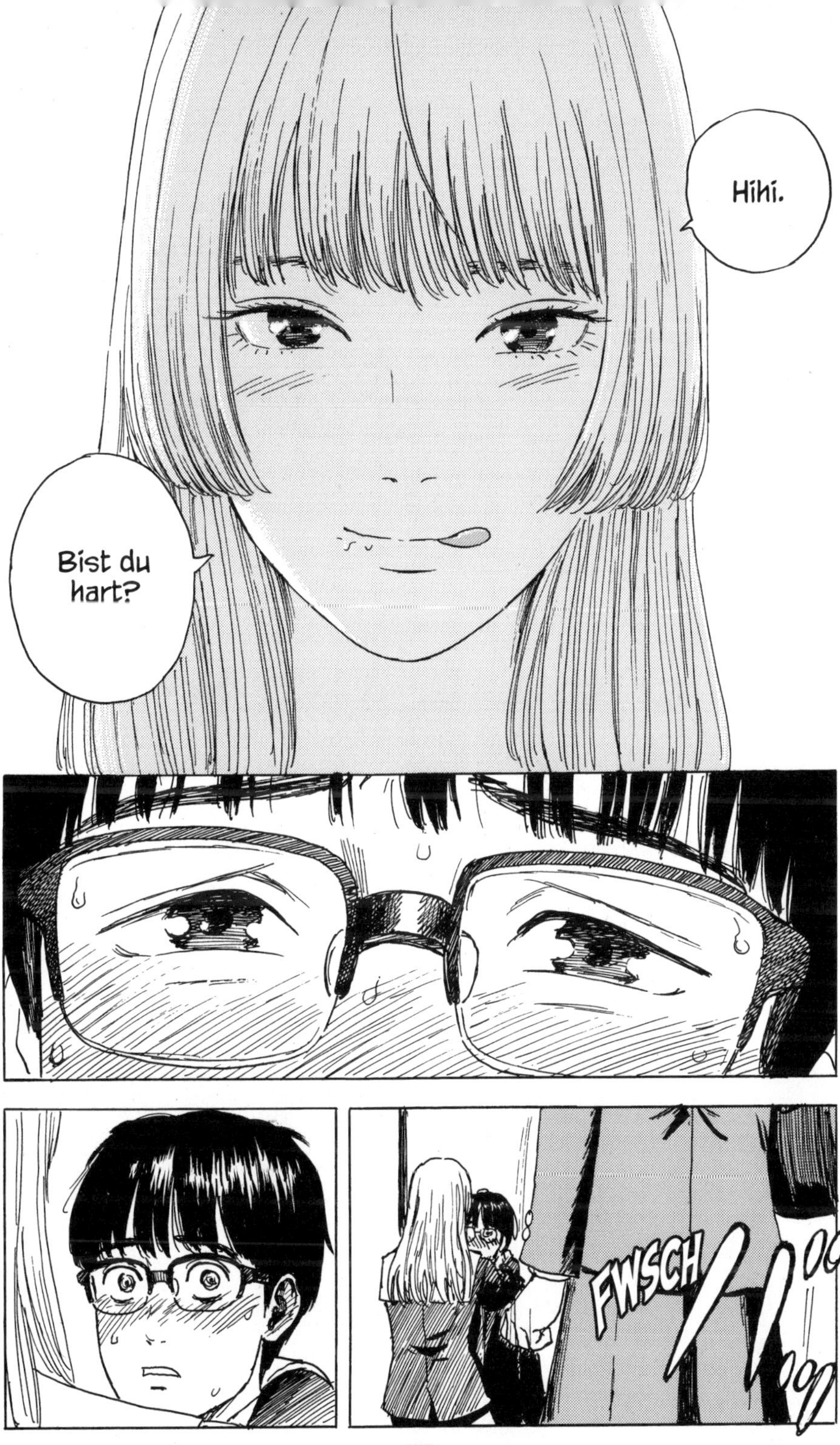
Hihi.
Bist du hart?
FWSCH

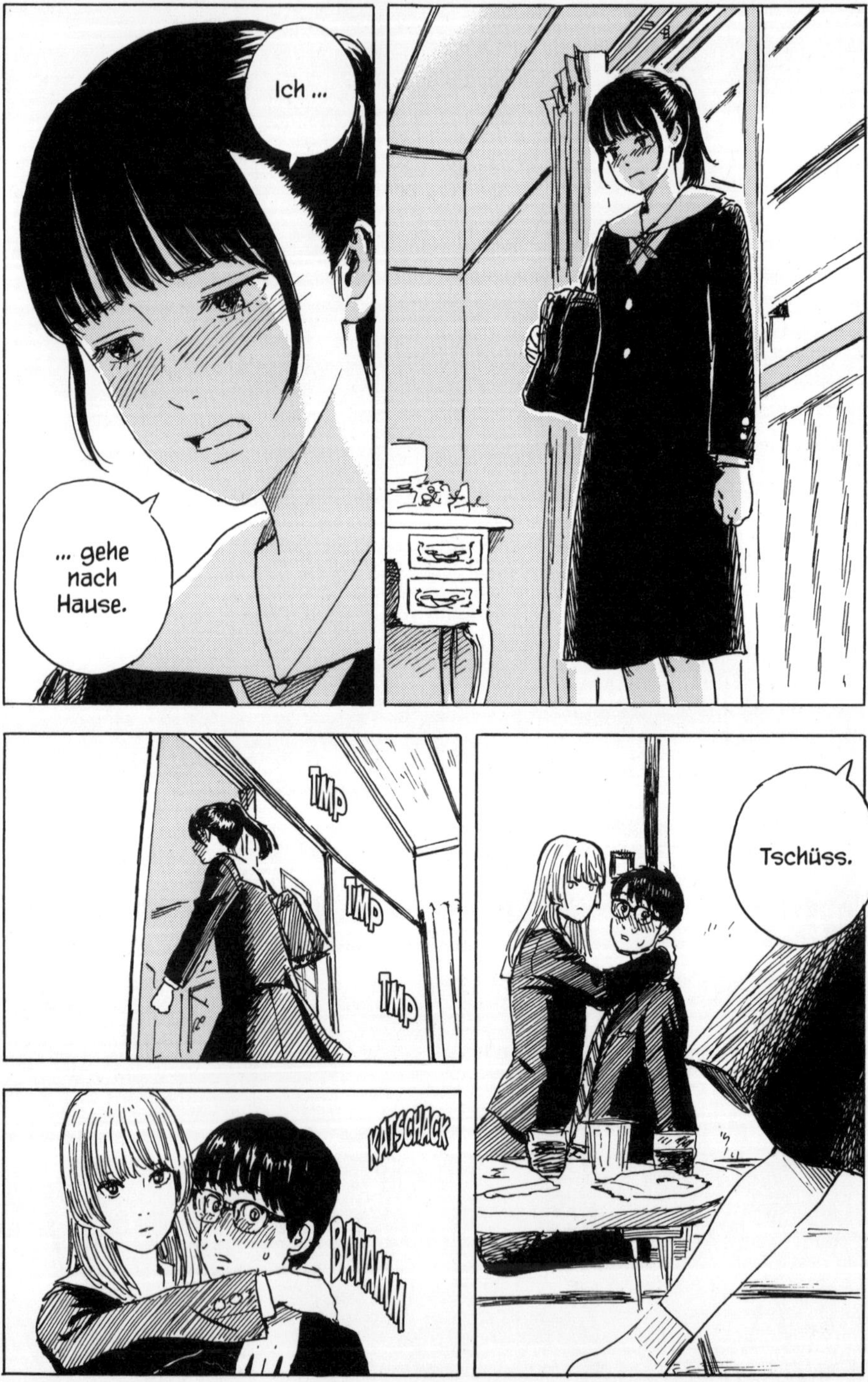
Ich ...
... gehe nach Hause.
Tschüss.
TMP
TMP
TMP
KATSCHACK
BATAMM

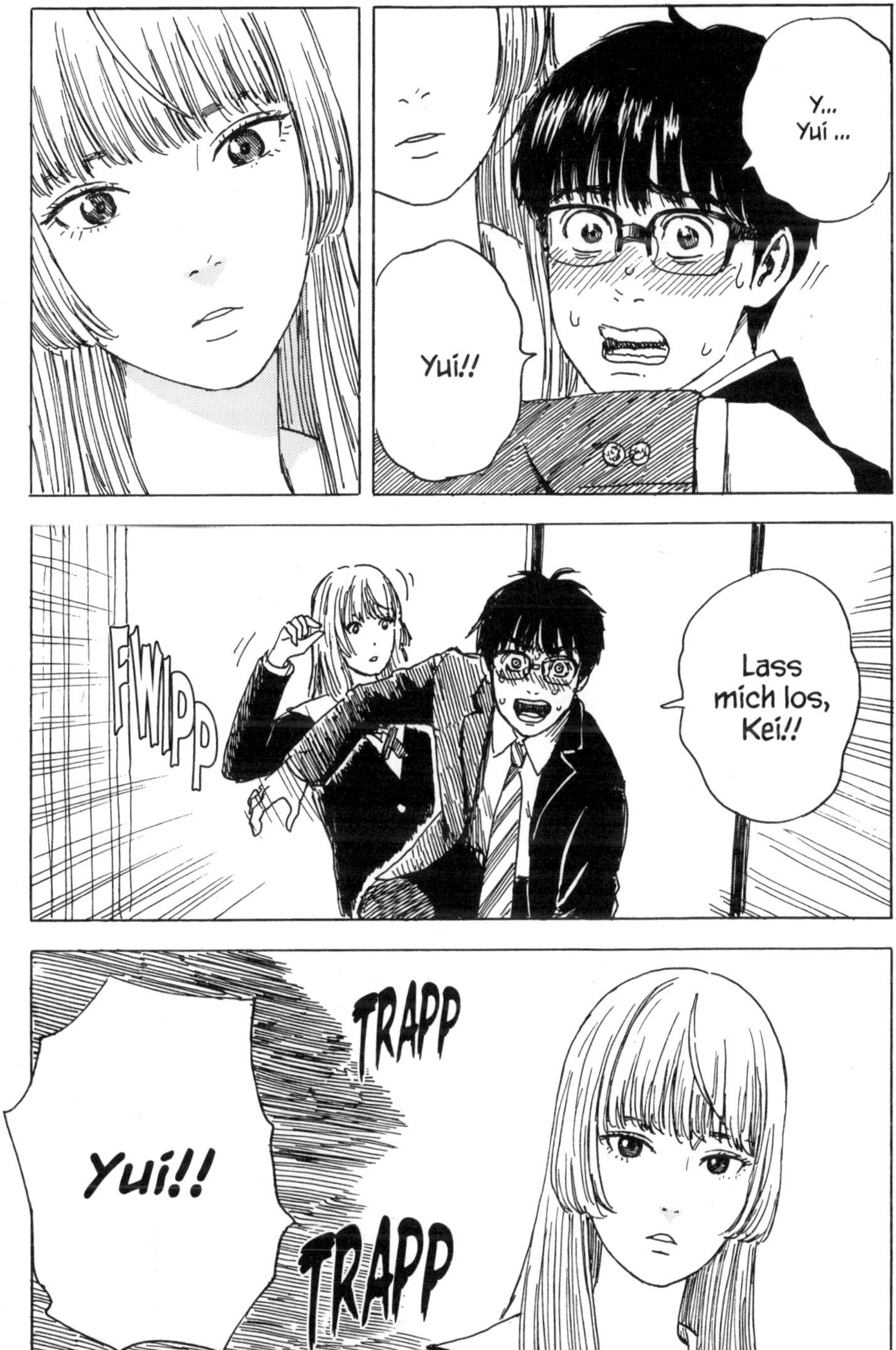
Y...
Yui ...
Yui!!
Lass mich los, Kei!!
FWIPP
TRAPP
TRAPP
Yui!!

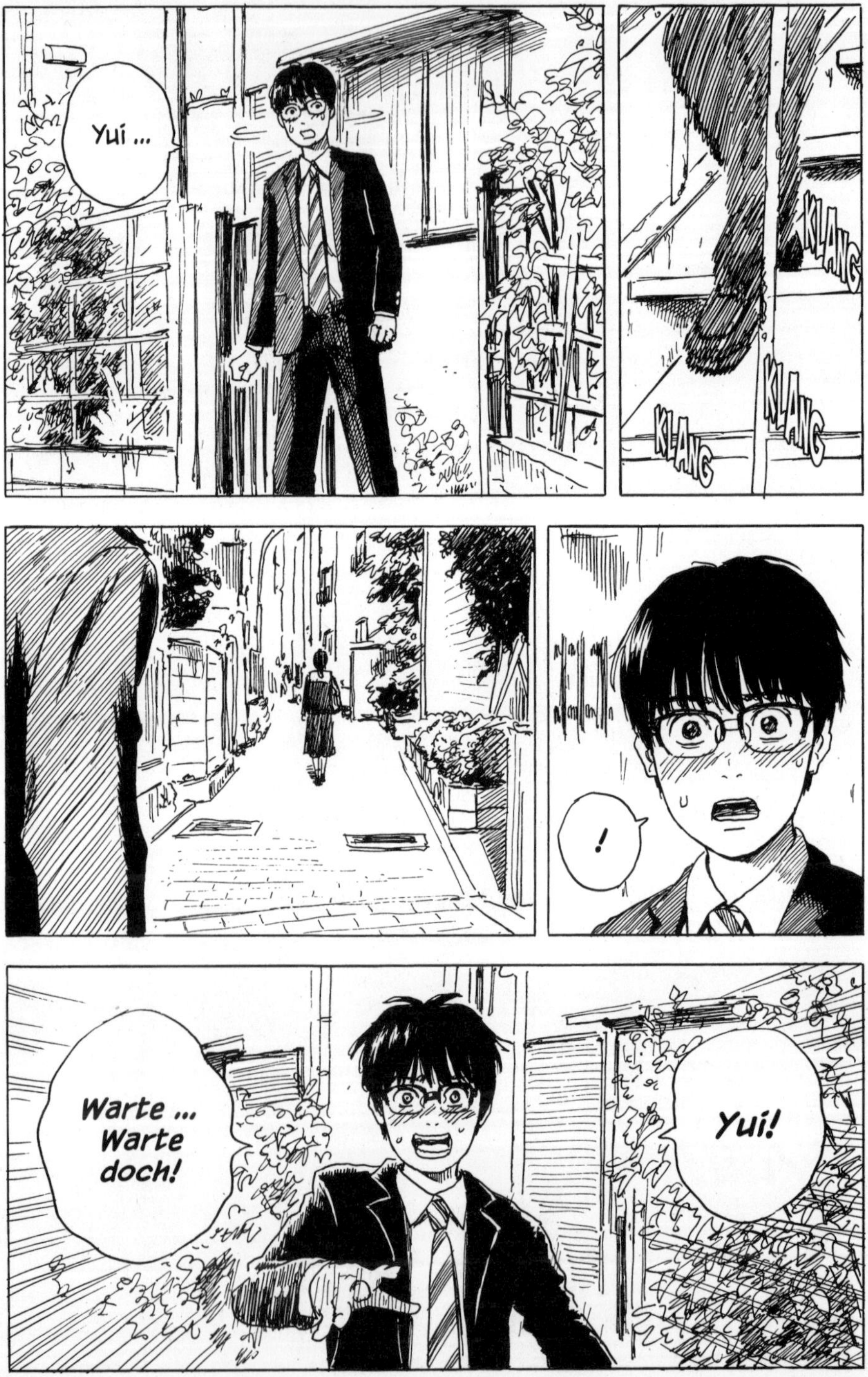
KLANG
KLANG
KLANG
Yui ...
!
Yui!
Warte ... Warte doch!

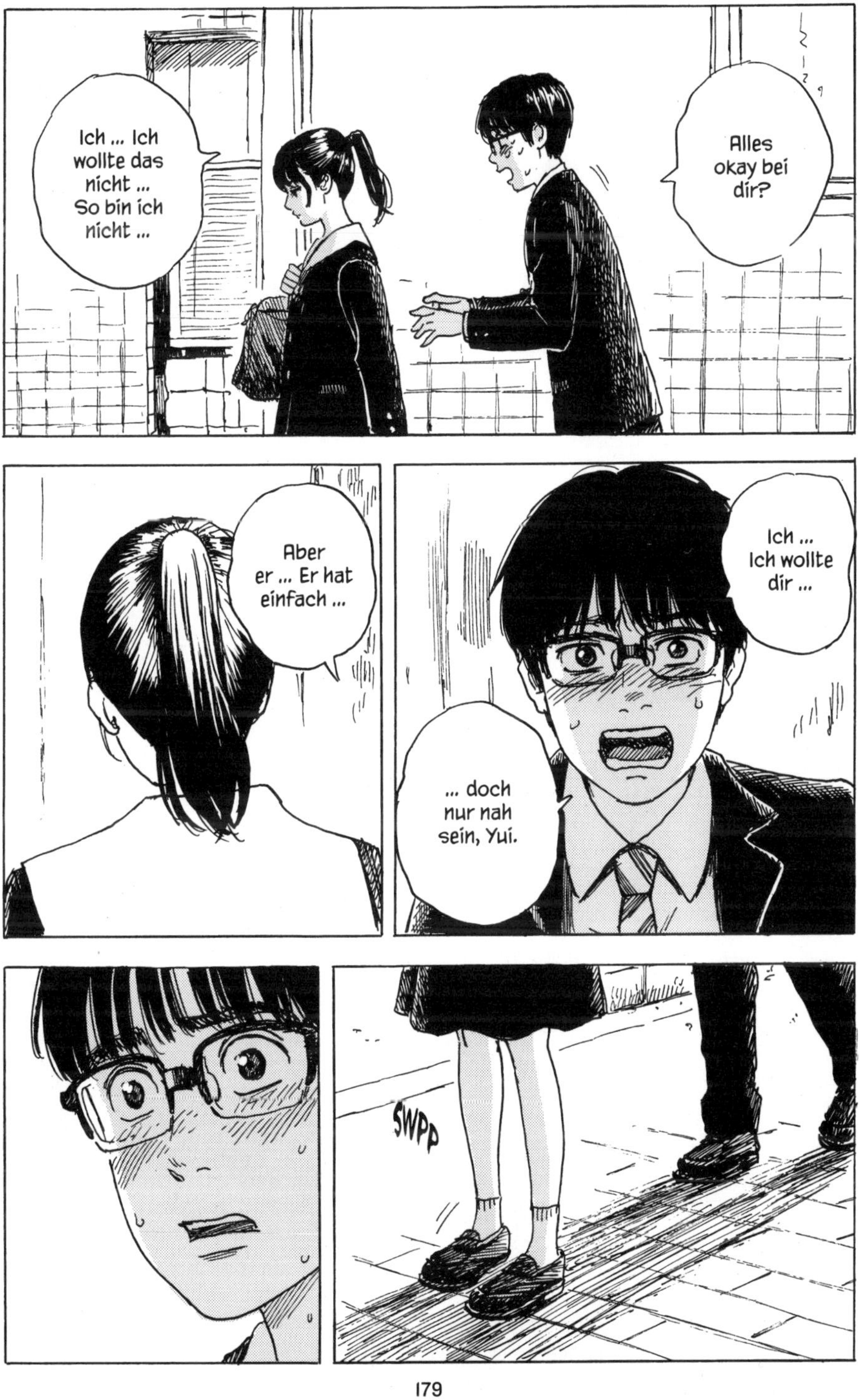
Alles okay bei dir?
Ich ... Ich wollte das nicht ... So bin ich nicht ...
Ich ... Ich wollte dir ...
... doch nur nah sein, Yui.
Aber er ... Er hat einfach ...
SWPP

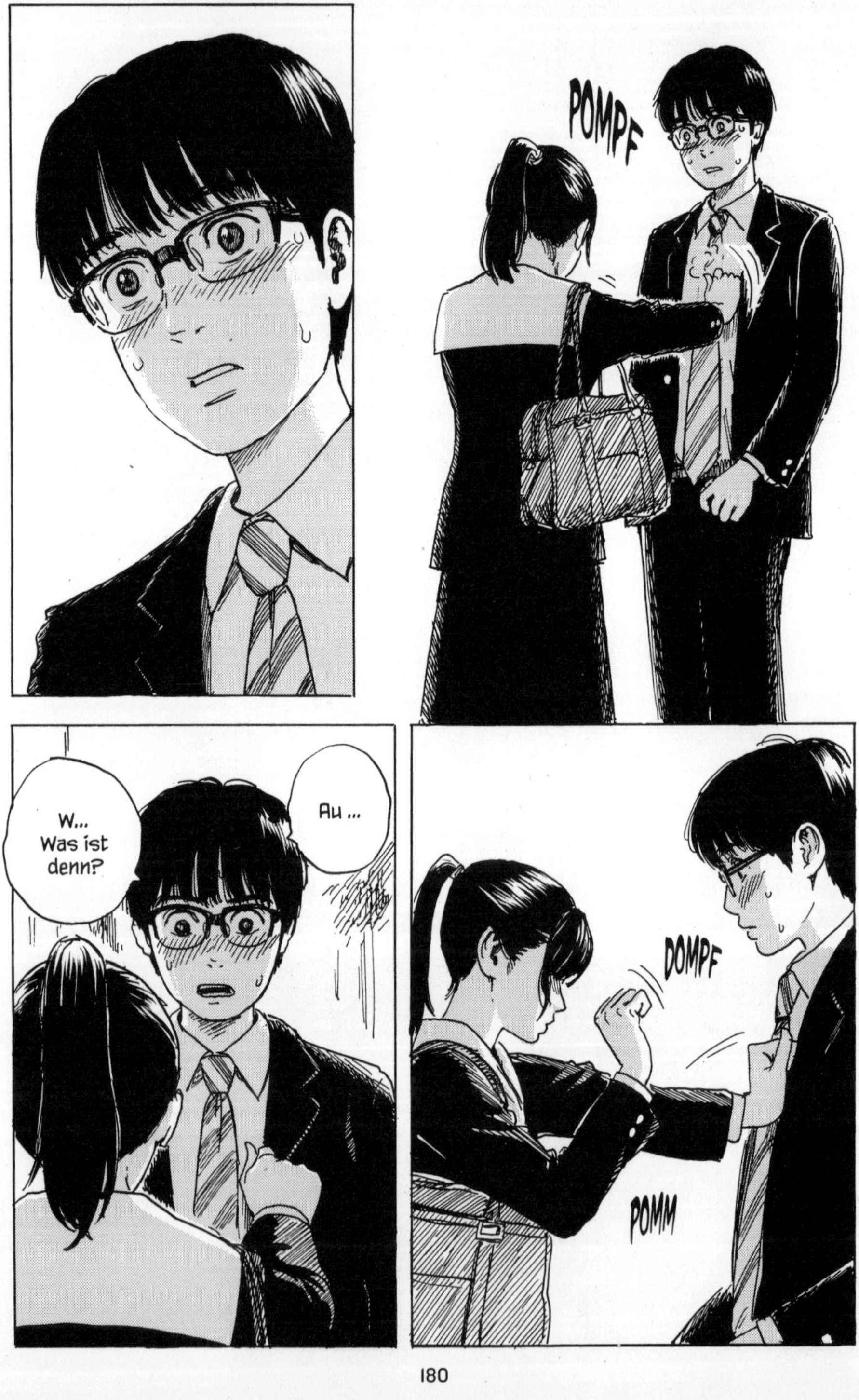
POMPF
DOMPF
POMM
Au ...
W...
Was ist
denn?

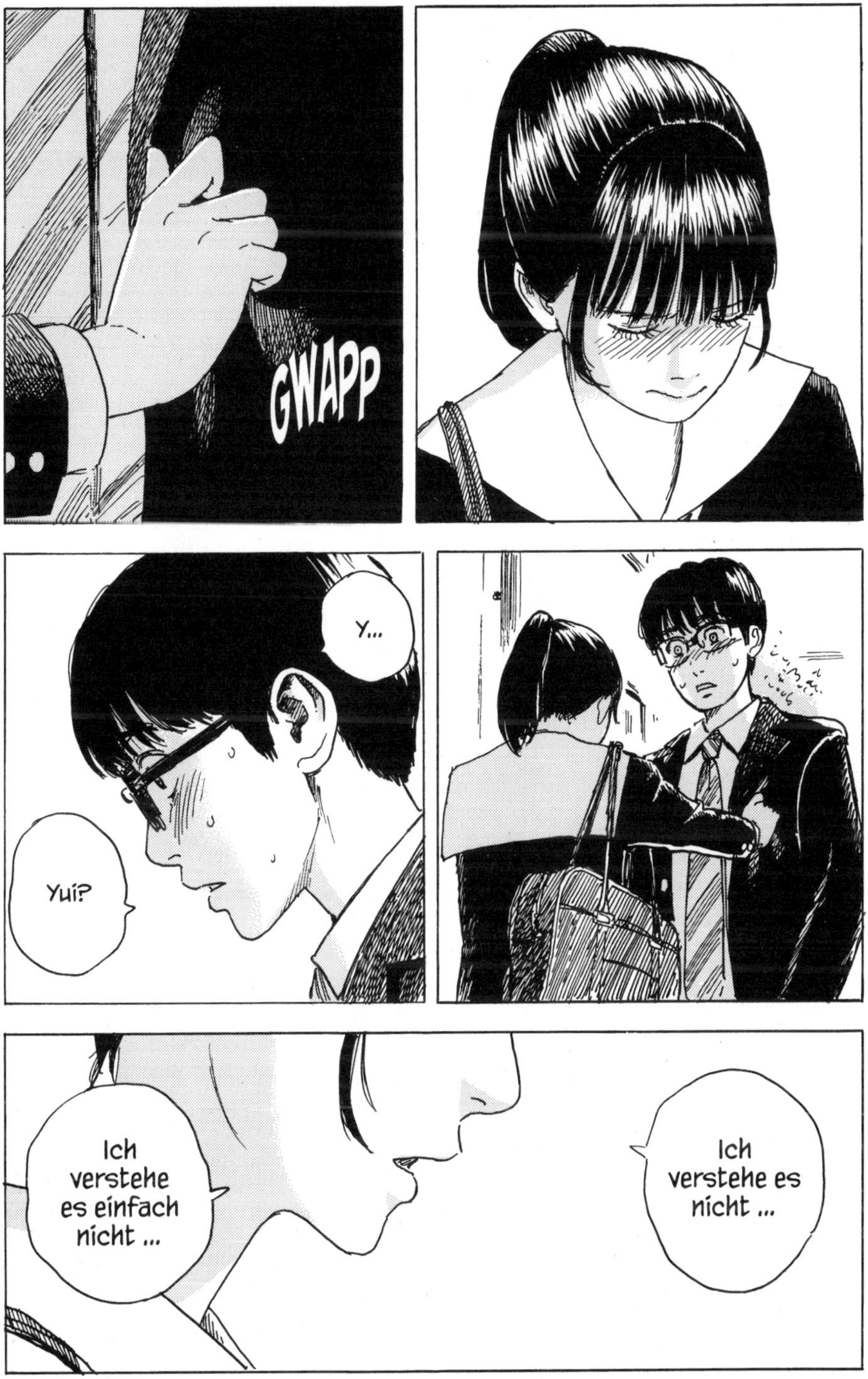
GWAPP
Y...
Yui?
Ich verstehe es nicht ...
Ich verstehe es einfach nicht ...

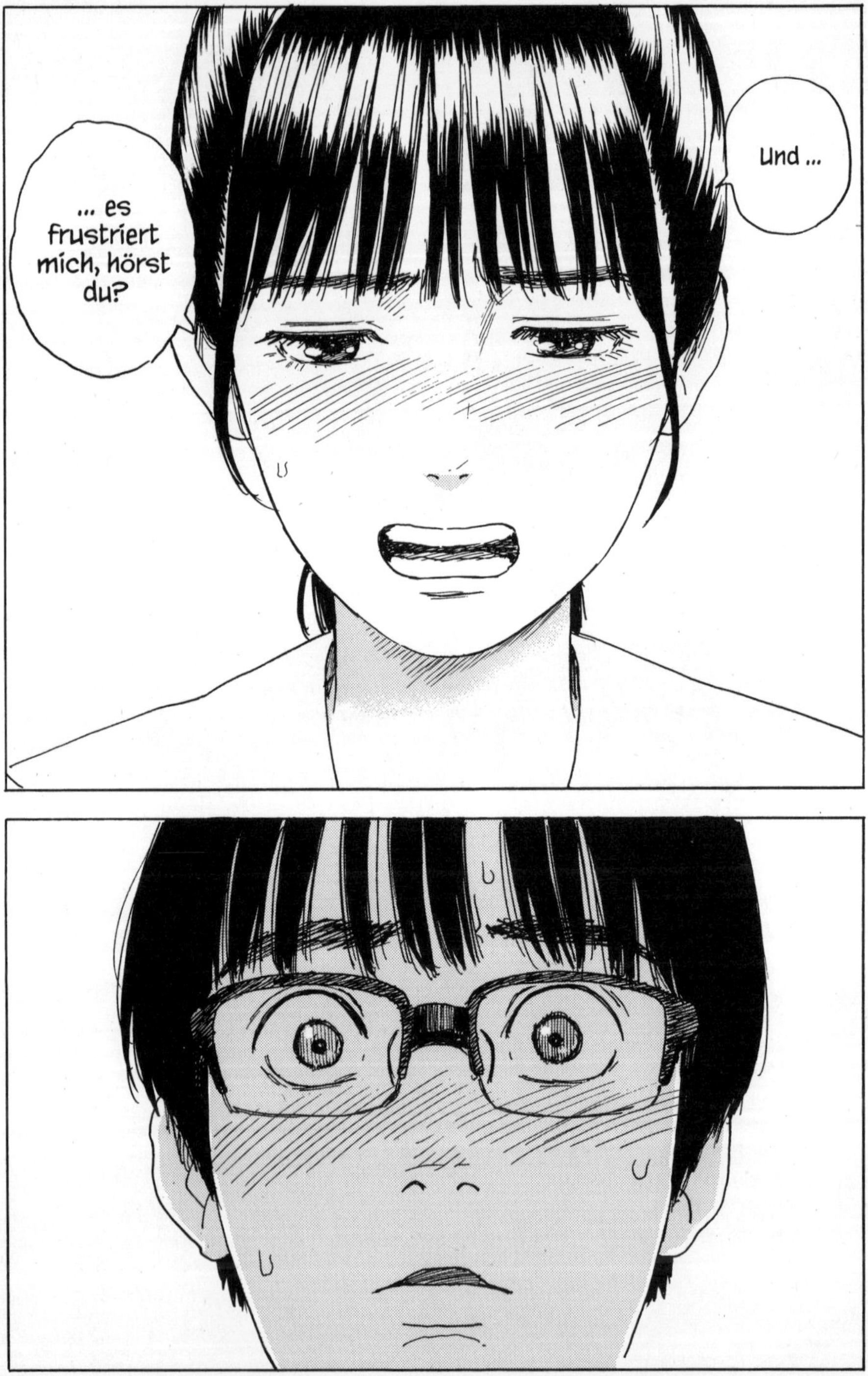
Und ...
... es frustriert mich, hörst du?

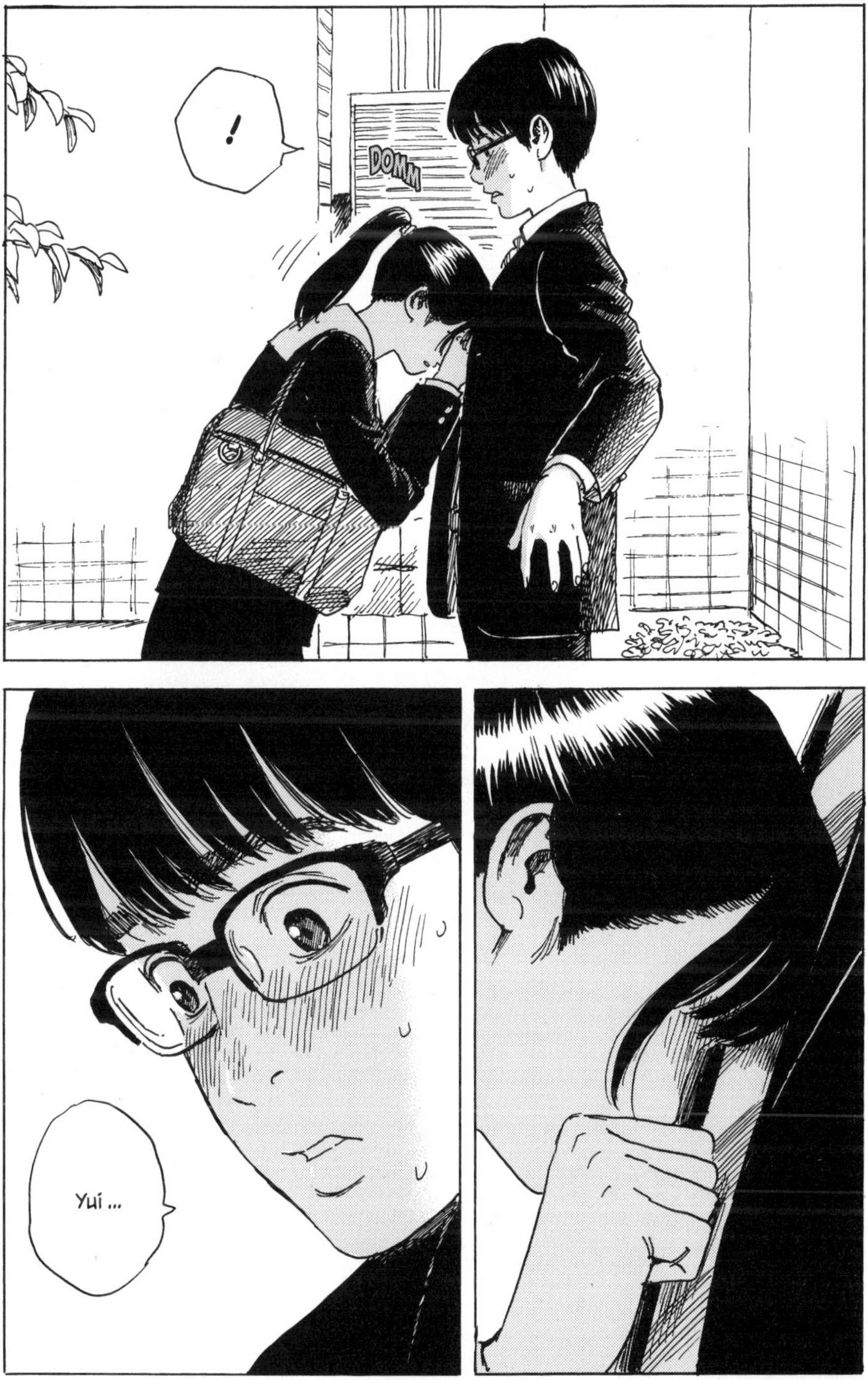
!
DOMM
Yui ...

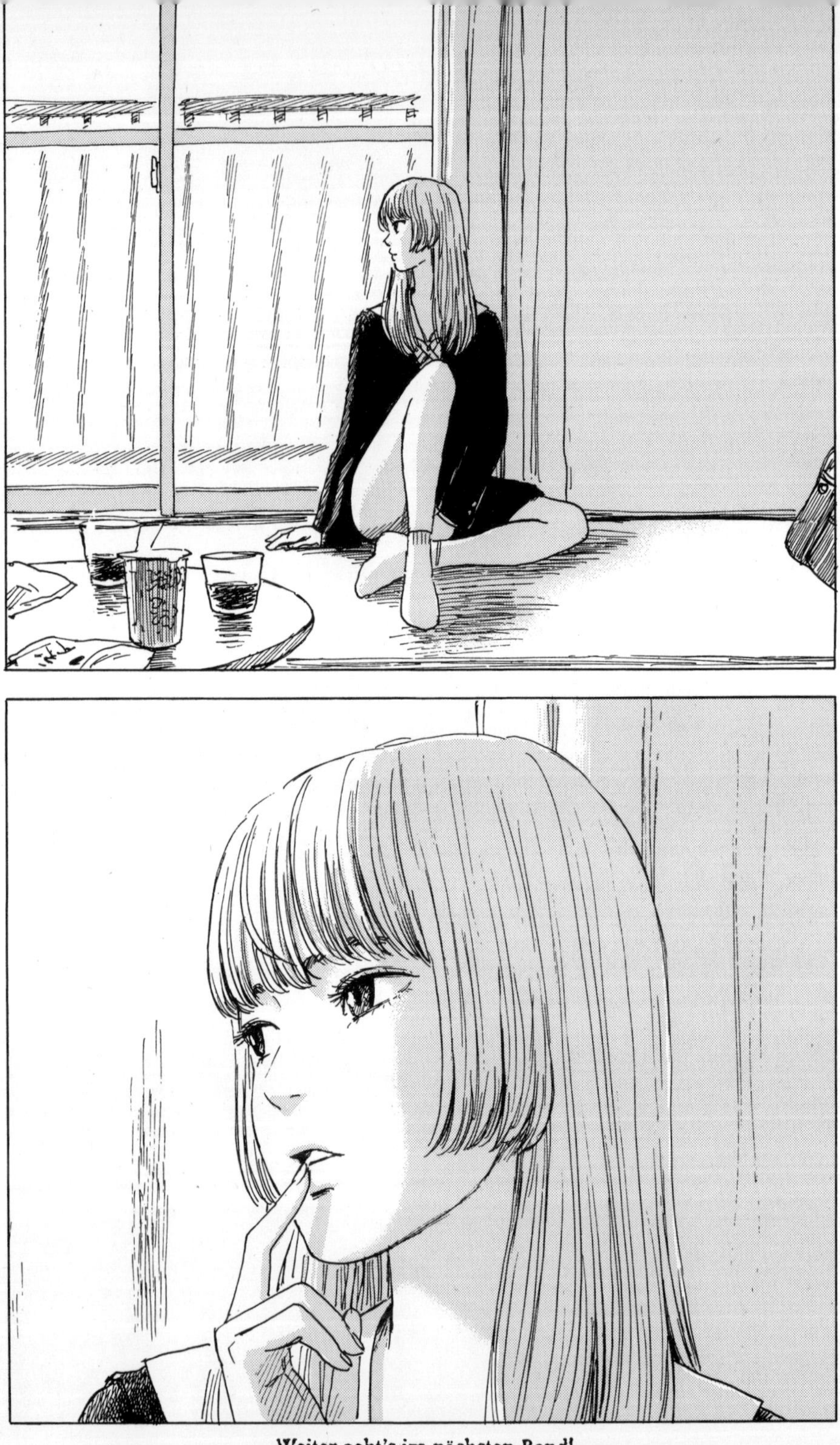

Weiter geht's im nächsten Band!

Nachwort

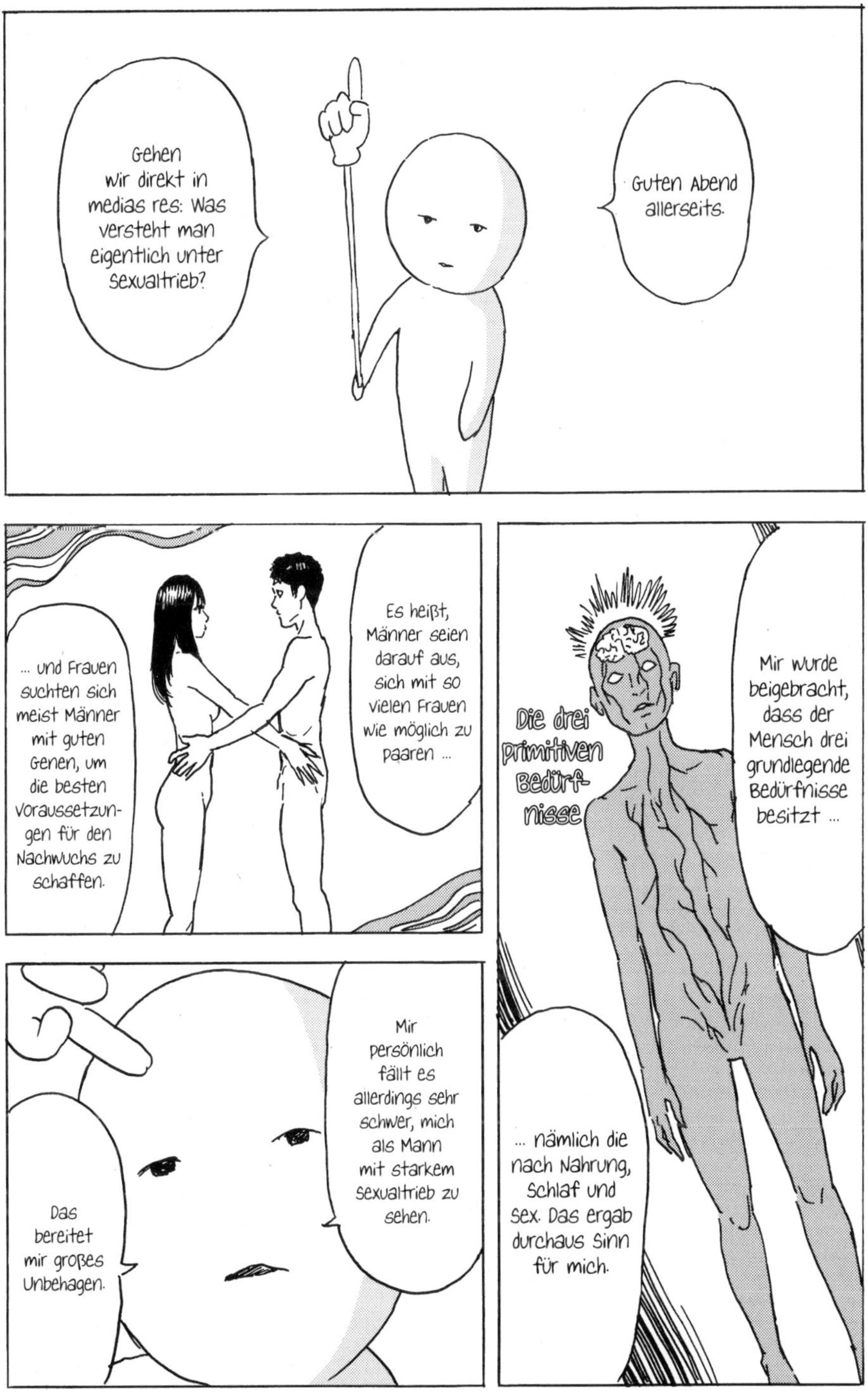

Guten Abend allerseits.
Gehen wir direkt in medias res: Was versteht man eigentlich unter Sexualtrieb?
Mir wurde beigebracht, dass der Mensch drei grundlegende Bedürfnisse besitzt …
Die drei primitiven Bedürfnisse
… nämlich die nach Nahrung, Schlaf und Sex. Das ergab durchaus Sinn für mich.
Es heißt, Männer seien darauf aus, sich mit so vielen Frauen wie möglich zu paaren …
… und Frauen suchten sich meist Männer mit guten Genen, um die besten Voraussetzungen für den Nachwuchs zu schaffen.
Mir persönlich fällt es allerdings sehr schwer, mich als Mann mit starkem Sexualtrieb zu sehen.
Das bereitet mir großes Unbehagen.

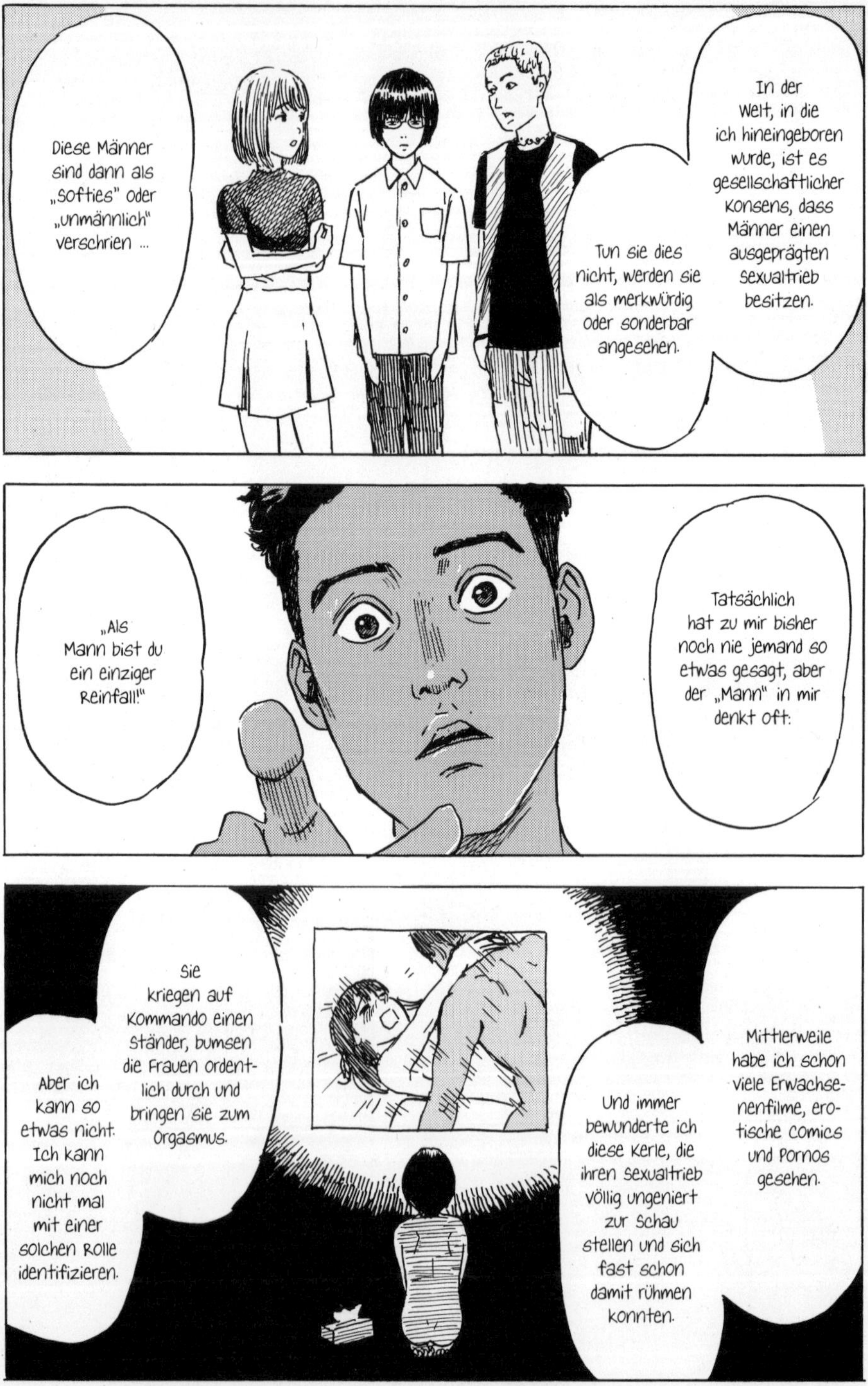
In der Welt, in die ich hineingeboren wurde, ist es gesellschaftlicher Konsens, dass Männer einen ausgeprägten Sexualtrieb besitzen.
Tun sie dies nicht, werden sie als merkwürdig oder sonderbar angesehen.
Diese Männer sind dann als „Softies" oder „unmännlich" verschrien ...
Tatsächlich hat zu mir bisher noch nie jemand so etwas gesagt, aber der „Mann" in mir denkt oft:
„Als Mann bist du ein einziger Reinfall!"
Mittlerweile habe ich schon viele Erwachsenenfilme, erotische Comics und Pornos gesehen.
Und immer bewunderte ich diese Kerle, die ihren Sexualtrieb völlig ungeniert zur Schau stellen und sich fast schon damit rühmen konnten.
Sie kriegen auf Kommando einen Ständer, bumsen die Frauen ordentlich durch und bringen sie zum Orgasmus.
Aber ich kann so etwas nicht. Ich kann mich noch nicht mal mit einer solchen Rolle identifizieren.

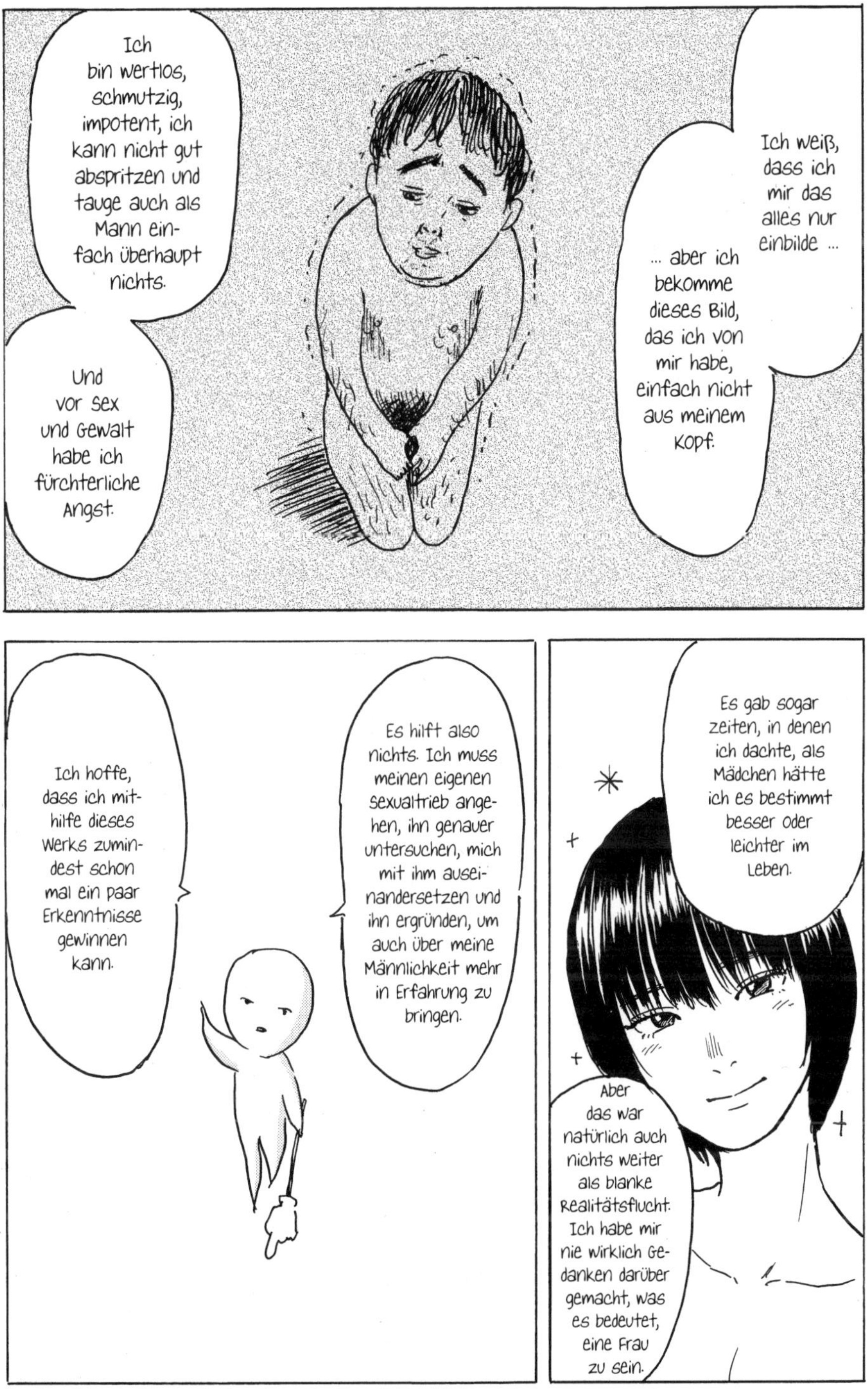
Ich weiß, dass ich mir das alles nur einbilde ...
... aber ich bekomme dieses Bild, das ich von mir habe, einfach nicht aus meinem Kopf.
Ich bin wertlos, schmutzig, impotent, ich kann nicht gut abspritzen und tauge auch als Mann einfach überhaupt nichts.
Und vor Sex und Gewalt habe ich fürchterliche Angst.
Es gab sogar zeiten, in denen ich dachte, als Mädchen hätte ich es bestimmt besser oder leichter im Leben.
Aber das war natürlich auch nichts weiter als blanke Realitätsflucht. Ich habe mir nie wirklich Gedanken darüber gemacht, was es bedeutet, eine Frau zu sein.
Es hilft also nichts. Ich muss meinen eigenen Sexualtrieb angehen, ihn genauer untersuchen, mich mit ihm auseinandersetzen und ihn ergründen, um auch über meine Männlichkeit mehr in Erfahrung zu bringen.
Ich hoffe, dass ich mithilfe dieses Werks zumindest schon mal ein paar Erkenntnisse gewinnen kann.

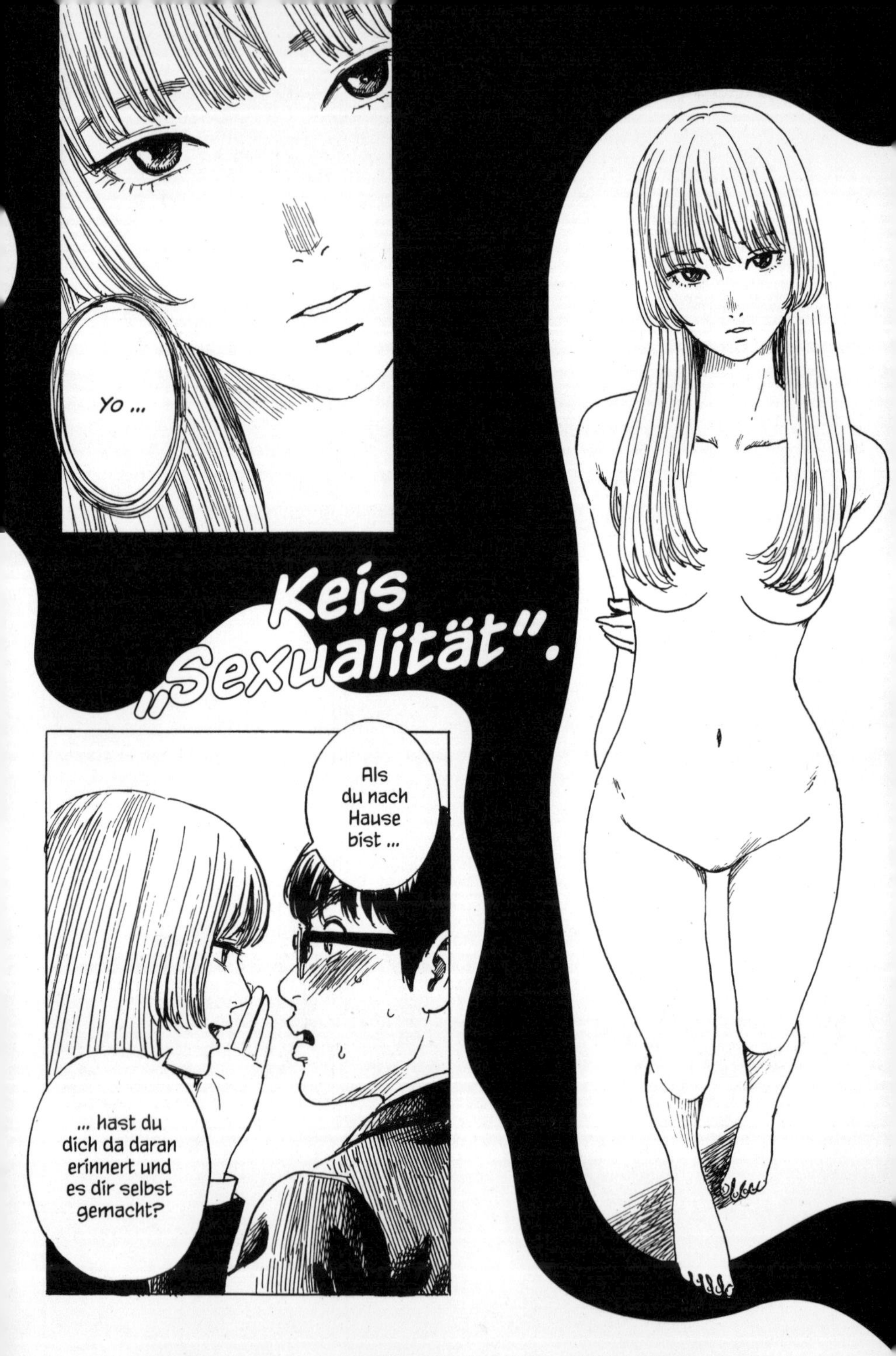

Vorschau auf den nächsten Band

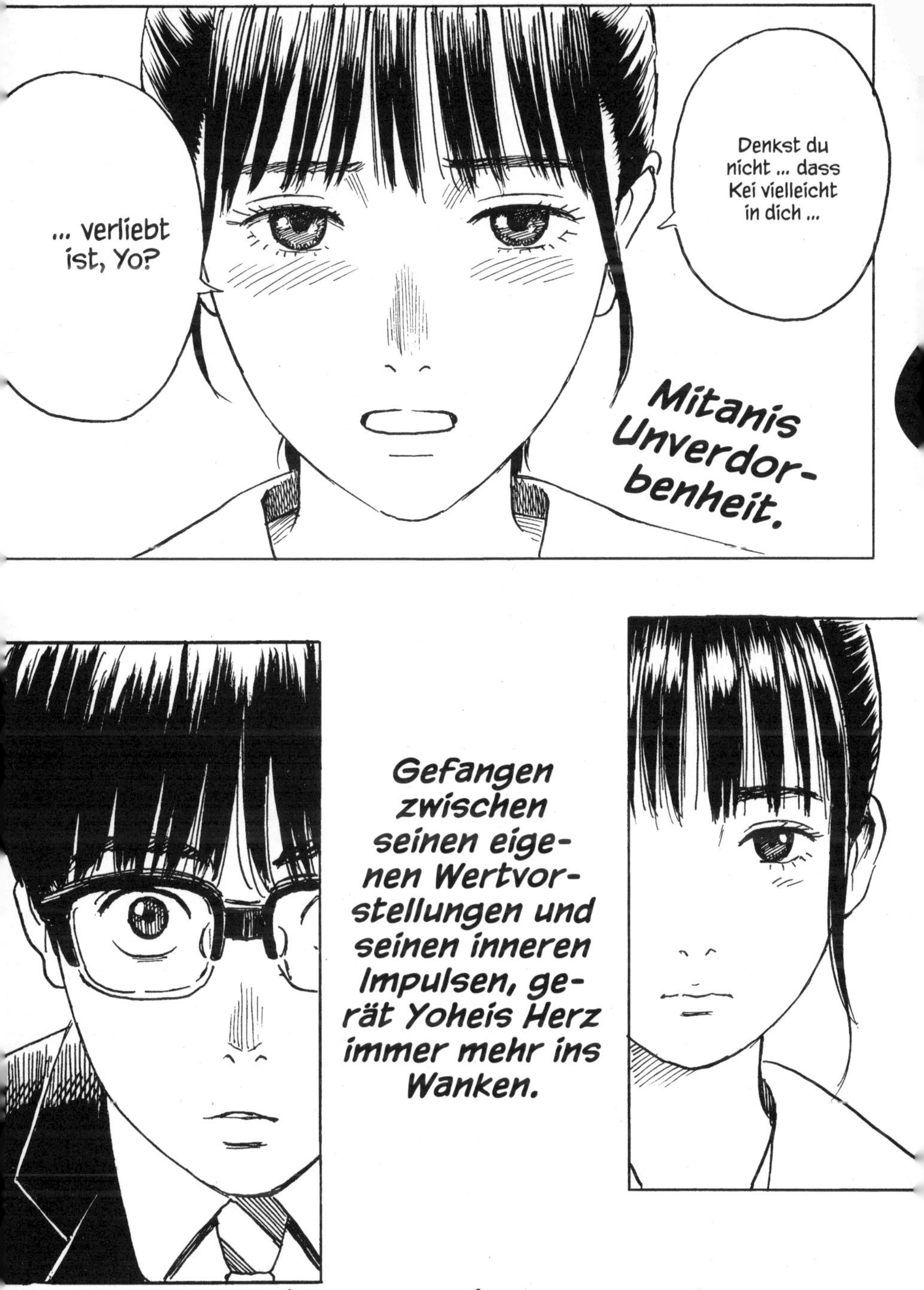

Welcome back, Alice

manga
漫画 cult